BIBLIOTECA AMERICANA

Proyectada por Pedro Henríquez Ureña
y publicada en memoria suya

Serie de

LITERATURA INDÍGENA

Pensamiento y *Acción*

NEZAHUALCÓYOTL

VIDA Y OBRA

NEZAHUALCÓYOTL

VIDA Y OBRA

por

José Luis Martínez

FONDO DE CULTURA ECONÓMICA

MÉXICO

Primera edición,	1972
Primera reimpresión,	1975
Segunda reimpresión,	1980
Tercera reimpresión,	1986

D.R. ©1972, FONDO DE CULTURA ECONOMICA, S. A. DE C. V.
Av. de la Universidad 975; 03100 México, D. F.

ISBN 968-16-0509-8

Impreso en México

Preliminar

En 1972 se cumplen quinientos años de la muerte de Nezahualcóyotl (1402-1472), gobernante y poeta del México antiguo. Desde los últimos años del mundo indígena hasta nuestro tiempo, el rey poeta de Tezcoco ha sido una figura legendaria, de múltiple fama. Y sin embargo, se le conocía más por sus anécdotas y por cierto vago prestigio, que por los hechos de su vida y, hasta hace pocos años, se ignoraban sus verdaderos poemas o cantos. De ahí el presente libro que, como homenaje en su quinto centenario, quisiera dar cabal sentido a su personalidad. En la primera parte, se narra su vida y se estudia su obra, aprovechando la abundante información que nos conservaron los historiadores de nuestra antigüedad, y en la segunda, se recogen sus obras: sus poemas —en las excelentes traducciones modernas—, sus leyes y aun los discursos y razonamientos que se le atribuyen y las primeras versiones y paráfrasis que de sus cantos se hicieron.

El relato de su vida no es una biografía novelesca. La imagen que surge de Nezahualcóyotl, contradictoria y múltiple, es el resultado de los testimonios históricos verosímiles, renunciando a imaginaciones decorativas y sin tratar tampoco de ocultar sus acciones injustificables ni de atribuirle pensamientos que no llegó a formular. Tras esta exposición pueden trazarse luego otros relatos más amables.

Algo semejante se ha hecho en el estudio de la obra, acopiando las informaciones que nos ayudan a comprender la exterioridad de la antigua poesía náhuatl, esto es, su ambiente, sus modos y sus circunstancias y las funciones sociales que cumplía, e intentando luego el análisis de la interioridad de esa poesía, de sus significaciones y de algunos de sus recursos expresivos.

En Nezahualcóyotl se unían de manera excepcional las aptitudes a menudo irreconciliables del guerrero, el gobernante, el constructor, el sabio en las cosas divinas y el poeta, dentro de las características que estas actividades tenían en el mundo indígena. Pero, además, él fue un hombre que trascendió a su tiempo, por las indagaciones espirituales que formuló y por la organización administrativa y la estructura legal que dio a la vida de su pueblo y, singularmente, por las instituciones culturales que estableció, como fueron los archivos de los libros pintados, las escuelas y consejos superiores, las academias de sabios y poetas, las colecciones de flora y fauna, y aun por el cuidado de la lengua que distinguía a sus dominios. Dentro del mundo nahua del siglo anterior a la conquista, él representa una tradición moral y espiritual, la herencia tolteca de Quetzalcóatl, que intentó oponerse a la concepción místico-guerrera de los aztecas.

7

Disfrutamos aún del bosque de Chapultepec que es fama que él creó y nos unen a sus cantos otros hilos imperceptibles, peculiaridades de la sensibilidad que el tiempo no ha mudado. Su desasimiento, su melancolía —imagen del paisaje invariable de la meseta—, su actitud inquisitiva y airada ante la divinidad, su culto de las flores y de la amistad, siguen siendo nuestros. Podemos, pues, sentirlo tan legendario como cercano y propio, porque es una de nuestras estirpes. Por el lado indio, es nuestro poeta y pensador más antiguo y la constancia del último esplendor de aquella cultura.

Esta obra ha sido posible gracias a la diligencia con que los historiadores antiguos y los indígenas celosos de sus tradiciones recogieron informaciones acerca de Nezahualcóyotl y trascribieron sus cantos, y gracias a los estudios y traducciones recientes de Ángel María Garibay K. y de Miguel León-Portilla. A su memoria y a sus luces expreso mi reconocimiento.

J. L. M.

I
SU VIDA Y SU TIEMPO

1. El príncipe perseguido

Coyote hambriento

AL SALIR el sol del 28 de abril de 1402,[1] que entonces se llamaba *Ce mázatl* o 1 Venado, del año *Ce tochtli* o 1 Conejo, nació en Tezcoco, capital del señorío de Acolhuacan situada al noreste del Valle de México y al borde del gran lago, el príncipe Acolmiztli Nezahualcóyotl, nombres que significan brazo o fuerza de león y coyote hambriento o ayunado, respectivamente. Era hijo de Ixtlil-xóchitl Ome Tochtli o Ixtlilxóchitl el Viejo, quien a su vez era hijo de Techotlala, ambos señores sucesivos de Tezcoco; y de Matlalcihuatzin, quien a su vez era hija de Huitzilíhuitl y hermana de Chimalpopoca, también señores sucesivos de México-Tenochtitlan.[2]

El señorío chichimeca de Acolhuacan[3] se reputaba por uno de los más antiguos del mundo nahua y sus habitantes se tenían por sucesores de los legendarios toltecas. Habían sido grupos nómadas, procedentes del norte, que hacia el siglo XII, encabezados por Xólotl, destruyeron Tula, capital entonces ya en decadencia de los toltecas. Estableciéronse primero en Xóloc, luego en la cercana Tenayuca y finalmente en Tezcoco, capital de su extenso dominio. Sus costumbres rudas se transformaron rápidamente al contacto de otros grupos más avanzados; adoptaron el náhuatl como su lengua y aprendieron muchos de los hábitos y tradiciones de los toltecas supervivientes, a los que mantuvieron como vasallos pero a cuya cultura quisieron sentirse vinculados.

Ixtlilxóchitl era el sexto señor chichimeca y, al igual que sus antecesores, que gobernaron en promedio más de sesenta años cada uno, había tenido un largo reinado. Aquel nacimiento le dio gran alegría porque aseguraba la sucesión de su señorío, ya que con la reina Matlalcihuatzin sólo tuvo, además, dos hijas: Tozcuetzin y Atotoztzin.[4] Los astrólogos precisaron que aquel día *Ce mázatl* tenía un signo afortunado, pues el príncipe que bajo tal signo nacía "sería también noble y principal, tendría que comer y beber, y que dar vestidos a otros, y a otros joyas y atavíos" aunque, añadían, los nacidos bajo este signo son temerosos, de poco ánimo y pusilánimes, ya que es natural del ciervo ser temeroso. Por otra parte, el año *Ce tochtli* indicaba a los nigrománti-

11

cos que el infante, como los nacidos bajo aquel signo, sería próspero y rico y abundante de todos los mantenimientos, ya que sería gran trabajador y muy aprovechador del tiempo, que vería las cosas de adelante y sabría atesorar para sus hijos y guardaría con circunspección su honra y hacienda.[5]

Ixtlilxóchitl y Matlalcihuatzin dieron a conocer a la nobleza tezcocana y de los señoríos amigos los nombres dados a su nuevo hijo y recibieron de ella los parabienes y presentes acostumbrados, entre los que no faltaron la rodela y la macana, el arco y las flechas que recordaban el inevitable destino guerrero del niño. Y en cuanto se desprendió su cordón umbilical, se le llevó a enterrar con precauciones en tierra de enemigos, dando a entender con ello que desearía hacerles la guerra.

El niño quedó bajo la protección y el regalo de su madre y de la servidumbre de la casa real. Pero en cuanto tuvo "uso de razón", entre los seis y los ocho años, fue enviado al *calmécac* y se inició para él la severa educación destinada a la nobleza.[6] Además, su padre le asignó ayos que "convenían a su buena crianza y doctrina" y, entre ellos, a Huitzilihuitzin, considerado en su tiempo gran filósofo, que sería para el niño y el mozo Nezahualcóyotl no sólo el maestro que acaso despertara en él la afición por el conocimiento del antiguo pensamiento tolteca, la sensibilidad poética y la piedad sino también un aliado leal y aun heroico en época de adversidades.[7]

LA MUERTE DE IXTLILXÓCHITL

Comenzaban ya por aquellos años los problemas de Tezozómoc, señor de Azcapotzalco, que creía tener derecho al señorío de Tezcoco por ser nieto de Xólotl, pero aún existía cierta paz en el viejo palacio de Oztotícpac. Sin embargo, pronto los aliados de Tezcoco comenzaron a dejarse atraer por las amenazas y pretensiones de Tezozómoc y los choques armados se fueron haciendo graves y frecuentes. Ante el peligro que veía crecer, en 1414 Ixtlilxóchitl determinó que, aunque fuese de manera sumaria, se hiciera en Huexutla la doble ceremonia de su propio juramento como señor de Acolhuacan —que a pesar de haber reinado en paz durante largos años no se había cumplido— y la de Nezahualcóyotl como príncipe heredero. A aquel niño de doce años debieron impresionarlo las palabras llenas de humildad y gravedad que, conforme a los ritos toltecas, su padre dirigía en nombre de ambos a Tezcatlipoca y los consejos que les daban los sacerdotes, que parecían resumir una vieja y honda sabiduría. No era por cierto una ceremonia brillante, pues mientras todos estaban ya en preparativos y resguardos guerreros, sólo los acompañaban como testigos los señores de Coatlichan y Huexutla, además de los dos sacerdotes que oficiaban.[8]

La guerra de los tepanecas de Azcapotzalco, acaudillados por Tezozómoc, contra los tezcocanos o acolhuas se enardecía cada vez más. Los tepanecas quemaron y saquearon Iztapalocan, aunque luego los tezcocanos lograron algunos triunfos y aun sitiaron Azcapotzalco. Se concertaron treguas, que sólo sirvieron para que el tirano repusiese sus fuerzas y urdiese traiciones contra Ixtlilxóchitl. Pronto la guerra se reinició y, después de defender inútilmente durante cincuenta días la ciudad de Tezcoco, el rey tuvo que abandonarla y refugiarse en el bosque de Cuauhyácac y luego en el Tzicanóztoc con su capitán general y el príncipe Nezahualcóyotl. Sus enemigos lo acosaban por todas partes. Pidió auxilio a sus parientes de la provincia de Otompan, que se lo negaron con afrenta. Comprendiendo que no le quedaba más camino que tratar de salir con vida y proteger al príncipe, Ixtlilxóchitl dejó a su familia y criados escondidos en un bosque y, con sólo dos capitanes y su hijo Nezahualcóyotl, se dirigió a una profunda barranca donde pasó la noche. Al amanecer del 24 de septiembre de 1418 un soldado vino a avisarle que lo cercaban enemigos. Sabiendo que lo esperaba la muerte, el rey se despidió del príncipe con estas palabras:

Hijo mío muy amado, brazo de león, Nezahualcóyotl: ¿a dónde te tengo de llevar que haya algún deudo o pariente que te salga a recibir? Aquí ha de ser el último día de mis desdichas, y me es fuerza partir de esta vida; lo que te encargo y ruego es que no desampares a tus súbditos y vasallos, ni eches en olvido que eres chichimeca recobrando tu imperio, que tan injustamente Tezozómoc te tiraniza, y vengues la muerte de tu afligido padre; y que has de ejercitar el arco y las flechas; sólo resta que te escondas en estas arboledas porque no con tu muerte inocente se acabe en ti el imperio tan antiguo de tus pasados.

Las lágrimas enmudecieron a padre e hijo. Éste, cumpliendo con la orden paterna, fue a esconderse en un árbol muy copudo y desde allí tuvo que presenciar el último combate y la muerte de su padre. Nezahualcóyotl, que contaba dieciséis años, era ya desde aquel momento el nuevo señor de Tezcoco, un reino desolado y cautivo.

Cuando los enemigos se retiraron y fue posible rescatar el cuerpo del difunto rey, Totocahuan, uno de los capitanes que lo acompañaban, lo apostrofó diciéndole:

Oh, Ome Tochtli Ixtlilxóchitl, ya llegó el fin de tus desdichas y principio de tu descanso; empiece ya el llanto de todo tu imperio, y goce de su orfandad... pues hoy le falta su luz y padre: sólo me pesa en dónde irá a parar el niño Acolmiztli Nezahualcóyotl, mi príncipe y señor, y con él sus leales y desdichados vasallos.

Con el auxilio de otros caballeros leales, amortajaron a su señor, lo velaron esa noche y al día siguiente lo incineraron conforme a los ritos toltecas y guardaron sus cenizas secretamente hasta que fuese tiempo de honrarlas como se debía.[9]

Cuando Tezozómoc fue informado de la muerte de Ixtlilxóchitl recompensó a los victimarios. Poco después, se hizo jurar señor de Tezcoco y trató de borrar la memoria de Ixtlilxóchitl y la amenaza de Nezahualcóyotl ofreciendo premios a quien le llevase vivo o muerto al príncipe.

Tres valerosos tezcocanos, Huahuatzin, Xiconocatzin y Cuicuitzcatzin, se impusieron el deber de proteger a Nezahualcóyotl y a su hermano mayor Tzontecochatzin para que no pereciesen a manos de los tepanecas.

Después de esconderlos en una cueva:

por Tetzihuactla los condujeron a Chiauhtzinco; en seguida los trajeron y los vinieron a poner en los peñascos de Cuamincan. Ahí durmieron un poco; los hicieron levantarse y los vinieron a sacar por la quebrada de Teponazco: no más venían escondiendo a los niños Nezahualcóyotl y Tzontecochatzin. Después los condujeron, cuando hizo claridad, a Otonquilpan. Luego vino Coyohua a observar en Acolhuacan; se vino dejando a los niños encargados a Huahuantzin y Xiconocatzin.[10]

El fiel y eficaz Coyohua había convenido con Itzcóatl, futuro señor de México-Tenochtitlan y tío abuelo de los príncipes tezcocanos, en que enviaría una barca para rescatarlos. Puntualmente llegaron en ella diez hijos de Itzcóatl: Cahualtzin, Moteuzomatzin el viejo, Tecallapohuatzin, Citlalcohuatzin, Cuitlahuatzin, Tzonpantzin, Cuauhtlatohuatzin, Tzacatzin el viejo, Tepollomitzin y Tochihuitzin, comitiva que mostraba la importancia que concedía a la salvación de su sobrino nieto. Con cautela se reconocieron unos y otros y la barca volvió a su puerto con los príncipes y sus protectores.[11]

Probablemente en el tiempo que pasó Nezahualcóyotl refugiado con sus parientes mexicas surgió esta leyenda que muestra el carácter predestinado que se daba al joven príncipe:

Jugaba Nezahualcóyotl y cayó dentro del agua. Pero llegaron algunos dioses y lo sacaron. Lo llevaron hasta la cumbre del monte de las sutiles nieblas (*Poyauhtécatl*). Allá logró de ellos una gracia. Lo embadurnaron con la sangre de las víctimas, con el agua del ardor divino, y estas palabras le dijeron:

—Tú serás: ¡lo decretamos! ¡Por tu mano la ciudad [de Azcapotzalco] será asolada!

Inmediatamente lo llevaron al sitio en que había caído y de las aguas salió.[12]

PERSECUCIONES Y ASTUCIAS

"Con recelo y aviso, desamparando a su patria", comienza entonces para Nezahualcóyotl una larga lucha que durará diez años. Moviéndose continuamente de uno a otro de los señoríos vecinos y provocando con cierta inconsciencia juvenil a sus enemigos —lo que se avenía mal con aquel signo de pusilánime y temeroso que le anunciaban sus agüeros—, va preparando y logrando paso a paso la reconquista de su reino.[13] Los señores de Tlaxcala, que eran sus tíos y lo habían criado, le dieron refugio, pero en cuanto se repuso de su orfandad, disfrazado de soldado se trasladó a Chalco para estar más cerca de su patria.[14] Aquí le ocurrió un incidente injustificable y que estuvo a punto de ser funesto: dio muerte a una señora, llamada Zilamiauh o Tziltomiauh, en cuya casa se albergaba. Según una versión, la mujer quiso denunciarlo dando voces, y según otra, ella vendía pulque con el que se embriagaban muchas personas, contra lo que disponían las leyes. El hecho es que, para salvar su vida o castigar aquel tráfico que se consideraba criminal, Nezahualcóyotl mató a la mujer hacia 1419, cuando sólo tenía diecisiete años.[15]

El crimen delató su identidad, lo apresaron los chalcas y, llevado ante su señor Toteotzintecuhtli, fue condenado a ser puesto en una jaula "dentro de una cárcel fuerte, y en su guarda a Quetzalmacatzin su hermano [del señor chalca] con cantidad de gente, y que en ocho días naturales no le diesen ninguna comida

ni bebida, porque en esta cruel muerte quería servir al tirano
Tezozómoc, y vengar la muerte de aquella señora". Sin embargo,
Quetzalmacatzin se apiadó de él, lo alimentó secretamente y,
cuando Toteotzintecuhtli decretó la muerte de Nezahualcóyotl, lo
ayudó a escapar cambiando sus vestidos y quedándose en su lugar
en la jaula. El generoso Quetzalmacatzin fue ajusticiado en lugar
del príncipe y éste huyó, por el rumbo de Tlaxcala o de Huexotzinco, hacia donde no pudiesen capturarlo.[16]

Cuando, hacia 1420, comienzan a volver a Tezcoco y a las
provincias del señorío sus habitantes, aunque despojados de sus
haciendas, Tezozómoc, con el fin de impedir el regreso de Nezahualcóyotl, decide repartir el reino, tomando para sí mismo y
para sus allegados algunas provincias y ofreciendo otras a los
señores de los reinos vecinos.[17] Mientras Nezahualcóyotl seguía
en Tlaxcala, las hermanas del señor de México-Tenochtitlan, que
eran sus tías,

pidieron de merced al tirano la vida de su sobrino, el cual se las
concedió, con tal que asistiese dentro de la ciudad de México, sin
salir de ella; hasta que segunda vez las mismas señoras alcanzaron
del tirano pudiese ir a la ciudad de Tetzcuco en donde le restituyó
los palacios y casas de sus padres y abuelos, y algunos lugares para
que le sirviesen, con lo cual tuvo alguna más libertad para poder
tratar de restauración del imperio en el año de mil cuatrocientos
veinte y seis de la Encarnación que llaman *Matlactliomome tochtli*[18].

Así pues, entre 1420 y 1426, de sus dieciocho a sus veinticuatro
años, Nezahualcóyotl tuvo un intermedio de paz forzada que pasó
en su mayor parte en Tenochtitlan, y al fin, en Tezcoco. En el
ocio que se le imponía debió haber completado su educación y su
adiestramiento militar, y acaso compuso entonces el "Canto de la
huida" en el que cavila sobre el peso de las adversidades que
padece:

En vano he nacido,
en vano he venido a salir
de la casa del dios a la tierra,
¡yo soy menesteroso!
Ojalá en verdad no hubiera salido,
que de verdad no hubiera venido a la tierra...

¿Habré de erguirme sobre la tierra?
¿Cuál es mi destino?...

Me he doblegado,
sólo vivo con la cabeza inclinada
al lado de la gente.
Por esto me aflijo.
¡Soy desdichado![19]

La tregua terminó con un acontecimiento inesperado y muy propio
de aquel mundo en que se daba tanta importancia a augurios y
signos. Después de largo tiempo de olvido, Tezozómoc se acordó
de Coyohua, el criado adicto de Nezahualcóyotl, y mandó llamarlo. Cuando estuvo en su presencia le dijo:

> —He aquí para qué te he mandado llamar:
> ¿Quién hay que sea el único verdadero? Una mala cosa soñé:
> Sobre mí estaba parada un águila,
> sobre mí estaba parado un tigre,
> sobre mí estaba parado un oso,
> sobre mí estaba tendido el rey de las serpientes.
>   Muy azorado me dejó todo esto que soñé.
>   Ahora bien, digo yo, Coyohua: no vaya a ser mi ruina
> Nezahualcóyotl. No requiera venganza de su padre y de su tío
> Cihuacuecuenotzin... ¡No vaya a cobrar en mis hijos, los reyes
> y los príncipes, la sangre ardiente...[20]

Tezozómoc trata familiarmente a Coyohua y lo previene diciéndole,
con afectuoso despecho: "Yo sé que tú le mantienes [a Nezahual-
cóyotl] y le instruyes y mucho le engatusas", pero, al mismo tiempo, intenta atraerlo hacia sus propios intereses, le sugiere que
se acerque a sus hijos y le promete que sucederá al príncipe. Una
y otra vez, el taimado Tezozómoc propone al fiel Coyohua que
traicione y dé muerte a Nezahualcóyotl: que le meta una flecha
en el pescuezo, que lo estrangule en su sueño o le estregue los
testículos, o bien que, como jugando, sus compañeros le den coces
y lo hagan caer a un río o lo quiebren echándolo abajo de una
azotea,[21] y una y otra vez Coyohua protege a su señor y sabe
mantener las esperanzas del viejo Tezozómoc que, en su "cuna
de mimbres entre algodones",[22] seguía empecinado con la idea de
que aquellas ingenuas encomiendas iban a librarlo de su adver-
sario.

Cuando Tezozómoc siente cercano el fin de sus días, encarga
a sus hijos Maxtla, Tayatzin y Tlatoca Tlizpaltzin que, si quieren
llegar a ser señores de su imperio, maten a Nezahualcóyotl cuando
venga a sus exequias.[23] En efecto, el 24 de marzo de 1427 fallece
Tezozómoc en Azcapotzalco. Nezahualcóyotl llega entre los seño-

res que concurren a dar el pésame a los hijos que, aunque recuerdan el encargo de su padre, consideran inoportuno cumplirlo en aquella triste ocasión y deciden aplazarlo. Aun así, por consejo de su primo Moctezuma, Nezahualcóyotl vuelve a Tezcoco en cuanto concluyen las ceremonias fúnebres. Pocos meses después, Maxtla y Tayatzin se disputan el trono tepaneca, que al fin obtiene el primero después de dar muerte a Tayatzin al que su padre había designado sucesor.[24]

Ya en el poder, Maxtla se convierte en un tirano poderoso y cruel. Toma preso a Chimalpopoca, señor de México, al que pone en una jaula. Nezahualcóyotl, con riesgo de su vida, va a Azcapotzalco para pedir a Maxtla la libertad de su tío, con estas supuestas palabras de excesiva condescendencia:

Muy alto y poderoso señor: bien entiendo y conozco que el gran peso del gobierno de Vuestra Alteza le tendrá afligido y con cuidado: yo vengo a pedirle y suplicarle por el rey Chimalpopoca, mi tío, a quien como pluma preciosa que estaba puesta sobre vuestra imperial cabeza, la tiene quitada, y el collar de oro y pedrerías con que su real cuello adornaba lo tiene desatado, y en sus manos asido y apretado; a quien suplico como rey piadoso eche en olvido la venganza y el castigo y ponga los ojos en el desdichado viejo, que está su cuerpo desflaquecido, y desamparado de los bienes y fuerzas de la naturaleza.

El parlamento conmueve a Maxtla quien permite a Nezahualcóyotl hablar con su tío, al que luego dejará libre. El cronista Alva Ixtlilxóchitl —en un estilo con ciertos ecos cervantinos— ha imaginado también el discurso que dirigió el príncipe al viejo rey prisionero:

Poderoso señor: trabajos son éstos y esclavitud que padecen los príncipes y señores en el discurso de sus reinados: pague y satisfaga los lances que promete el reinar y mandar entre tiranos. De una cosa se puede consolar, que es dentro de la corte y cabecera del reino que sus padres y abuelos, Acapamichtli y Huitzilíhuitl le dejaron, y es de tener muy gran lástima de la calamidad de sus súbditos y vasallos, pues están con tanta aflicción los mexicanos y tenochcas, hasta ver en qué ha de venir a parar esta prisión y calamidad de vuestra alteza, y qué es lo que pretende hacer el tirano Maxtla, que yo fui a verle.

Chimalpopoca agradece a Nezahualcóyotl el peligro a que se ha expuesto por socorrerlo, le regala las joyas que llevaba consigo y le aconseja que, para proteger sus reinos, se alíe con su tío Itzcóatl y su primo Motecuhzoma, aconsejándose mutuamente, ya que él, Nezahualcóyotl, habrá de ser "el bastimento y munición de los mexicanos y aculhuas".[25]

Provocando el peligro, Nezahualcóyotl vuelve a Azcapotzalco con el pretexto de agradecer a Maxtla que haya puesto en libertad a Chimalpopoca. Maxtla intenta matar al príncipe, e iracundo por no haberlo logrado, ordena que se dé muerte a Chimalpopoca y a Tlacateotzin, señor de Tlatelolco. Sin embargo, según otras crónicas, Chimalpopoca se suicidó atemorizado o los mismos mexicas le dieron muerte para castigar su cobardía.[26] El hecho es que, hacia 1427 o 1428, Itzcóatl sucede a Chimalpopoca, su medio hermano, en el señorío de México-Tenochtitlan, y Cuauhtlatoatzin es el nuevo señor de Tlatelolco.[27] Varias veces más Nezahualcóyotl escapa de las insidias de sus enemigos. Decidido a librarse del único obstáculo que subsiste en su dominio, Maxtla ordena a Yancuiltzin, medio hermano de Nezahualcóyotl, que lo mate en un convite al cual debería asistir. Lo salva en esta ocasión su instructor, Huitzilihuitzin, quien determina traer a un mancebo de Coatépec, muy parecido al príncipe, al que se instruye en los usos de la nobleza y se viste como aquél. Cuando el desventurado substituto participaba en una danza general, en efecto, fue violentamente asesinado y su cabeza llevada a Maxtla en el momento en que éste visitaba a Itzcóatl para darle parabienes por su elección. Los mensajeros, viendo a Nezahualcóyotl, que estaba también allí con su tío, quedaron estupefactos, y el príncipe aprovechó la ocasión para decirles: "que no se cansasen en quererle matar porque el alto y poderoso dios le había hecho inmortal".[28]

Torquemada relata una escaramuza más de esta constante provocación y juego de fingimientos que hace Nezahualcóyotl con su enemigo. Va el príncipe a Azcapotzalco con un rico presente de vestidos y mujeres para Maxtla; llega al oscurecer y se hospeda en casa de un amigo para que nadie tenga noticia de su llegada. A la mañana siguiente, anuncia a Maxtla su visita, y éste, confiado en que tendrá una buena oportunidad para matarlo, se finge enfermo y ordena que una mujer, Malin, aposente a Nezahualcóyotl. Cuando advierte la intención del tirano, hace que le digan que sólo iba para besarle las manos y que con que lo supiese quedaría contento. Temiendo no poder escapar con vida, Nezahualcóyotl pide a un caballero que lo acompaña guarde la puerta mientras se disfraza y huye, rompiendo las cañas que hacían pared. Pronto llegan cuatro señores con orden de Maxtla para matarlo y, viendo que no se encuentra en el aposento, mandan llamarlo con su servidor el cual, fingiendo hacerlo, huye tras su señor. De Azcapotzalco se dirige Nezahualcóyotl a Tlatelolco en una canoa, por considerarla más segura, y se hospeda en casa de su amigo Chichíncatl.[29]

Maxtla decide entonces enviar a cuatro de los más valerosos capitanes de su ejército a Tezcoco para matar al príncipe. Éste se encuentra celebrando consejo con varios señores, entre ellos su hermano mayor Cuauhtlehuanitzin y su sobrino Tezontecochatzin, y juntos deciden afrontar con astucia al enemigo. La mañana siguiente celebran un juego de pelota y, cuando llegan los capitanes tepanecas, los reciben cortésmente y los invitan a comer mientras Nezahualcóyotl está sentado en su trono frente a ellos. En un momento convenido, Coyohua, el criado del príncipe, finge sacudir una manta sólo para ocultar a Nezahualcóyotl quien sale por una trampa que, por consejo del infortunado Chimalpopoca, tenía preparada detrás de su trono. Esto ocurrió el 20 de julio de 1427.[30] El *Códice Xólotl* consigna el suceso en una expresiva imagen. En la parte superior, Nezahualcóyotl y Coyohua se encuentran en el juego de pelota, y en la inferior, llegan los cuatro enviados de Maxtla y preguntan por el príncipe y su criado. El tema de la conversación de éstos: Nezahualcóyotl, está indicado, entre las dos volutas que significan palabras, por su jeroglífico, el coyote hambriento.

Tras esta última asechanza, queda declarada la persecución a muerte de Nezahualcóyotl. Durante catorce días el príncipe huye, recurriendo como es su costumbre a mil astucias. En Coatlan una mujer lo oculta entre manojos de chía; los otomíes que comanda Coácoz, cuando ven acercarse a los enemigos, lo esconden en el interior de un gran tambor y empiezan a "tocarle y a cantar todos a usanza de guerra". Lo encubren y lo protegen hombres y mujeres de Tetzcotzinco, Metla, Zacaxachitla, Tlecuílac, Tepepulco, Colnapanolco y Calpolalpan. Su viejo maestro Huitzilihuitzin es atormentado por negarse a delatarlo, y se salva prodigiosamente: una gran borrasca lo arrebata de sus verdugos. Su medio hermano Yancuiltzin, en cambio, acepta el ofrecimiento de Maxtla para suplantarlo en el gobierno de Texcoco.[31] En algún momento las muchas calamidades e infortunios que deben sufrir él y sus seguidores parecen quebrarle la voluntad, como cuando apostrofa a sus fieles cerca de Tlecuílac diciéndoles:

¿A dónde vais? ¿A qué padre seguís que os ampare y defienda? ¿No me veis cuán solo y afligido voy por estas montañas y desiertos siguiendo las veredas y caminos de los conejos y venados, y que no sé a dónde voy y si seré bien recibido, y mis enemigos me darán alcance y me matarán, pues mataron a mi padre que era más poderoso; que yo soy huérfano y desamparado de todos? Volveos a vuestras casas, no muráis conmigo ni por mi causa caigáis en desgracia del tirano y perdáis vuestras casas y haciendas.

Consigue, pues, que vuelvan a sus casas los más de sus fieles, quedan sólo con él su hermano mayor Cuauhtlehuanitzin y su sobrino Tzontecochatzin, que se niegan a dejarlo, se recupera de su abatimiento y prosigue su lucha. Pero ya no sólo huye para salvarse. Al mismo tiempo, comienzan a cruzar los caminos sus mensajeros para concertar la ayuda de sus aliados y reconquistar su señorío,[32] y pronto comienza a recibir noticias favorables.

2. Reconquista y coronación

ALIANZAS PARA LA LUCHA

TEZOZÓMOC y Maxtla habían suscitado muchos agravios con su tiranía entre los pueblos de la altiplanicie y, por otra parte, tenía muchos antiguos amigos y adictos la causa de aquel príncipe desposeído de su señorío. De allí que le haya sido fácil concitar alianzas para luchar contra los tepanecas. Los pueblos de Zacatlan, Tototépec, Tepeapulco, Tlaxcala, Huexotzinco, Chololan y Chalco acuden al llamado de Nezahualcóyotl. El cuartel general se establece en Calpolalpan. Los ejércitos aliados deciden atacar, por un lado, a Acolman y Coatlichan, donde estaba la mayor concentración tepaneca, y por otro a Tezcoco mismo, empresa que se reserva a Nezahualcóyotl.[1] El ataque fue fulminante. Los enemigos se defendieron pero pronto fueron desbaratados, saqueadas sus casas y ciudades y muertos sus principales jefes. Después de socorrer los combates de Acolman y Coatlichan, Nezahualcóyotl entró en Tezcoco, que se le rindió. Decidido el primer triunfo, el príncipe dio las gracias a sus principales aliados, los chalcas, huexotzincas y tlaxcaltecas,[2] así como a los de otros pueblos, les concedió el disfrute del botín de guerra y dejó convenida con ellos su ayuda para recobrar el resto de sus dominios. Ya conquistada la cabeza de su señorío, fortaleció la ciudad de Tezcoco y restableció las fronteras que confinaban con tepanecas y mexicanos. Esto ocurrió el 11 de agosto de 1427, el día *Ce ollin,* quinto del octavo mes llamado *Micailhuitzintli.*[3]

Aún quedaban muchas tierras por recobrar y Nezahualcóyotl prosiguió la reconquista de su reino.[4] Itzcóatl, señor de México-Tenochtitlan, le ofreció su ayuda, ya que los mexicanos sufrían también la tiranía de Maxtla. Después de entrevistarse Itzcóatl y Nezahualcóyotl, la alianza quedó concertada.[5] Los ejércitos de ambos pueblos combatieron juntos y sufrieron algunos reveses, pero Nezahualcóyotl sabía reanimar el valor titubeante de los soldados. Así dio principio la alianza del señorío de Tezcoco con el señorío o imperio de México-Tenochtitlan, que pronto se convertirá en la Triple Alianza al asociar a ella el señorío de Tlacopan.

El pacto con el más fuerte era necesario políticamente, y aun lo imponían los vínculos de parentesco que ligaban a Nezahualcóyotl con los señores de México reinantes en aquellos años. Chimalpopoca e Itzcóatl eran sus tíos y Moctezuma su primo. Nezahualcóyotl tuvo ciertos conflictos por cuestiones religiosas o por encontradas ambiciones con estos últimos; no obstante, la alianza se mantuvo y el señor de Tezcoco fue siempre factor importante en los grandes acontecimientos y sucesiones reales de aquellos años en México-Tenochtitlan. Incluso a la muerte de Nezahualcóyotl, su hijo Nezahualpilli continuó estos usos y trato con los mexicanos. Cuando muere Axayácatl, Nezahualpilli pronuncia la oración fúnebre y después, junto con Totoquihuatzin de Tlacopan, arma caballero a su sucesor Tízoc y ambos lo acompañan en las ceremonias de su entronización, como el baile en honor de Huitzilopochtli, y le entregan el incensario con que debía sahumar la música. Y a la muerte de Tízoc, de nuevo Nezahualpilli lo llora, lo amortaja, decide que se le haga un entierro solemne, y luego entrega el poder al nuevo señor mexicano, Ahuízotl, con las ceremonias y discursos acostumbrados.[6]

Sin embargo, la alianza con los mexicas disgustó profundamente a cuantos tezcocanos recordaban la tiranía y crueldades de aquel pueblo y no querían aceptar las razones políticas que la determinaban. Algunos señoríos menores, inconformes con la decisión de Nezahualcóyotl, se le rebelaron. Así aconteció con Chalco, Huexutla y con su propia ciudad de Tezcoco, acaudillada por Iztlacauhtzin, su capitán general, quien no parecía dispuesto a olvidar el aborrecimiento que sentían por los aztecas. El príncipe pospuso el castigo de los rebeldes y, por el momento, unió su ejército al de los mexicas para dar batalla a Maxtla. Como había quedado convenido, volvieron a auxiliarlo huexotzincas y tlaxcaltecas. Se formaron tres escuadrones, uno capitaneado por Nezahualcóyotl y Xayacamachan, otro por Itzcóatl y otro más por Moctezuma y Cuauhtlatoatzin. La guerra se prolongó durante ciento quince días, pues ambos bandos peleaban con furia, pero finalmente los aliados

rompieron y desbarataron el ejército de Maxtla, haciendo huir sus gentes, y en el alcance quedaron muchos de ellos, y entrando por la ciudad de [Azcapotzalco], la destruyeron y asolaron... Maxtla, que se había escondido en un baño de sus jardines, fue sacado con gran vituperio, y Nezahualcoyotzin lo llevó a la plaza principal de la ciudad y allí le sacó el corazón como en víctima y sacrificio a sus dioses, diciendo lo hacía en recompensa de la muerte de su padre el emperador Ixtlilxóchitl, y que aquella ciudad por ignominia fuese desde aquel tiempo un lugar donde se hiciese feria de esclavos. Este fin tuvo aquella ciudad insigne, que fue una de las mayores que hubo en la Nueva España, y que por su grandeza se le puso el nombre que tiene de Azcapotzalco, que quiere decir hormigueros...

Tal es la versión que proponen los historiadores Alva Ixtlilxóchitl y Torquemada[7] del fin de la tiranía de Maxtla y de las persecuciones que sufrió Nezahualcóyotl. Según otras crónicas,[8] Maxtla no murió en esta ocasión y sobrevivió a la destrucción de Azcapotzalco, que debió ocurrir en 1427 o 1428.

Posteriormente, Nezahualcóyotl recuperó su propia ciudad, que estaba en poder de Iztlacauhtzin, y completó la pacificación de sus provincias, sujetando a poblaciones como Xochimilco y Cuitláhuac, que no habían querido rendirle obediencia. Al parecer, estas últimas acciones militares de consolidación de su señorío se prolongaron hasta 1430, año en que Nezahualcóyotl aún se encontraba en la ciudad de México donde dirigió varias obras civiles cuya trascendencia para la vida futura de la ciudad no requiere ponderaciones. Además de unos palacios que construyó para su propia habitación, "hizo el bosque de Chapultepec y metió el agua en la ciudad por tarjea, que hasta entonces iba por una zanja".[9] La leyenda lo hace constructor de un palacio al pie del cerro, de los manantiales y el acueducto, y aun agrega que él sembró los ahuehuetes del bosque, que aún disfrutamos. Habían pasado ya cuatro años en que Nezahualcóyotl tenía su casa y corte en la ciudad de México, pero una vez recuperado y pacificado su señorío, consideró que era el momento de ser jurado señor de Tezcoco y volver a su propia ciudad.

La dignidad y el mando

En el año *Nahui ácatl* o 4 Caña, 1431, a los veintinueve años de su vida, Nezahualcóyotl fue finalmente jurado señor de Tezcoco. Habían pasado diecisiete años desde aquel remoto 1414 en que su padre Ixtlilxóchitl lo había designado heredero de Tezcoco, y trece desde la muerte del viejo rey, la mayor parte de los cuales habían sido para él de persecuciones, peligros, luchas y destierro. La ceremonia se celebró aún en la ciudad de México[10] o ya en Tezcoco,[11] y en ella, conforme a los acuerdos de la alianza, Nezahualcóyotl fue coronado por Itzcóatl, señor de México-Tenochtitlan, acompañado por Totoquihuatzin, señor de Tlacopan, y por los nobles de los tres reinos.

En los ritos y solemnidades con que recibió la dignidad y el mando de *Acolhua Tecuhtli* se combinaron los usos propios de Tezcoco con los que seguían los señores mexicas. Primero se vistió al príncipe con una ropa real de algodón azul, se le calzó con unas cutaras, también azules, y se le puso en la cabeza, como insignia real, una venda del mismo color, forrada, más ancha hacia la frente, de modo que parecía una media mitra. Con estos hábitos, el príncipe se dirigió al templo de Tezcatlipoca, acompañado por todos los grandes y principales del reino, y por los reyes de México y de Tacuba. Llegado en presencia del ídolo, desató su manto para quedar desnudo frente a él y recibió un incensario con el que sahumó, con aromas de copal, al dios y hacia las cuatro direcciones cardinales.[12]

Luego comenzó a decir:

¡Oh señor nuestro humanísimo, amparador y gobernante invisible e impalpable! Bien sé que me tenéis conocido, que soy un pobre hombre de baja suerte, criado y nacido entre estiércol, hombre de poca razón y bajo juicio, lleno de muchos defectos y faltas, que ni me sé conocer, ni considerar quien soy. . .

me habéis puesto en la dignidad y trono real, ¿quién soy yo, señor mío, y qué es mi valer para que me pongáis entre los que vos amáis, conocéis, y tenéis por amigos escogidos. . .

para regir vuestros reinos estando dentro de ellos y hablando por su boca, y pronunciando ellos vuestras palabras y para que se conforme con el querer del antiguo dios y padre de todos los dioses, que es el dios del fuego, que está en la alberca del agua entre almenas cercado de piedras como rosas, el cual se llama Xiuhtecutli, quien determina, examina y concluye los negocios y litigios del pueblo. . .

¿Qué modo tendré en gobernar y regir esta vuestra república? ¿Cómo tengo de llevar esta carga del regimiento de la gente popular, yo que soy ciego y sordo. . .?

Puesto que ya tenéis determinado de ponerme en escarnio y burla del mando, hágase vuestra voluntad y disposición, y cúmplase vuestra palabra. . .

¿O por ventura es como sueño, o como quien se levanta durmiendo de la cama esto que me ha acontecido? ¡Oh señor que estáis presente en todo lugar, que sabéis todos los pensamientos, y distribuís todos los dones; plegaos de no esconderme vuestras palabras y vuestras inspiraciones. . . con que sugeristeis e insuflasteis a vuestros antiguos amigos. . . y usáis de ellos como de vuestras flautas hablando dentro de su interior y poniéndoos en sus caras y en sus oídos y abriendo sus bocas para bien hablar. . .

Por esto, señor, los adornáis con prudencia y sabiduría, para que vean, como en el espejo de dos haces, donde se representa la imagen de cada uno, y por la misma causa les dais una hacha muy clara sin ningún humo, cuyo fulgor se extiende por todas partes...

¡Oh señor nuestro humanísimo, sabedor de los pensamientos y dador de los dones! ¿Está por ventura en mi mano la manera de vivir, y las obras que tengo de hacer en mi oficio que es vuestro reino y dignidad y no mía?...

Tened por bien darme un poquito de luz, aunque no sea más de cuanto echa de sí una luciérnaga que anda de noche, para ir en este sueño y en esta vida dormida, que dura como el espacio de un día donde hay muchas cosas en que tropezar, y muchas en que dar ocasión de reír, y de otras que son como camino fragoso, que se han de pasar saltando...

ya me habéis hecho espaldar de vuestra silla y vuestra flauta sin ningún merecimiento mío; yo soy vuestra boca, cara, orejas, dientes y uñas... por esto os ruego que pongáis dentro de mí vuestro espíritu y vuestras palabras...[13]

Al concluir estas palabras de agradecimiento y de petición de ayuda a Tezcatlipoca, el *Acolhua Tecuhtli* Nezahualcoyotzin, que se había mantenido de pie, desnudo, inclinado hacia la tierra y los pies juntos, volvió la mirada al sacerdote principal llamado *Quequetzalcoa,* o sucesor de Quetzalcóatl, que pausada y gravemente comenzó a dirigirle la admirable plática ritual, que se reservaba para estos actos, y en la que parecía cristalizarse la sabiduría nahua en consejos aún vigentes:

¡Oh señor nuestro serenísimo, y muy precioso! Ya se determinó en el cielo y en el infierno, y se averiguó y te cupo esta suerte, a ti te señaló, sobre ti cayó la elección de nuestro señor dios soberano. ¿Por ventura podráste esconder o ausentar? ¿Podráste escapar de esta sentencia? ¿O por ventura te escabullirás o hurtarás el cuerpo a ella?...
¿Qué harás si en tu tiempo se destruye tu reino, o nuestro Dios envía sobre ti su ira mandando pestilencia? ¿Qué harás si en tu tiempo se destruye tu pueblo, y tu resplandor se convierte en tinieblas?...
Así, pues, es menester, oh rey nuestro, que pongas todas tus fuerzas y todo tu poder para hacer lo que debes en la prosecución de tu oficio con esto en lloros y suspiros, orando a nuestro señor Dios invisible e impalpable. Llegaos, señor, a él muy de veras con lágrimas y suspiros para que os ayude a regir pacíficamente vuestro reino, porque es su honra; mirad que recibáis con afabilidad o humildad a los que vengan a vuestra presencia angustiados o atribulados; no debéis decir ni hacer cosa alguna arrebatadamente, oíd con mansedumbre y por entero las quejas e informaciones que delante de vos se presenten, no atajéis las razones o palabras del que habla, porque

sois imagen de nuestro dios, y representáis su persona, en quien está descansando, y de quien él usa como de una flauta y en quien él habla, y con cuyas orejas él oye. . .

Mirad que la dignidad que tenéis, y el poder que se os ha dado sobre vustro reino o señorío no os sea ocasión de ensoberbeceros y altivaros. . .

Mirad, señor, que no durmáis a sueño suelto; mirad que no os descuidéis con deleites y placeres corporales; mirad que no os deis a banquetes ni a bebidas en demasía; mirad que no gastéis con profanidad los sudores y trabajos de vuestros vasallos, en engordaros y emborracharos. . .

¡Oh señor, rey y nieto nuestro! Dios está mirando lo que hacen los que rigen sus reinos, y cuando yerran en sus oficios danle ocasión de reírse de ellos y él se ríe y calla porque es dios, que hace lo que quiere, y hace burla de quien quiere porque a todos nosotros nos tiene en el medio de la palma de la mano, y nos está remeciendo, y somos como bolas y globos redondos en su mano, pues andamos rodando de una parte a otra y le hacemos reír, y se sirve de nosotros cuando giramos de una parte a otra sobre su palma. ¡Oh señor y rey nuestro, esforzaos en hacer vuestra obra poco a poco!. . .

Por ventura con brevedad y como cosa de ensueño, te presenta su honra y su gloria; tal vez te da a oler y te pasa por sus labios su ternura, su dulcedumbre, su suavidad, su blandura, y las riquezas que sólo él las comunica, porque sólo él las posee. . .

Conviene también, ¡oh señor nuestro!, que tengáis mucho ciudado en no decir palabras de burlas o de donaire, porque esto causará menosprecio de vuestra persona; las burlas y chanzas no son para las personas que están en la alta dignidad vuestra. . .

Mira, señor, que no vuelvas a hacer lo que hacíais cuando no eras señor, que reías y burlabas; ahora te conviene tomar "corazón de viejo" y de hombre grave y severo. Mira mucho por tu honra, por el decoro de tu persona, y por la majestad de tu oficio; que tus palabras sean raras y muy graves, ya tienes otro ser, ya tienes majestad, y has de ser respetado, temido, honrado y acatado; ya eres prenda de gran valor, y persona rara a quien conviene toda reverencia, acatamiento y respeto. . .

También te conviene, señor, regocijar y alegrar a la gente popular según su calidad, condición y diversidad de grados que hay en la república; confórmate con las condiciones de cada grado y parcialidad de la gente popular. Tened solicitud y cuidado de los *areitos* y danzas, y también de los aderezos e instrumentos que para ello son menester, porque es ejercicio donde los hombres esforzados conciben deseos de las cosas de la milicia y de la guerra. . .

Conviéneos dar vuelcos en la cama, y habéis de estar en ella pensando en las cosas de vuestro oficio, y en dormir soñando los negocios de vuestro cargo, y las cosas que nuestro señor nos dio para nuestro mantenimiento, como son el comer y el beber, para repartirlo con vuestros principales y cortesanos, porque muchos tienen envidia de los señores y reyes, por tener lo que tienen de comer y de beber lo que beben; y por esto se dice que los reyes y señores "comen pan de dolor". No penséis, señor, que el estrado real y el trono es deleitoso y placentero; no es sino de gran trabajo y de mucha penitencia... ¡Oh señor nuestro y rey! ¡Viváis muchos años trabajando en vuestro oficio real![14]

Aún habló al nuevo señor otro orador anciano y noble también, aunque en tono más placentero y menos sentencioso. Luego, Nezahualcóyotl contestó a ambos para mostrar una vez más su acatamiento a la voluntad del dios y su reconocimiento por la magnificiencia con que lo había distinguido, así como para manifestar que las palabras que le habían dirigido los oradores las guardaría como piedras preciosas, como consejos de padres y madres, y que ellas serían consolación para su pecho y "bordón de mi oficio en mi mano".

Al terminar aquellos discursos y despedir con extremada cortesía a los oradores, bajó del templo con todo su acompañamiento, con gran silencio y acatamiento, y se apostó en la casa de los hombres de dignidad, que estaba al pie del *cu*. Allí permaneció cuatro días, ayunando sin comer más que poca cosa de un solo manjar, a mediodía, y bebiendo agua simple. En aquellos días, además, no había de tener trato con mujer ni hacer cosa deshonesta, y pasaba el tiempo en meditar y considerar la dignidad que recibía y el cuidado que había de guardar en su gobierno. Al salir el sol y al ocultarse, incensaba al ídolo y hacia las cuatro partes del mundo.

Pasados los días de su retiro y ayuno, se iniciaron las ceremonias civiles. Se le bañó con agua fría y, puesta la corona y los hábitos reales y acompañado de los grandes del reino y de los embajadores y personas ilustres que asistían, salió a la plaza al *areito* público y bailó con mucha mesura y gravedad. Lo acompañaron al *areito* y cuando se encaminó a su casa los descendientes de las personas que habían tenido méritos en su vida pasada, con bultos e insignias que representaban la memoria de los servicios que habían hecho al rey o a sus antepasados, y para ser ejemplo ante los demás de los bienes que recibirían por ello. Acabado el *areito,* ya cerca de la noche, recibió, en una gran sala de la casa real, los parabienes de sus súbditos que eran más bien para recordarle una vez más los trabajos del gobierno, sus muchos cuidados y los sobresaltos y mudanzas que acompañaban a la dignidad real, y pedirle que no se descuidase, ya que de él dependía el bien y el mal de todos. Las dos personas de mayor dignidad del reino le hablaban con mayor libertad e insistían aún más en estas advertencias al nuevo señor. Llorando a lágrima viva, decíanle que mirase por el bien público, de manera que sirviese a dios y que sobre todo prefiriese el bien general sobre el suyo particular, y que se acordase, cuando se viera con sus hábitos y adornos reales y en gran abundancia de comidas y manjares, de la necesidad de los pobres para socorrerla, y que no pensase en que aquella majestad suya era perpetua sino prestada en tanto hiciese su deber, porque si no, sería depuesto por quien se la había dado, con mengua e ignominia. El nuevo señor, enternecido y en lágrimas, manifestóles a todos su agradecimiento diciéndoles que, aunque él fuese rey, ellos seguirían gobernando el reino y pidiéndoles que no lo desamparasen sino que, al contrario, con su experiencia lo encaminasen y aconsejasen.

De allí en adelante, comenta Pomar, "mandaba y gobernaba como le parecía que convenía, poniendo todo su cuidado principalmente en tres cosas: la primera, en los negocios de la guerra, lo segundo, en el culto divino, y lo tercero, en los frutos de la tierra, para que siempre hubiese mucha hartura. Oía todos los días cosas de gobierno, porque las de justicia oían los jueces... Despachaba con pocas palabras y jamás se excedía en lo que mandaba."[15]

Teniendo ya en mente las muchas obras que deseaba emprender en Tezcoco, cuando se encontraba aún en la ciudad de México había pedido a su tío Itzcóatl que le diese "cantidad de oficiales de todas las artes mecánicas", a los que sumó luego otros más de Azcapotzalco, Xochimilco y de otros lugares. Y accediendo a las súplicas que, con el apoyo de Itzcóatl, le hicieron sus súbditos, los señores de Huexotla y Coatlichan, que se le habían rebelado y lo tenían ofendido, Nezahualcóyotl decidió trasladarse finalmente a Tezcoco. "En el año 6 *Calli* 1433 se fue a establecer y gobernar a Tezcoco como rey."[16]

Con toda su familia y corte, hizo el viaje por la laguna, desembarcó en el bosque de Acayácac donde lo recibieron los señores y la gente prominente del reino con fiestas y regocijos, y se fue a habitar sus palacios de Cillan.

Antes de salir de la ciudad de México, y presumiblemente con el acuerdo de Itzcóatl, se precisaron los límites entre los señoríos aliados. Se fijó una línea de norte a sur, por medio de gruesos morillos, mojoneras y paredones, desde el cerro de Cuexómatl, por en medio de la laguna hasta el río de Acolhuacan, y luego a los cerros Xóloc y Techimali hasta Tototépec. Para Tezcoco fue la parte oriental y para México-Tenochtitlan la occidental, en la que estaban también comprendidas las tierras del señorío de Tlacopan.[17]

3. Organización del señorío

MUCHAS TIERRAS Y PROVINCIAS

UNA VEZ reconquistado y pacificado el señorío de sus mayores, y rectificadas sus fronteras, Nezahualcóyotl emprende su organización política y administrativa atrayendo y perdonando a quienes se le habían rebelado, restituyendo antiguos derechos y premiando a sus leales. Un descendiente de Nezahualcóyotl recordará, a fines del siglo XVI, que el señorío de Tezcoco "en tiempos de su gentilidad alcanzó y tuvo grande y extendida jurisdicción, en que entraban muchas tierras y provincias. Corría prolongada desde el Mar del Norte a la del Sur, con todo lo que se comprende en la banda de oriente hasta el puerto de Veracruz, salvo la ciudad de Tlaxcala y Huexotzinco".[1] Estos límites son muy vagos y, una vez más, parecen sospechosos de cierto partidarismo ya que pretenden ignorar la existencia de otros señoríos y, sobre todo, al imperio mexica. De todas maneras, Tezcoco era uno de los principales de aquel tiempo y el segundo después del de México-Tenochtitlan.

En la organización que dio Nezahualcóyotl al señorío de Tezcoco o Acolhuacan se combinaba el sistema de gobierno por señoríos o feudos menores con una administración central, a cargo de consejos generales, mayordomías y un aparato judicial.

Los señoríos menores, dependientes del de Tezcoco, llegaban a catorce y sus gobernantes eran los señores principales del reino. Las designaciones acordadas, tanto por razones políticas como familiares, fueron las siguientes: al frente del de Huexutla devolvió a Tlazolyaotzin, hijo de Tlacazatzin, que se le había rebelado y huido a Tlaxcala; en el de Coatlichan restituyó a Motoliniatzin, que andaba en la provincia de Huexotzinco; en el de Chimalhuacan nombró a Tetzcapoctzin; en el de Tepetlaóztoc quedó Cocopintzin; en el de Acolman, Motlatocacomatzin; en el de Tepechpan, Tencoyotzin al que sucedió su hijo Cuacuauhtzin; en el de Tecoyoacan, Techotlalatzin; en el de Chicuhnauhtla, Tezozomotzin; en el de Chiauhtla, Cuauhtlatzacuilotzin, hijo suyo, aún menor, "para que después de criado fuese señor de allí"; en el de Teotihuacan su yerno Quetzalmamalitzin, cuyo difunto padre,

31

Huetzin, había señoreado allí, y a quien además de participar en el consejo de guerra, dio el título de "capitán general del reino· de la gente ilustre, y que en su pueblo se despachasen todos los pleitos y negocios que hubiese entre los caballeros y gente noble de los pueblos de las provincias de la campiña"; en el de Otompan, Quecholtecpantzin, con encargo semejante al del anterior, pero "de la gente común y plebeya de las provincias de la campiña"; en el de Tulantzinco, Tlalolintzin; en el de Cuauhchinanco, Nauhecatzin, y en el de Xicotépec, Quetzalpaintzin. Y para sí mismo, reservó Nezahualcóyotl los pueblos de Coatépec, Ixtapalocan, Xaltocan y Papalotlan.[2]

MAYORDOMÍAS Y TRIBUTOS

Al lado de estos señoríos, que tenían cierta autonomía dentro del señorío general, Nezahualcóyotl dividió las demás ciudades, pueblos y lugares del reino en ocho mayordomías cuyo encargo principal, además de atender necesidades locales, era cobrar los tributos y rentas y sustentar, cada una cierto número de días, la casa y corte del rey. Matlalaca recibió la mayordomía de Tezcoco, con sus barrios y aldeas vecinas, y la obligación de proveerlas durante setenta días. Estas provisiones alcanzaban cifras que hoy nos parecen excesivas si no imaginarias,[3] aunque es preciso tener en cuenta que entonces todos los salarios se pagaban en especie y efectos de consumo y que estos tributos se destinaban al sustento de los señores de la corte, de los miembros de los consejos y tribunales y de los criados y servidumbre que, junto con sus familias, vivían en los palacios.

Las otras mayordomías con obligaciones semejantes fueron confiadas como sigue. El segundo mayordomo o *calpixque* fue Tochtli, a quien se encargaron las rentas de Atenco, con sus once pueblos y aldeas cercanas al lago, y la obligación de dar sustentos para otros setenta días. El tercero fue Cóxcoch, responsable de los trece pueblos y lugares de Tepepolco, también con setenta días. El cuarto fue Tlamati, encargado de los trece lugares y aldeas de Axapochco, para dar sustento durante cuarenta y cinco días. El quinto fue Íxotl, con las veintisiete aldeas y lugares de Cuauhtlatzinco, para proveer setenta y cinco días. El sexto fue Cuauhtecólotl, mayordomo de Ahuatépec, con ocho aldeas y lugares, para cuarenta y cinco días. El séptimo fue Papálotl, mayordomo de Tetitlan, Coatépec, Iztapalocan, Tlapechhuacan y sus aldeas, y el octavo fue Cuateconhua, encargado de cobrar los tributos de Tecpilpan y sus ocho aldeas y lugares.[4]

Las ciudades, pueblos y aldeas comprendidos en estas mayordomías, además de ciento sesenta aldeas y lugares que repartió a sus hijos, deudos y personas beneméritas, se consideraban la propia pertenencia del señor Nezahualcóyotl, esto es, lo realengo. Así pues, dentro del señorío o reino mayor que era Acolhuacan o Tezcoco y cuyo monarca fue Nezahualcóyotl, existían, por una parte los catorce señoríos "principales", pequeños feudos o gubernaturas al frente de los cuales se encontraban señores de rango, en algunos casos con antiguos derechos por herencia o méritos propios, y por otra, los lugares realengos, distribuidos en las ocho mayordomías, destinados a recabar los tributos y rentas que abastecían a lo largo del año a los funcionarios del reino y a las casas reales.

Conjugándose con esta distribución administrativa y política del reino, existía además el régimen de propiedad o usufructo de las tierras, régimen que seguía en Tezcoco el esquema común a los pueblos nahuas del altiplano. En cada pueblo o ciudad se separaban, por una parte, las tierras dedicadas a sostener los gastos reales o públicos: *tlatecatlalli* eran las tierras del rey; *tecpantlalli,* las de los palacios; *teopantlalli,* las de los templos, etc. Por otra parte, *pillali* eran las tierras de los nobles, que se consideraban propiedad particular. Finalmente, *calpulli* eran las tierras comunales de los barrios de cada pueblo, tierras que no podían ser vendidas sino sólo heredadas por los hijos o deudos del *calpullali* o *macehualli* o jefe de familia, que las trabajaba y usufructuaba.[5] En los mapas antiguos y en las matrículas de tributos cada una de estas diferentes tierras tienen un color distintivo, y las marcas de aquellos documentos fueron los títulos que acreditaron durante la colonia las propiedades comunales.

En toda la extensión del señorío de Tezcoco puso Nezahualcóyotl orden y concierto. A la propia capital la dividió en seis parcialidades: Mexicapan, Colhuacan, Tepanecapan, Huitznáhuac, Chimalpan y Tlailotlacan, encargando de su gobierno a los vecinos y distribuyendo por barrios —como un siglo más tarde lo haría Vasco de Quiroga con los pueblos ribereños del lago de Pátzcuaro— los diferentes oficios: plateros y aurífices en uno, artífices de plumería en otro, pintores en otro, y así hasta contarse más de treinta.[6] Y además de los palacios, templos y jardines que hizo construir y le dieron renombre, mandó también edificar más de cuatrocientas casas y palacios para los señores y caballeros de su corte, cada uno conforme a la calidad y méritos de su persona.[7]

LEGISLACIÓN Y CONSEJOS

La estructura política y administrativa del Estado tezcocano culminaba con un cuerpo de leyes y ordenanzas y con el funcionamiento de cuatro consejos: de Gobierno o de Asuntos Civiles y Criminales, de Música y Ciencias, de Guerra y de Hacienda, todos ellos presididos por parientes muy allegados al monarca.

Las ordenanzas y leyes promulgadas por Nezahualcóyotl, que conocemos en parte, nos parecen ahora, en verdad, decretos de bárbara rudeza en los que las diferentes sanciones no son sino formas más o menos crueles o infamantes de muertes. Aparte de los delitos de traición a la patria o rebelión contra el rey, parecía preocuparles mucho, en el orden civil, el castigo de la homosexualidad, del adulterio, del hurto y aun de la embriaguez. Para mostrarnos con qué rigor se aplicaban estas leyes se mencionan varios casos. Cuéntase, por ejemplo, que "mandó castigar a cuatro de sus hijos porque pecaron teniendo acceso con sus madrastras",[8] y otro historiador precisa que fueron ajusticiados.[9] Menciónanse asimismo los casos de "un hijo de Nezahualcóyotl, muy valiente y valeroso, que fue acusado de pecado nefando, lo sentenciaron a muerte, confirmándolo su padre, y ejecutando él la sentencia", y el de Tezauhpilzintli, hijo legítimo del monarca, que "fue acusado de *crimen legis* contra su padre... sentenciado a muerte y ejecutada en él la sentencia".[10] Sin embargo, según otra versión, las ejecuciones de uno o dos de los hijos de Nezahualcóyotl no fueron actos de justicia sino venganzas políticas. Y recordemos, asimismo, que el propio Nezahualcóyotl, siendo sólo un mozo de diecisiete años, mató en Chalco a una señora porque fomentaba la embriaguez, si no creemos la otra versión más piadosa de que pretendía denunciarlo durante sus persecuciones. En cambio, parece muy moderna la ordenanza que permitía a las mujeres, en caso de culpa del marido, divorciarse, conservar ellas los hijos y repartir entre ambos sus bienes. El Consejo de Gobierno o de Asuntos Civiles y Criminales disponía de grupos de seis nobles y seis plebeyos para cada ramo o competencia, más secretarios, alguaciles y escribas-pintores. Lo presidían dos hermanos del rey, Cuauhtlehuanitzin e Ichantlatocatzin.[11]

Dentro del Consejo de Música y Ciencias existían, al parecer, dos academias: una exclusivamente de poetas, y otra, presidida por Xochiquetzaltzin, hijo del monarca, que congregaba a "los astrólogos, historiadores y a los que tenían otras artes". Las escuelas de arte adivinatorio, poesía y cantares formaban parte, probablemente, de este consejo.[12] De la legislación relativa sólo sabemos que se castigaban las supersticiones y la hechicería aunque se permitía la nigromancia.[13]

Al Consejo de Guerra —que presidían el hijo mayor de Nezahualcóyotl, Acapipioltzin, y su yerno Quetzalmamalitzin, señor de Teotihuacan y general en jefe de los ejércitos tezcocanos— "asistían los más valerosos capitanes y hombres de guerra, así nobles como plebeyos".[14] Las disposiciones relativas se refieren a la obediencia militar, al respeto de los cautivos y botines ajenos, a la protección al rey a que estaban obligados sus guardias y al protocolo y prevenciones que debían seguirse para entrar en guerra. Entre las prescripciones militares, hoy nos parecen sorprendentes las que castigaban con degollación al noble que, habiendo sido cautivo, huía hacia su patria. El pobre tenía que aceptar el cruento honor del sacrificio ritual, del cual sólo podía escapar si vencía, en sacrificio gladiatorio, a cuatro soldados, en cuyo caso era bien recibido y premiado por el rey.

Las leyes hacendarias, en fin, se referían a la cobranza y distribución de los tributos y a los padrones reales. Como lo muestra para los tributarios de México-Tenochtitlan el original que se conserva de la *Matrícula de tributos,* los respectivos pueblos debían entregar: granos, condimentos, cacao, algodón, tabaco, rodelas y petos, mantas, sandalias, mosquiteros, cuerdas, penachos de pluma, etc. Con pena de muerte se castigaban los desmanes de cobradores y el cohecho de los jueces. En el Consejo de Hacienda, que presidía Hecahuehuetzin, también hijo del monarca, "se juntaban todos los mayordomos del rey y algunos mercaderes de los más principales de la ciudad a tratar de las cosas de hacienda del rey y tributos reales".[15]

Motolinía, que estuvo en Tezcoco desde 1524 y pudo recoger allí informaciones directas, se refirió con admiración a la organización de la justicia en este señorío. Dice que, con excepción de los asuntos de guerra, los tribunales y jueces de Tezcoco eran tan respetados que "de México remitían... muchos pleitos para que allí se determinasen y sentenciasen." Para cuestiones de justicia, el señorío estaba dividido en seis cabeceras y cada una de ellas tenía dos jueces, y "todos eran hombres escogidos, personas de buena arte y de buena capacidad; algunos eran parientes del señor". Como salario tenían asignadas tierras con renteros, las cuales tierras no podían traspasarlas por herencia, ya que pasaban al juez que los sucedía. En amaneciendo, los jueces se sentaban en sus esteras para oír pleitos; y cuando se presentaban apelaciones se recurría a dos jueces superiores, que "sentenciaban con parecer del señor". Cada diez o doce días el señor de Tezcoco y todos los jueces tenían acuerdo "sobre los casos arduos y de calidad", presentando en esas reuniones asuntos ya examinados y probados. Los testigos juraban por la diosa Tierra decir verdad, y ésta pocas veces se encubría a la sagacidad de los jueces. Éstos no podían recibir presente alguno y si se sabía que lo habían hecho o habían ido "contra la verdad y rectitud de la justicia" o se embeodaban, los castigaban reprendiéndolos ásperamente, trasquilándolos, privándolos de su cargo y aun ahorcándolos, según la gravedad de su falta.

Motolinía agrega una información interesante. Junto a cada uno de los jueces, además de alguaciles encargados de hacer aprehensiones o pesquisas, a los que se llamaba *achcauhtli,* había "un escribano pintor diestro" el cual con sus caracteres y signos "ponía por memoria lo que se concluía y sentenciaba de los pleitos".

En las provincias y pueblos había otros jueces con autoridad limitada que reservaban los pleitos arduos para las reuniones y ayuntamientos generales, llamados *nappualtlatulli,* que cada ochenta días tenían todos los jueces en Tezcoco, delante del señor, y en las cuales, durante diez o doce días, además de resolver los pleitos difíciles, trataban también sobre asuntos generales tocantes a sus provincias y a todo el reino.[16]

COSTUMBRES Y CULTURA

Además de estos consejos y de los tribunales, funcionaba en Tezcoco otro tribunal más, al que podía llamarse moderador, y que era una manifestación singular del alto grado de la cultura de este pueblo. En una gran sala del *tlacateo,* o escuela de los infantes reales, por ley se reunían cada ochenta días el rey con todos sus hijos, hijas y deudos, con sus ayos y maestros y todos los grandes del señorío. Allí, en un estrado a manera de púlpito, subía un orador que comenzaba a reprender públicamente, dando cuenta de los vicios y cosas mal hechas que se habían visto durante aquel lapso —del rey abajo— y encareciendo al mismo tiempo la virtud y sus provechos y la necesidad de guardar las ochenta leyes establecidas.[17]

Un sacerdote viejo, con tal que fuese virtuoso y hábil, les hacía un razonamiento que duraba tres y cuatro horas, a manera de sermón, en el que les decía las cosas que era menester remediar, corregir o enmendar y defectos generales, reprehendiendo comúnmente los excesos que había y enseñándolos a bien y virtuosamente vivir. De manera que algunos de éstos eran tan retóricos, que con su doctrina y ejemplo de buena vida hacían vivir a los hombres en orden y concierto y los animaban y los atraían fácilmente a hacer en la guerra cosas de valor y esfuerzo, y en las de paz, cosas de virtud y buen gobierno. Y esta costumbre era una de las cosas que más se conservaron en su modo de vivir, en la forma en que los hallaron los conquistadores.[18]

Las costumbres todas de los texcocanos se distinguían por su sobriedad:

La comida y la bebida de los reyes y grandes señores y hombres ricos —continúa refiriéndonos Pomar— no eran nada viciosas, ni guisadas exquisitamente. No pasaban de gallinas, conejos o venados o aves salvajes, asado o cocido, y pan de maíz y ají, tenido por principal apetito. Y la del [pueblo] común era mucho menos, porque caza no la alcanzaban, y cuando comían gallina, era por fiesta y regocijo.

Comían dos veces al día, una en la mañana y otra a la tarde. Su bebida de los poderosos era cacao y por regalo bebían *pinole,* hecho de *chian,* una semilla muy menuda, muy fresca y de mucha sustancia. Y de ésta usaban los plebeyos comúnmente, porque la cogían de sus sementeras.

Dormían poco, porque comúnmente se levantaban dos o tres horas antes de que amaneciese a entender en sus granjerías y cultivar sus tierras y a bañarse en baños que calentaban, hechos a manera de un aposento muy pequeño y muy bajo, en el uno lado del cual tenían un hornillo pequeño en que encendían lumbre y, echándole agua, entraba el calor en el aposento y con el calor de él sudaban y se limpiaban y lavaban. Y con esto, por necesidad de enfermedades, porque de otra manera no se les permitía, especialmente a los hombres ejercitados a la aspereza de los tiempos, demás que decían que encogía los nervios y cocía la sangre.

Los hombres de linaje y todos los oficios de dignidad y el mismo rey y los *tequihuaque* se trataban en sus vestidos muy honestos. Porque no traían más que mantas blancas, si no era en los días de fiesta y *areitos* públicos en que se trataban con no poca diferencia de los mexicanos, tlaxcaltecas o huexotzincas, que siempre andaban arreados a la soldadesca y fanfarronamente.[19]

Esta sencillez y austeridad los hacía muy sanos y lo normal para ellos era morir de muy viejos o al nacer,[20] en contraste con las pestes que, agravadas por el trabajo esclavizante que se les impuso, asolaron la población indígena a raíz de la Conquista.[21]

Bajo Nezahualcóyotl, Tezcoco llegó a ser en verdad un modelo de gobierno, virtudes y cultura para los antiguos pueblos indígenas de la altiplanicie. Según comenta Pomar, "las leyes y ordenanzas y buenas costumbres y modo de vivir que generalmente se guardaban en toda la tierra procedían de esta ciudad. Porque los reyes en ella procuraban que fuesen tales cuales se ha dicho y por ellas se gobernaban las demás tierras y provincias sujetas a México y Tacuba. Y comúnmente se decía que en esta ciudad tenían al archivo de sus consejos, leyes y ordenanzas y que en ella les eran enseñados para vivir honesta y políticamente y no como bestias".[22]

Pero no sólo sobresalía Tezcoco en el mundo nahua como un centro de irradiación cultural y por el archivo de los documentos indígenas que allí se guardaba —esto es, la famosa colección, probablemente la más importante del mundo indígena, que formó Nezahualcóyotl y acrecentó Nezahualpilli, de los "libros pintados": anales históricos, cronologías, genealogías, leyes, ritos y ceremonias religiosas, oraciones, fórmulas mágicas, calendarios adivinatorios y descripciones de dominios y tributos— y el florecimiento de historiadores, poetas y artífices —que se prolongará en el primer siglo colonial—, sino también por la pureza de su lengua. La gente de Tezcoco, decía Durán, "es en todo esmerada y política, avisada y retórica, de linda lengua y elegante y pulida, cuya pulicía en el hablar puede tener la prima, como Toledo en España, que salidos de ella es tosquísima la demás y bárbara"[23] "Es tenida la lengua mexicana por materna y la tezcocana por más cortesana y pulida", confirmaba a fines del siglo XVI el mestizo Muñoz Camargo,[24] y Boturini comentaba que era a "Tetzcuco donde los señores de la tierra enviaban a sus hijos para aprender lo más pulido de la lengua náhuatl, la poesía, la filosofía moral, la teología gentílica, la astronomía, la medicina y la historia".[25] "Tezcoco podía gloriarse de ser la Atenas del mundo occidental", exclamaba Prescott.[26]

4. Palacios, jardines y escuelas

Los Palacios

Por la descripción que hizo Fernando de Alva Ixtlilxóchitl y por el *Mapa Quinatzin* podemos tener una idea aproximada de los palacios de Nezahualcóyotl y de la disposición que tenían dentro de ellos los órganos de gobierno, los consejos y los jueces que regían el señorío así como los aposentos y jardines. Los obreros mayores o arquitectos que dirigieron su construcción fueron Xilomantzin, señor de Culhuacan, y Moquihuitzin, de Tlatelolco, aunque el mismo monarca estuvo siempre pendiente de las obras.

Limitados por anchas murallas, se extendían estos palacios de Nezahualcóyotl en un gran cuadrilátero, frontero por el lado poniente al lago. Los muros norte y sur tenían una extensión de 1 234 varas, o sean 1 031 metros —para tener un término de comparación recordemos que la Plaza Mayor o Zócalo de la ciudad de México tiene 240 metros por lado—, y los oriente y poniente, 978 varas o sean 817 metros. En el interior, entre grandes y medianos aposentos, había más de trescientas piezas, distribuidas en torno de dos patios principales, el mayor, rodeado de arcadas, que servía de plaza o mercado —y lo sigue siendo en la actual Tezcoco—, donde estaban además el juego de pelota y, sobre una peana, un gran brasero que ardía continuamente de día y de noche. En torno a esta plaza o patio mayor se encontraban, del lado del lago, una de las entradas principales del palacio y la llamada "universidad", o sea el lugar en que se reunían los poetas, historiadores y filósofos del reino, divididos en sus academias respectivas, así como los archivos reales, que serían quemados, como cosas de hechicerías y demonios, a principios del siglo xvi.[1] Al lado norte estaban los aposentos destinados a los reyes de México, de Tlacopan y los otros aliados, cuando venían a Tezcoco, los almacenes de los tributos y el jardín zoológico, las jaulas para las aves y los estanques para los peces, donde se habían reunido todos los animales conocidos en el mundo indígena, y los que no era posible tener allí estaban representados en figuras de pedrería y oro. Un siglo más tarde, el naturalista español doctor Francisco

39

Hernández pudo ver aún los restos de esta colección de la flora y la fauna mexicanas formada por Nezahualcóyotl, que aprovechó para algunas ilustraciones de su *Historia Natural de Nueva España*.[2]

En torno al patio menor estaban las salas del gobierno, de los consejos y de los jueces. Al fondo del patio, hacia el oriente, quedaba la sala del consejo real, dividida en dos tribunales, y en cuyo centro ardía un brasero: a la derecha, el *teoicpalpan*, o tribunal de dios, ricamente adornado, con el trono principal y las insignias del poder, y a la izquierda, el tribunal del rey, donde se reunían en torno a Nezahualcóyotl los principales señores de Tezcoco. En el *Mapa Quinatzin* hay una imagen de esta sala de consejos que concuerda con la descripción de Alva Ixtlilxóchitl. En un sitial elevado, al fondo, están Nezahualcóyotl y su hijo Nezahualpilli, y en torno a la sala, cada uno con el signo de su nombre, los catorce señores principales del reino, encabezados por Quetzalmamalitzin, señor de Teotihuacan, yerno de Nezahualcóyotl y presidente del tribunal de nobles. Al centro hay dos braseros y, bajo ellos, el signo 4 *Ácatl*, 1431, el año en que inició Nezahualcóyotl su gobierno en Tezcoco.

Paralelas a estas salas seguían, hacia el costado oriente, otras dos que alojaban, la primera, a los jueces de los nobles y caballeros y a los jueces de los plebeyos, y la última, a los cuatro presidentes de los consejos. El Consejo de Música y Ciencias disponía, además de la "universidad" y los archivos, de otra sala, al lado norte del patio, adornada con una gran *huéhuetl* al centro y con muchas insignias, joyas, rodelas, borlas y penachos de plumería, donde tenían tronos los reyes de Tezcoco, México y Tlacopan, y que habitualmente estaba concurrida por filósofos, poetas y capitanes famosos y donde "de ordinario estaban cantando los cantos de sus historias, cosas de moralidad y sentencias".[3] Del lado poniente, junto a la comunicación con la plaza, estaba el Consejo de Guerra. Y al costado sur tenían su asiento el Consejo de Hacienda, las salas de los jueces pesquisidores, que salían a las provincias a investigar o a ejecutar lo que el rey ordenaba, y el almacén de armas. Hacia el ángulo sur-oriente de este patio seguían las habitaciones de la reina y sus damas, las cocinas, las habitaciones del rey y, entre torreones y capiteles, se abrían los jardines y recreaciones, las fuentes, estanques y acequias, los baños reales, todo cercado por más de dos mil sabinos y con muchos laberintos en los que era difícil dar con la salida.[4]

JARDINES Y RECREACIONES

Además de los que existían junto a los palacios de Tezcoco, Nezahualcóyotl tenía muchos otros jardines, provistos de árboles y flores raros, traídos en ocasiones de lugares remotos; baños rústicos y grutas convertidas en casas de campo; montañas para la caza, bosques y sementeras para su beneficio.[5] Varios pueblos se alternaban y distribuían el cuidado y servicio de estos dominios.

Mas entre los lugares de recreación que existieron en el antiguo Tezcoco el preferido por Nezahualcóyotl y el más famoso fue el bosque de Tetzcotzinco, situado en una colina de figura cónica, cercana a la capital del señorío. Estaba todo cercado y, para subir a la cumbre, tenía "quinientos y veinte escalones"[6] construidos con argamasa o labrados en la roca. Como carecía de agua, para regar el bosque hizo construir un acueducto con altas murallas que vertían sus canales en lo más alto de la colina de donde el agua descendía a una serie de estanques. En el primero de ellos se había esculpido en una gran roca, dentro de un círculo, los acontecimientos principales de la vida de Nezahualcóyotl, desde su nacimiento hasta aquellos días, con signos de sus hechos memorables; en el centro estaba grabada una alegoría de su vida y destino: dos casas, una ardiendo y consumiéndose y otra "ennoblecida de edificios", y en medio de las dos, una pata de venado, adornada con una piedra preciosa y un penacho de plumas. Estaban también representados una cueva, con un brazo que sostenía un arco y flechas; un guerrero, dos tigres de cuyas fauces salían agua y fuego y, alrededor, una orla con doce cabezas de reyes y señores. Cuando vino a México el primer obispo fray Juan de Zumárraga, hacia 1528, mandó picar y hacer pedazos aquella obra creyendo que podrían ser imágenes de ídolos.[7]

De aquel primer estanque de la roca labrada se repartía el agua a ambos lados del bosque. Aún en esta explanada superior había unas construcciones, a manera de torres, rematadas por un macetón del que salían penachos de plumería, que significaba la etimología del nombre del bosque. Un poco más abajo de la peña del estanque estaba la escultura de un león, con alas y pluma, echado y mirando hacia el oriente, por cuya boca se asomaba el rostro del rey. Descendiendo la pendiente había tres estanques más, con diversas imágenes labradas en la roca: tres ramas que significaban el gran lago y las tres cabezas del imperio o la alianza, el nombre y el escudo de Tollan, capital de los toltecas, y de Tenayuca, capital del antiguo señorío chichimeca. De la última alberca salía un chorro de agua que saltando sobre unas peñas iba a caer como lluvia a un jardín de flores olorosas de tierra caliente.

Junto a este jardín estaban los famosos baños de Nezahual-cóyotl, formados por estanques excavados en el pórfido macizo.[8] Una gradería, labrada también en la roca y bruñida como espejo, conducía de los baños al palacio y al alcázar que tenía el rey en este bosque y adonde solía retirarse para sus meditaciones y ayunos. Además de muchas salas y aposentos, algunos de gran amplitud, había un patio para recibir a los señores de México y Tlacopan y para hacer danzas y representaciones. Alva Ixtlilxó-chitl concluye su fascinada descripción de los esplendores del bosque de Tetzcotzinco con estas palabras:

Estaban estos alcázares con tan admirable y maravillosa hechura y con tanta diversidad de piedras que no parecían hechos de indus-tria humana: el aposento en donde el rey dormía era redondo; todo lo demás de este bosque, como dicho tengo, estaba plantado de di-versidad de árboles y flores odoríferas, y en ellos diversidad de aves, sin las que el rey tenía en jaulas y traídas de diversas partes, que hacían una armonía y canto que no se oían las gentes; fuera de las florestas, que las dividía una pared, entraba la montaña en que había muchos venados, conejos y liebres, que si de cada cosa muy en particular se describiese, y de los demás bosques de este reino, era menester hacer historia muy particular.[9]

ESCUELAS

La "universidad", que se encontraba en el patio mayor de los palacios, donde se reunían los poetas y sabios del reino y donde estaban asimismo los archivos reales; la sala de música y ciencias, del patio menor, y las "escuelas de arte adivinatorio, poesía y cantares"[10] constituían lo que pudiera llamarse los centros de la cultura superior de Tezcoco. La educación regular para los ni-ños y adolescentes quedaba a cargo de las otras escuelas que estaban situadas, junto con los templos, al lado de los palacios y comunicadas con ellos.

La primera de éstas, el *tlacateo* —que acaso haya sido una variante tezcocana del *calmécac* azteca—, estaba al lado ponien-te de los templos. Allí asistían los numerosos infantes reales "con sus ayos y maestros, que les enseñaban toda la policía de su modo de buen vivir, y todas las ciencias y artes que sabían y alcanzaban, hasta las mecánicas de labrar oro, pedrería y plumería, y las demás; y asimismo el ejercicio militar, con tanto cuidado que no los dejaban un punto estar ociosos". En otro edificio contiguo se doctrinaban y criaban las hijas del rey.

Existía también el *telpochcalli* de los mexicas, o sea la escuela común para los muchachos de la ciudad.[11]

Estas informaciones de Alva Ixtlilxóchitl se completan con las que ofrece Pomar acerca de las enseñanzas y del rigor que existía en la primera de estas escuelas. En cuanto los niños tenían "entendimiento y uso de razón" eran desprendidos de sus madres y enviados a la escuela para ser "enseñados por el sacerdote principal a todo ejercicio de virtud, honestidad y crianza y especialmente en el arte militar". La pedagogía era de espartana severidad:

Aunque fuesen los hijos legítimos del rey andaban con solamente unos pañaletes de algodón con que cubrían las desvergüenzas, y unas mantas ásperas de nequén, sin diferencia de los demás hijos de los señores, o hidalgos o plebeyos. Hacíanlos dormir en esteras y con una ropa de nequén basta y muy gorda. En siendo después de media noche, se levantaban y lo primero que hacían era bañarse en agua fría, sin jamás dejarlo de hacer en tiempo de frío o calores. Y luego tomaban escobas y barrían los templos y las casas y patios de ellos.

Antes de que amaneciese, los más pequeños iban al monte a buscar ramas de abeto y espinas para el culto mientras los demás incensaban hacia los cuatro puntos cardinales. El propósito de esta severidad era el curtirlos a las inclemencias y habituarlos al poco sueño y comida para que sintiesen menos los rigores de la guerra. "Pasaban el día —dice Pomar— en enseñarlos a bien hablar, a bien gobernar, a oír de justicia, y en pelear de rodela y macana y con lanza con pedernal a manera de pica y aunque no tan larga. Y esto hacían los que ya tenían edad para ello. Otros se iban a la casa de canto y baile a deprender a cantar y bailar. Otros al juego de pelota".[12]

Como aparece ilustrado en el *Códice Mendoza*, los escolares tezcocanos que asistían al *calmécac* eran castigados muy severamente por sus faltas o excesos, aunque éstos fuesen sólo el comer lo que sus madres por piedad les enviaban. Punzábanles las orejas o los muslos con espinas de maguey, los hacían aspirar humo de chiles quemados o los azotaban con ortigas. Bebían sólo agua y comían miserablemente dos veces al día las pocas tortillas que les arrojaban, como a perros, los sacerdotes. Era, pues, una escuela sobre todo de endurecimiento, ascetismo y autodominio.

Había, además, otra escuela especial para la educación de las hijas del rey[13] y acaso de la nobleza, y, entre los templos, "había uno donde había muchas mujeres reclusas y encerradas, y asimismo se criaban algunas de las hijas de los señores y ciudadanos".[14] Pomar cuenta que las niñas recibían principalmente la educación de sus madres, que las imponían a "tejer, hilar y hacer de comer" aunque algunas había que se inclinaban a tañer, cantar y bailar. El convento o el cuidado de casa e hijos eran, pues, su destino.[15]

Al parecer, en Tezcoco se aplicaba fundamentalmente el sistema de educación azteca, en el cual existían dos tipos principales de escuelas: el *telpochcalli,* para la mayoría del pueblo, en el que se enseñaban elementos de religión y moral, pero sobre todo se adiestraba a los alumnos en las artes de la guerra, pues dichos centros estaban dedicados a Tezcatlipoca; y el *calmécac,* escuela de educación superior, para los hijos de los nobles y los sacerdotes, en el que se trasmitían las doctrinas y conocimientos más elevados, los cantos e himnos rituales, la interpretación de los "libros pintados" y nociones históricas, tradicionales y calendáricas. Los primeros, los *telpochcalli,* permitían a sus alumnos costumbres más bien libres, bailes y amencebamientos, pues preparaban guerreros. Los *calmécac,* en cambio, tenían la advocación de Quetzalcóatl, que era la divinidad del autosacrificio y la penitencia, del conocimiento y del espíritu, y preparaban consiguientemente sacerdotes, sabios y gobernantes. De acuerdo con las informaciones de la *Relación* de Pomar, en el *calmécac* o *tlacateo* de Tezcoco el adiestramiento militar completaba la formación moral e intelectual.

5. Templos, alianzas y guerra

TEMPLOS Y SACRIFICIOS

ALFREDO CHAVERO hacía notar que la familia mexicana de Nezahualcóyotl, su educación y sus largas estancias en Tenochtitlan determinaron que llevara a Tezcoco la misma organización civil y religiosa de los mexicanos.[1] Podría agregarse que lo forzaban a hacerlo el hecho de que su pueblo no tenía un panteón propio, ya que compartía sus dioses con los aztecas, dioses que procedían en su mayor parte de otros pueblos, principalmente de los toltecas, e incluso de los acolhuas o chichimecas, y de que, además, existían fuertes ligas militares y políticas con sus imperiosos vecinos. Sin embargo, sobre el esquema ritual azteca, Nezahualcóyotl impondría en su madurez su propio sello, el de la búsqueda del espíritu.

Contiguo al cuerpo de los palacios se encontraban los templos principales de Tezcoco. El mayor era la pirámide dedicada a Huitzilopochtli y a Tláloc. Medía ochenta brazas largas por lado y, por el costado poniente donde se ascendía al terraplén superior, tenía ciento sesenta escalones. Arriba se hallaban los aposentos de ambos ídolos y, frente a ellos, un patio amplio donde estaba el *téchcatl* o piedra de los sacrificios. En las capillas de los ídolos había sobrados, servidos por escaleras portátiles, llenas de macanas, rodelas, arcos, flechas, lanzas, guijarros y otros arreos de guerra. Junto a este templo mayor había otro redondo dedicado a Quetzalcóatl; un estanque, llamado *tetzapan,* en donde se lavaban los vasos de la sangre de los sacrificios y donde se enjugaban también los que se sacaban sangre, y un cercado con gran variedad de árboles y arbustos espinosos, llamado *teotlapan* o tierra de dios.

Existían muchos otros templos, aunque menores, con una distribución semejante a la del templo mayor y, además, numerosas salas y aposentos para la vivienda de los sacerdotes y ministros de los templos, para el *calmécac* y para albergar el convento de mujeres dedicadas al culto.[2]

En Huitznáhuac, uno de los barrios de Tezcoco, estaba el *cu* o templo de Tezcatlipoca, también en forma de pirámide aunque sin división en sus rampas, y con depósitos de armas y muni-

ción en la casa del ídolo.[3] Además de su representación, Tezcatlipoca tenía allí también su símbolo, el "espejo ahumado"
engastado en una piedra negra y junto a él muchas piedras preciosas: *chalchihuites,* esmeraldas, turquesas y otras. Decían los
tezcocanos *acolhuaques* que en el espejo habían visto muchas
veces a Tezcatlipoca y que desde él les hablaba con voz humana
cuando vinieron de Colhuacan— en tierras de lo que hoy es
Jalisco— diciéndoles que siguieran adelante y no parasen hasta
que llegaran a esta tierra de los chichimecas, donde ya no les
habló más.[4]

A imitación de los mexicanos, en la mayor parte de las ciudades de la altiplanicie se impusieron los sacrificios humanos,
para mantener con el "líquido precioso" la vida del sol Huitzilopochtli, de acuerdo con la concepción místico-guerrera azteca
que había sido impuesta por Tlacaélel.[5] La guerra llegó a tener
tanto el objetivo de conquista y dominio como el propósito de
capturar prisioneros para sacrificarlos en las festividades religiosas. El señorío de Tezcoco, aliado del de México-Tenochtitlan,
no se libró de esta barbarie a pesar de que Nezahualcóyotl parece haberse esforzado cuanto le fue posible por evitar la matanza
religiosa.

En principio, aunque con cierta renuencia,[6] aceptó ayudar a
los mexicanos en la construcción de su templo mayor a Huitzilopochtli y asimismo construyó en Tezcoco un templo a aquella
deidad azteca. Torquemada afirma que "nunca mandó sacrificar
hombres, sino animales, y se cuenta —añade— que muchas veces
amonestó a sus hijos en secreto para que no adorasen a sus
dioses y que sólo lo hiciesen por cumplimiento",[7] aunque el mismo cronista dice más adelante que "Nezahualcóyotl, a pesar de
considerar mala la idolatría y los sacrificios, no se apartó de ellos,
ni tampoco lo hizo su hijo Nezahualpilli".[8] Con todo, cuando
sobrevinieron calamidades para su pueblo, hacia 1454, los sacerdotes de México le dijeron que "los dioses estaban indignados
contra el imperio y que para aplacarlos convenía sacrificar muchos hombres". Nezahualcóyotl trató de refutar esa opinión y
sugirió que podría bastar el sacrificio de los cautivos en guerra.
Los sacerdotes arguyeron que las guerras eran remotas y los cautivos llegarían debilitados.[9] Para satisfacerlos se instituyeron, siguiendo una vez más el ejemplo de los mexicanos, por voluntad
y consentimiento mutuos, las guerras periódicas llamadas "floridas" entre los señoríos de Tezcoco, Tlaxcala, Huexotzinco y
Cholulan, a fin de adiestrarse en el ejercicio militar y disponer
de prisioneros para el sacrificio a sus dioses.[10]

La piedad, la sensibilidad poética, la meditación filosófica y el afán civilizador que reconocemos en las acciones y en el pensamiento de Nezahualcóyotl nos inducen a pensar que haya sentido repulsión por el ritual de los sacrificios humanos. Pero, al mismo tiempo, es preciso recordar que en su personalidad se juntaban el hombre de espíritu con el soldado y que, contradictoriamente, la violencia y aun el crimen no le fueron ajenos. Sólo un estadista y un guerero, que sabía ejercitar la fuerza armada de acuerdo con las implacables normas aztecas, pudo reconquistar y fortalecer su señorío. Y ciertas acciones injustificables de su vida nos fuerzan a reconocer que la piedad, que a pesar de todo lo distingue, no fue siempre su guía. Así pues, aunque algunos de sus panegiristas hayan querido hacer de él un civilizador y un poeta sin mancha, es preciso aceptar que consintió en sus dominios las prácticas de los sacrificios y el culto a Huitzilopochtli. Es verosímil que haya sentido repugnancia por ellos y que, hasta donde le fue posible apartarse de la imperiosa costumbre azteca, lo hizo.

Muchos años más tarde, al fin de su vida, cuando hubo contrastado prosperidad y adversidades, Nezahualcóyotl erigirá otro templo, ya no según los usos aztecas sino respondiendo a su propia indagación y a sus propias dudas, el templo al *Tloque in Nahuaque,* al dios incógnito, el señor del cielo y de la tierra.

LA TRIPLE ALIANZA

Desde la época en que Tezozómoc, el tirano de Azcapotzalco, y luego su hijo Maxtla humillaron y asesinaron a los reyes de México-Tenochtitlan y de Tezcoco y aun pretendieron aniquilar a estos señoríos, parecía necesario establecer alianzas que conjuraran peligros semejantes. En 1428 los mexicanos y los tezcocanos, auxiliados por otros pueblos aliados, derrotaron a los tepanecas, acaudillados por Maxtla, y acaso después de aquella victoria comenzó a prefigurarse el pacto militar y político que se llamará la Triple Alianza. Los cercanos parentescos que unían a los señores de México y de Tezcoco, la educación "mexicana" de Nezahualcóyotl, y el hecho de que ambos pueblos compartieran un ámbito geográfico: el Valle de México y el lago que los comunicaba, todo parecía aconsejar aquel pacto.

En principio, los vencedores tuvieron el acierto de designar, para que compartiese con ellos la hegemonía, a una ciudad de la tribu vencida, Tlacopan, bajo el mando de Totoquihuatzin, que será un aliado discreto y firme. Al constituirse la alianza, Itzcóatl, señor de México-Tenochtitlan, recibió el título de *Colhua Tecuhtli;* Nezahualcóyotl, señor de Tezcoco, el de *Acolhua Tecuhtli* y *Chichimécatl Tecuhtli,* y Totoquihuatzin, señor de Tlacopan, el de *Tepanécatl Tecuhtli,* como sus respectivos antepasados.[11] La gloria que alcanzaron será recordada en cantos como éste que, según refiere Alva Ixtlilxóchitl, entonaban los naturales en sus fiestas y convites:

> Teñida dejaron,
> allí en la tierra, fueron glorificando
> la ciudad:
> ésta de México, Motecuzomatzin,
> la de Acolhuacan, Nezahualcoyotzin,
> la de Tlacopan, Totoquihuatzin.
> ¡En verdad vinieron a tener mando
> en el solio y trono del que da la vida![12]

Después de confirmar sus títulos reales, su segunda acción conjunta fue la de acordar la distribución de los tributos, que debieron ser proporcionales a la extensión de los dominios de cada señorío. Motolinía da la lista de sesenta y ocho pueblos cuyos tributos se repartían por tercios entre los tres señoríos, y agrega dos grupos más, uno de treinta y tres y otro de doce pueblos de cuyos tributos se hacían cinco partes, dos para cada uno de los señores de México y de Tezcoco, y la quinta restante para el señor de Tlacopan.[13] Alva Ixtlilxóchitl se refiere sólo a una distribución general de los tributos, mediante esta última proporción,[14] mientras que Torquemada afirma que una quinta parte de los tributos se daba a Tlacopan, una tercera a Tezcoco y el resto —o sean siete quinceavas partes o casi la mitad— a México-Tenochtitlan.[15] Los otros compromisos pactados en la alianza fueron los de hacer la guerra unidos y de consultarse y confirmar los nombramientos y sucesiones reales en cualquiera de los señoríos.[16] Las incursiones contra los señoríos de Xochimilco y de Cuauhnáhuac[17] fueron algunas de las primeras acciones militares que emprendieron unidos. Por otra parte, Moctezuma asistirá a las bodas de Nezahualcóyotl,[18] y éste participará en la designación y ceremonia de entronización de Axayácatl así como en las fiestas y duelos del señorío azteca.[19]

CABALLERO DEL SOL

Aquella alianza entre los Estados estaba reforzada, además, por un vínculo de carácter personal que debió ser muy poderoso. A raíz del triunfo conjunto sobre Azcapotzalco, Tlacaélel, consejero entonces de Itzcóatl, propuso la concesión de títulos de una especial nobleza militar, así como de tierras, a los guerreros mexicas que se habían distinguido en la lucha.[20] Y acaso, al mismo tiempo, se organizó o se restauró la hermandad militar de los Caballeros del Sol, como los llama Durán,[21] o de los Caballeros Águilas y Tigres, como también se les nombra, aludiendo al águila como emblema del sol y al tigre como emblema de la tierra.

Un poema de Tenochtitlan canta esta fundación o restauración refiriéndose a los tres jefes de los señoríos aliados como unidos por aquella hermandad:

> Oh, Motecuzoma, oh Nezahualcóyotl, oh Totoquihuatzin,
> vosotros tejisteis, vosotros enredasteis
> la Unión de los príncipes:
> ¡Un instante al menos gozad de vuestras ciudades
> sobre las que fuisteis reyes!
>
> La mansión del Águila, la mansión del Tigre
> perdura así, es lugar de combates
> la ciudad de México.
> Hacen estruendo bellas variadas flores de guerra,
> se estremecen hasta que estáis aquí.
> Allí el Águila se hace hombre,
> allí grita el Tigre en México:
> ¡es que allí imperas tú, Motecuzoma!
> Allí es el baile general,
> allí se enlaza la Unión de las Águilas,
> allí se da a conocer la Unión de los Tigres.
>
> Con floridas cuerdas del Águila
> está bien afianzada la ciudad:
> cual flores del Tigre fueron enlazados
> los príncipes Motecuzoma, Cahualtzin,
> y Totoquihuatzin y aquel Yoyontzin;
> ¡con nuestros dardos, con nuestros escudos
> está existiendo la ciudad![22]

Existe, además, otro poema muy importante al respecto: un canto que celebra la iniciación como Caballeros del Sol de Moctezuma

y Nezahualcóyotl, la cual debió de efectuarse entre 1428 y 1430,
cuando ambos primos eran aún jóvenes y acababan de mostrar
su valor en la guerra contra los tepanecas. En la *Historia tolteca-
chichimeca*[23] se describe el que pudo ser el ritual primitivo de
esta iniciación: pasar cuatro días de ayuno y penitencia en el cerro
de Acolhuaca, adonde les llevaban de comer y de beber el águila
y el tigre. Pasados los cuatro días, a los iniciados se les perfora-
ban las narices con el hueso del águila y del jaguar. Ya en el
periodo azteca, el ritual parece haberse hecho más complejo y
severo. Según Muñoz Camargo, consistía en horadación de nariz,
labios y orejas, con huesos de águila y tigre, ceremonia en que
oficiaban ancianos; ayuno de cuarenta días en los cuales se cura-
ban las perforaciones; estaban con todo el cuerpo tiznado y no
se lavaban; asistencia al templo para sufrir pruebas y maltrata-
mientos y recibir documentos; entrega de las armas del guerrero
noble; colocación de divisas en las perforaciones y ofrecimiento
de dones y homenaje a los demás nobles.[24] He aquí el texto del
antes mencionado:

CANTO DE INICIACIÓN

Llegan bajando, llegan bajando,
sobre las acacias es el sitio en que se tienden.
Flores busca Motecuzomatzin,
hoguera busca Nezahualcoyotzin.
Van en busca del cerco del agua, se agitan.

Ya se transforma en Águila,
en Mixcóatl tigre sobre las acacias:
en red de madera ha nacido el hijo de Mixcóatl,
Nezahualcoyotzin. ¿A dónde es enviado?, ¿a dónde?

Lo merecieron tus abuelos,
Acamapich y Huizilíhuitl:
la gran tierra de Acolhuacan
te reservaron, la casa de Mixcóatl,
la casa del que habita en las cavernas,
oh Nezahualcoyotzin. ¿A dónde es enviado?, ¿a dónde?

Entre cactos y magueyes broncos,
se puso el asiento de la casa de sangrarse,
una gran biznaga fue colocada:
vinieron y dejaron huella mis abuelos
Quinatzin y Tlaltecatzin,

y Techotlala el señor, que vinieron uno tras otro,
desde Chicomóztoc.

Lloro, lloro y se entristece mi corazón,
yo Nezahualcoyotzin... ¿a dónde se fueron?
Al sitio de los sin cuerpo, mis abuelos
Quinatzin y Tlaltecatzin,
y Techotlala el señor, que vinieron uno tras otro
desde Chicomóztoc.

Amargado y llevado por el viento
fue visto Acolmiztli: vienen cantando
él y Atotoztli el Colhuacan.

Ah, ya retoña, ya abre sus hojas
su llanto florido y de Coxcotzin el de Calcoman,
de igual modo se va en lamento.

Apenas vieron la gran tierra de Acolhuacan,
entre acacias y magueyes salvajes, tomaron posesión de ella:
su llanto florido de Coxcotzin el de Calcoman
de igual modo se va en lamento.

Ya me voy, ya me voy, salga mi cautivo;
me voy, me voy, salga mi cautivo.[25]

Fray Diego Durán expuso pormenorizadamente las condiciones que debían cumplir y las honras que recibían los Caballeros del Sol. Cuando un guerrero noble realizaba una hazaña en la guerra el rey se lo agradecía y, probablemente después de cumplido el rito de iniciación, lo armaba caballero de la siguiente manera:

Que, poniendo el nombre de *tequihua*, que era nombre general de los valientes hombres, demás del nombre, le mandaba poner las insignias de comendador que digo. Y era que le tomasen los cabellos de la coronilla, medio a medio de la cabeza, y trenzábanselos con una trenza colorada y, con la mesma trenza, le ataban juntamente un plumaje de plumas verdes y azules y coloradas, y de la lazada salía un cordón que colgaba a las espaldas, y, al cabo de él, una borla colorada. Y esto era señal de que había hecho una hazaña, porque en haciendo dos, le ponían dos borlas, según los hechos.
Hecho esto, el mesmo rey le daba una rodela y unas coracinas, todas de plumería, muy galanas, y en el campo de la rodela, unas señales que le servían de armas, y una celada, a su modo, que le servía de divisa, con grandes plumas. Vestíalos de ricas mantas y bragueros; dábales joyas, collares y orejeras y bezotes, exentándolos de todo género

de alcabalas, tributos, pechos, etc. Dábales privilegios, para que él y sus hijos pudiesen usar algodón y traer cotaras y tener las mujeres que pudiesen sustentar, y desde aquel día podía entrar en palacio y sentarse con los demás en el aposento de las águilas.[26]

y más adelante, añade Durán entre los privilegios de los caballeros estos otros: "comer carne de hombres y beber vino —entiéndase públicamente, que en escondido todos lo bebían—... Podían bailar entre los principales todas las veces que había *areitos*."[27]

Así pues, Nezahualcóyotl no fue solamente un guerrero por la fuerza de las circunstancias, para reconquistar su señorío, sino que fue además desde sus mocedades un Caballero del Sol, un soldado de excepción, con narices, labio y orejas perforados y las borlas rojas a la espalda, vinculado profundamente con la élite militar azteca. Además, probablemente él mismo realizó alguna vez la función del verdugo ritual, en ocasiones como la inauguración del *Cuauhxicalli*, o piedra del sol para los sacrificios, que hizo construir Moctezuma y en cuya ceremonia estuvo presente.[28] Ello nos explica hasta qué punto tenía que considerar como propios los atroces rituales de aquel pueblo y cuánto debió luchar en su ánimo para oponerse a ellos.

RELACIONES ENTRE MÉXICO Y TEZCOCO

Como era natural, no pasó esta alianza sin desavenencias. Itzcóatl, al parecer, después del triunfo conjunto contra los tepanecas, pensó no dar parte del gobierno a su sobrino Nezahualcóyotl, pero éste lo atacó al frente de un ejército y, al no aceptar aquél su reto, lo afrentó delante de sus soldados representándolo como una mujer.[29] Hubo también otra querella entre Motecuhzoma Ilhuicamina y Nezahualcóyotl a causa de que éste no aceptó en principio participar en la construcción del gran templo a Huitzilopochtli, que el monarca azteca quería erigir con el auxilio de todos sus aliados y vasallos.[30] Los historiadores partidarios de tezcocanos o mexicas han referido asimismo incursiones de unos contra otros y aun guerras fingidas que no parecen ser más que imaginaciones de su parcialidad.[31] Mas, a pesar de estas fricciones, la alianza se mantuvo y en ella la supremacía militar y política tocaba sin duda al señorío de México-Tenochtitlan,[32] si bien Tezcoco sobresalía como centro de leyes, normas sociales y creaciones filosóficas, literarias e históricas.[33]

Que la Triple Alianza fue más que una organización defensiva una reunión de fuerzas de conquista, va a mostrarlo la gran actividad militar realizada entre 1435 y 1445, aproximadamente. Con excepción de la alianza pacífica y de mutua defensa que celebra Nezahualcóyotl con el señorío de Tlaxcala, al que amplía los términos de sus dominios,[34] las numerosas incursiones que emprenden juntos los ejércitos de México, Tezcoco y Tlacopan son sólo actos de conquista, así se disfracen en ocasiones de pretextos como los de recuperar antiguos dominios ó los de vengar agravios o desobediencias. En principio, Nezahualcóyotl, con su propio ejército, somete a tres de sus provincias que se le habían rebelado, Tolantzinco, Cuauhchinanco y Xicotépec, y las devuelve a sus antiguos señores. Pero luego se reúnen los tres ejércitos en una al parecer invencible marcha: ganan la tierra de los tlahuicas, de la que tocan al señor de Tezcoco nueve pueblos, entre ellos la cabecera, Cuauhnáhuac (Cuernavaca); toman Chalco, por un breve tiempo, Itzocan, Tepecyacan, Tecalco, Teohuacan, Coixtlahuacan, Cuetlachtlan, Hualtépec, Cuauhtochco, Tochpan y Tizauhcóac. Sólo Tochpan (Tuxpan, Veracruz) se dividía en siete provincias con sesenta y ocho pueblos. De allí, descendiendo por la costa del Golfo de México —el Mar del Norte—, llegaron hasta Teochtépec (Tuxtepec) para sojuzgarlo y luego volvieron, hacia el centro de Veracruz, sobre Mazahuacan, Tlapacoyan y Tlauhcocautitlan. Entre tanto, Tolantzinco volvió a rebelarse y mató a todos los soldados que lo guardaban, y fue necesario recuperarlo y castigarlo.[35]

En 1440 muere Itzcóatl, el señor de México-Tenochtitlan, y una vez confiada su sucesión a Motecuhzoma Ilhuicamina, prosiguen las correrías, ahora hacia el sur, sobre Cohuixco, Oztoman, Quezaltépec, Ixcateopan, Teozcahualco, Poctépec, Tomazolapan, Chilapan, Quiauhteopan, Ohuapan, Tzonpahuacan y Cozamaloapan. Finalmente, el ejército tezcocano, en el que se distinguen dos hijos de Nezahualcóyotl, valerosos soldados, Xochiquetzaltzin y Acamapipioltzin, así como Xicoténcatl, de Tlaxcala, recupera las provincias de la Huasteca o del Pánuco, que consideraban parte del patrimonio de Tezcoco. A pesar de haber sido los huastecos "gente belicosísima", toman siete pueblos principales de aquellas provincias y establecen en ellos presidios y fronteras.[36] Para ponderar el valor militar o aun la ferocidad guerrera de Nezahualcóyotl, Alva Ixtlilxóchitl escribe lo que puede tomarse por exageración de su partidarismo: "Él mató doce reyes, como el rey Maxtla, monarca de esta tierra, por sus propias manos. Hallóse personalmente en treinta y tantas batallas sobre diversas partes y jamás fue vencido ni herido en ninguna parte de su cuerpo, con ser el primero en ellas. Sujetó cuarenta y cuatro reinos y provincias".[37]

Además de la provisión de cautivos para los sacrificios, estas guerras de conquista multiplicaban también los tributos que debían entregar los pueblos sojuzgados. En las enumeraciones de Alva Itlilxóchitl se despliegan, en colorido muestrario folklórico, los productos propios de cada una de las tierras que recibía el señorío de Tezcoco: las mantas ricas, el oro y la pedrería, los huipiles y las flores de Cuauhnáhuac; las mantas veteadas, los venados, las cargas de chile, los papagayos y los costales de plumería de la costa veracruzana; el cacao, las pelotas de hule, la grama y las plumas de quetzal de Teochtepec; las bateas pintadas, el copal, las jícaras y los tecomates de Tlapacoyan y Tlauhcocautitlan. Todo lo que entonces era riqueza debía ser entregado, año con año, por los pueblos sometidos para el esplendor de los señoríos imperiales de la Triple Alianza.[38]

6. Familia, amores y penitencia

POR EL lado de su padre, Ixtlilxóchitl Ome Tochtli o Ixtlilxóchitl el viejo, sexto señor de Tezcoco, Nezahualcóyotl tenía por abuelos a Techotlalatzin, quinto señor de Tezcoco, y a la reina Tozquentzin, y por tíos a Coxxuchitzin, Tenacacaltzin, Acatloltzin y Tenancanahuacatzin.[1] Y por el de su madre Matlalcihuatzin, sus abuelos eran Huitzilíhuitl, segundo señor de México-Tenochtitlan, y la reina Ayauhcíhuatl, hija de Tezozómoc, señor de Azcapotzalco.[2] Los tres siguientes señores de México-Tenochtitlan fueron también parientes cercanos de Nezahualcóyotl. Chimalpopoca e Itzcóatl fueron sus tíos abuelos o tíos, y Moctezuma Ilhuicamina su tío o primo, según las diferentes versiones que existen respecto a sus parentescos.[3]

De sus mismos madre y padre, Nezahualcóyotl tuvo sólo dos hermanas, una mayor que él, Tozcuentzin, cuyo marido Nonoalcatzin se alió con Maxtla contra el príncipe en la época de sus persecuciones, y otra menor, Atotoztzin.[4] En cuanto a los medios hermanos de Nezahualcóyotl, habidos por su padre en sus concubinas, se ignora cuántos hayan sido y sólo se conservan referencias de algunos de ellos. Compartieron sus adversidades y sus venturas los mayores que él, Tzontecochatzin, salvado en unión suya cuando perece su padre,[5] Ichantlatocatzin y Cuauhtlehuanitzin, a los que nombra presidentes del Consejo de Asuntos Civiles y Criminales; el segundo de ellos, además, siendo ya viejo, recibe la guarda de una doncella de Coatlichan con la que proyectaba casarse Nezahualcóyotl.[6] De Acotlotli sabemos que lo mandó matar y desollar Tezozómoc, y que Nezahualcóyotl recuperó la peña en que había sido expuesto su pellejo.[7] Cuatro medios hermanos de Nezahualcóyotl —Cihuaquequenotzin, Yancuiltzin o Ayancuiltzin, Tilmatzin y Xiconacatzin—, que venían de la unión de su padre con Tecpaxochitzin, hija de Tezozómoc, tuvieron actuaciones que mostraban el dilema de sus sangres. Tezozómoc había pretendido que Ixtlilxóchitl casara con su hija —que ya había sido esposa de Técpatl, señor de Atotonilco—, pero el señor de Tezcoco sólo la aceptó como concubina, ofensa que fue una de las causas de su ira contra el señorío.[8] Así, mientras Cihuaquequenotzin, soldado muy valiente, pereció despedazado por los tepanecas cuando trataba de obtener ayuda para su padre perseguido,[9] Yancuiltzin o Ayancuiltzin aceptó la orden de Maxtla de intentar matar al príncipe Nezahualcóyotl[10] y suplantarlo en el señorío de Tezcoco.[11] Los otros dos medios hermanos tepanecas, Xiconacatzin[12] y Tilmatzin,[13] tuvieron actuaciones menos notorias. Se menciona incidentalmente a otro medio hermano, Ixhuezcatocatzin, valiente capitán,[14] y otra media hermana, Azcuentzin,[15] que puede ser la misma Tozcuentzin, su hermana mayor.

Mujeres e hijos

"Tenía el rey —cuenta Pomar de los señores de Tezcoco— todas las mujeres que quería de todo género de linajes, altos y bajos, y entre todas tenía una por legítima",[16] y más adelante precisa que "tenía el rey muchas casas en la ciudad en diferentes partes y fuera de ella, en vergeles y recreaciones, donde tenían sus mujeres y donde criaban sus hijos con amas y criados y servicio que les daban para ello. Tenían consigo a algunas más de ordinario y más regaladas a quienes hacían más favores, por algunos respetos buenos que en ellas conocían".[17] Además de estas informaciones generales acerca de las generosas costumbres de los señores de Tezcoco, en la época de Nezahualcóyotl y de su hijo Nezahualpilli, muy poco más sabemos de la vida privada del más famoso de estos señores. No se conservan los nombres ni el número de las concubinas[18] que haya tenido Nezahualcóyotl, aunque sí, en conjunto, las estadísticas de su descendencia: "tenía en sus concubinas sesenta hijos varones y cincuenta y siete hijas", dice en dos pasajes de su *Historia chichimeca* Fernando de Alva Ixtlilxóchitl,[19] sin variar la cifra.

Los varones —añade—, los más de ellos, salieron famosísimos capitanes que le ayudaron mucho en las entradas y conquistas referidas, y lances que después se ofrecieron. Las hijas las casó con señores, así de los de su corte y reino, como con los de los otros dos de México y de Tlacopan; y a los unos y a las otras dio cantidad de tierras, pueblos y lugares, de donde tenían rentas, y eran servidos y tenidos en mucho.[20]

De aquellos ciento diecinueve hijos atribuidos a Nezahualcóyotl —añadiendo los dos que tuvo en su matrimonio formal—, sólo tenemos escasas noticias de dieciséis de ellos y tres de ellas.

Cuando Nezahualcóyotl, muy joven aún, se encontraba en Tlaxcala y Huexotzinco durante sus persecuciones, tuvo tres hijos, acaso los primeros: Tlecóyotl, Tliliuhquitépetl y Tlahuexólotl.[21] Al distribuir los señoríos de Tezcoco, hacia 1431, concedió el de Chiauhtla a su hijo Cuauhtlatzacuilotzin, entonces menor ya que se dice que "después de criado" lo servirá.[22] De Huetzin sabemos que fue escultor que "labró una piedra preciosa en figura de una ave, tan al natural que parecía estar viva".[23] Soldados fueron Xochiquetzaltzin, capitán general en la conquista del Pánuco y contra los chalcas,[24] quien fue además presidente de la academia de historiadores y astrólogos del reino;[25] Acamapipioltzin.[26] Axoquentzin, Ichautlatoatzin y Acapioltzin o Acapipioltzin,[27] presidente además del Consejo de Guerra y a quien, en trance de muerte, designa tutor de sus hijos por su "lealtad, sagacidad y maduro consejo".[28] Del pobre Moxiuhtlacuiltzin sabemos que "fue hecho prisionero por los chalcas, quienes le dieron muerte embalsamándolo para que sirviera de antorcha en sus bailes y borracheras",[29] aunque otro cronista dice que fueron dos hijos de Nezahualcóyotl los muertos y ultrajados.[30] Hecahuehuetzin fue presidente del Consejo de Hacienda del señorío.[31] Otro hijo, del cual no se menciona el nombre, fue acusado de "pecado nefando" y ajusticiado, como ya se dijo.[32] De Eyahue sabemos que por consejo de su madre, que tenía mucha privanza con Nezahualcóyotl y aspiraba a que sus hijos entrasen en la sucesión del reino, acusó al parecer falsamente de rebeldía contra el rey al infante Tetzauhpintzintli, primer hijo legítimo del monarca, al que se condenó imponiéndole la dura legislación decretada por su padre, quien lo lloró luego amargamente. Tetzauhpiltzintli —como también se le llamaba y que quiere decir "niño prodigioso"— "salió muy agraciado y con todos los dotes de naturaleza que podía dar a un esclarecido príncipe, porque tenía muy buen natural... era lindo filósofo, poeta y muy excelente soldado".[33] Y en fin, Nezahualpilli o Nezahualpiltzintli, cuyo nombre quiere decir "príncipe ayunado y deseado", segundo hijo legítimo y sucesor del señorío de Tezcoco. Nació hacia 1465,[34] cuando su padre tenía ya sesenta y tres años y su madre —a la que se consideraba "mujer mayor"—[35] cerca de cuarenta. Gobernó Tezcoco hasta poco antes de la llegada de los españoles y mantuvo en general las instituciones y la buena administración impuestas por su padre. Fue también arquitecto, astrónomo y poeta.[36]

De sólo tres de las hijas de Nezahualcóyotl se guardan algunos rastros gracias a sus matrimonios:[37] de Izelcoatzin que casó con

Techotlalatzin, segundo señor de Iztapalapan e hijo de Cuitláhuac; de Tzinquetzalpoztectzin, cuya madre venía de Tlacopan, que casó con Quetzalmamalitzin, señor de Teotihuacan y miembro del Consejo de Guerra —unión que, casi dos siglos más tarde, contará entre sus descendientes al historiador mestizo Fernando de Alva Ixtlilxóchitl—,[38] y de una más que casó con Moquihuitzin, último señor de Tlatelolco, y fue abuela de Cuauhtémoc, lo cual no está confirmado por otros cronistas.[39]

La pasión y el crimen

El laberinto de sus concubinas —que debieron ser entre veinte y treinta— y de sus hijos y parientes, las ocupaciones del gobierno, la dirección de las obras públicas, las acciones guerreras y sus creaciones poéticas no habían permitido a Nezahualcóyotl ocuparse en elegir la que debería ser su mujer legítima que diese un sucesor a su señorío. Ni Itzcóatl ni Moctezuma, los señores de México-Tenochtitlan, se habían atrevido a tratarle otra vez la conveniencia de que lo hiciera. En ocasión pasada les había devuelto, sin mucho comedimiento, veinticinco doncellas que le habían enviado para que eligiera esposa entre ellas. Ocurrió también algo más que parecía conspirar contra este paso. Había pedido que le trajesen —con el mismo propósito— a las hijas legítimas de los señores de Huexotla y Coatlichan, las casas más antiguas del reino y donde habían encontrado esposas sus antepasados.

Eligió una muchacha de Coatlichan, pero era aún tan niña que la confió a su hermano mayor Cuauhtlehuanitzin para que "la criase y doctrinase, y siendo de edad la trajese a palacio para luego celebrar con ella las bodas". Los años corrieron y la niña depositada debió ser medio olvidada porque Cuauhtlehuanitzin, ya muy viejo, murió y su hijo Ixhuetzcatocatzin, ignorando el destino que se reservaba a la muchacha ya crecida, la tomó por esposa. Cuando Nezahualcóyotl envió por ella, su sobrino, confuso, le explicó lo sucedido. Fue remitido a los jueces y quedó exculpado y libre, pero el rey, tan venturoso en todas sus acciones, se sintió desdichado y lleno de tristezas y melancolía.[40]

Así iba a comenzar el único episodio de pasión que conocemos en la vida de Nezahualcóyotl y que tiene un sorprendente paralelismo con la historia bíblica de David, Betsabé y Urías.[41] Desesperado por su fracaso, el rey salió sin compañía de su palacio y se fue hacia los bosques por el borde del lago. Nada le complacía y siguió su melancólico vagabundeo hasta llegar al pueblo de Tepechpan, donde salió a recibirlo el señor de aquel lugar y su vasallo, Cuacuauhtzin, quien lo llevó a su casa y lo invitó a comer.

Para más honrarlo, decidió que los sirviese Azcalxochitzin, hija del infante Temictzin, de la nobleza mexicana y por tanto pariente de Nezahualcóyotl, a quien Cuacuauhtzin criaba para que oportunamente fuese su esposa. Sus padres se la habían entregado aún niña en un año 13 Pedernal, 1440,[42] "en recompensa de un gran presente de oro, piedras preciosas, mantas, plumería y esclavos que les dio".[43] Debía tener ella entonces, hacia 1443, diecisiete años[44] y era "tan hermosa y dotada de gracias y bienes de naturaleza" que a Nezahualcóyotl "le quitó todas las melancolías y tristezas que traía consigo y le robó el corazón".

Pero aquella súbita pasión tenía que disimularse. Terminado el convite, el señor de Tezcoco lo agredeció y volvió a su corte, sólo para fraguar la manera de alcanzar a la muchacha. Para aquellos hombres, incluso para uno de tan altos pensamientos, la muerte era el camino para vencer muchos obstáculos. Con todo, Nezahualcóyotl quiso encubrir el crimen que planeaba. Decidido a hacer morir a Cuacuauhtzin, así fuera uno de los grandes de su reino, despachó un mensaje a los tlaxcaltecas diciéndoles que, para dar muerte honrosa a Cuacuauhtzin en castigo de delitos graves que había cometido, pedía a los capitanes tlaxcaltecas que lo matasen en la próxima "guerra florida", y a dos de sus propios capitanes les encargó que metiesen al pobre en lo más peligroso de la batalla de manera que no volviese con vida. Al mismo Cuacuauhtzin le ordenó que se dispusiese para esa guerra como general de ella. Aunque por ser soldado viejo y gobernante ya no le competían estas jornadas, obedeció el mandato pero sospechó la asechanza que lo esperaba o algún indiscreto lo previno. Y como era poeta, al igual que el señor de Tezcoco, "compuso unos cantos lastimosos, que cantó en un despedimento y convite que hizo de todos sus deudos y amigos. Ido que fue a esta jornada se quedó en ella muerto y hecho pedazos por los tlaxcaltecas".[45] en un año 3 Caña, 1443, según el *Mapa de Tepechpan*.[46]

Los "cantos lastimosos" de Cuacuauhtzin debieron conquistar fama, con el prestigio trágico que les añadía la historia de aquel "romántico náhuatl", como le llamó Angel María Garibay.[47] El hecho es que aparecen repetidos tres veces en las antiguas colecciones de poesía indígena.[48] He aquí, en traducción de Miguel León-Portilla, el

CANTO TRISTE DE CUACUAUHTZIN

Flores con ansia mi corazón desea.
Que estén en mis manos.
Con cantos me aflijo,
sólo ensayo cantos en la tierra.
Yo, Cuacuauhtzin,
con ansia deseo las flores,
que estén en mis manos,
Yo soy desdichado.

¿Adónde en verdad iremos
que nunca tengamos que morir?
Aunque fuera yo piedra preciosa,
aunque fuera oro,
seré yo fundido,
allá en el crisol seré perforado.
Sólo tengo mi vida,
yo, Cuacuauhtzin, soy desdichado.

Tu atabal de jades,
tu caracol rojo y azul así los haces ya resonar,
tú, Yoyontzin.
Ya ha llegado,
ya se yergue el cantor.
Por poco tiempo alegraos,
vengan a presentarse aquí
los que tienen triste el corazón.
Ya ha llegado,
ya se yergue el cantor.

Deja abrir la corola de tu corazón,
deja que ande por las alturas.
Tú me aborreces,
tú me destinas a la muerte.
Ya me voy a su casa,
pereceré.

Acaso por mí tú tengas que llorar,
por mí tengas que afligirte,
tú, amigo mío,
pero yo ya me voy,
yo ya me voy a su casa.
Sólo esto dice mi corazón,
no volveré una vez más,

jamás volveré a salir sobre la tierra,
yo ya me voy, ya me voy a su casa.

Sólo trabajo en vano,
gozad, gozad, amigos nuestros.
¿No hemos de tener alegría,
no hemos de conocer el placer, amigos nuestros?
Llevaré conmigo las bellas flores,
los bellos cantos.
Jamás lo hago en el tiempo del verdor,
sólo soy menesteroso aquí,
sólo yo, Cuacuauhtzin.
¿No habremos de gozar,
no habremos de conocer el placer, amigos nuestros?
Llevaré conmigo las bellas flores,
los bellos cantos.

La estrofa central del poema, que comienza con el verso "tu
atabal de jades", parece indicarnos que Nezahualcóyotl —Yoyontzin, como solía llamársele, o "el cantor" para mayor precisión—
asistió al "despedimento y convite" que ofreció a sus amigos el
infortunado Cuacuauhtzin y que, a la hora de los cantos, participó
en ellos y acompañó sus poemas con sus instrumentos rítmicos. Y
en la estrofa siguiente, hay una patética alusión a la perfidia de
Nezahualcóyotl:

Tú me aborreces,
tú me destinas a la muerte.
Ya me voy a su casa,
pereceré.
Acaso por mí tengas que llorar,
por mí tengas que afligirte,
tú, amigo mío. . .

En el resto de su hermoso canto, Cuacuauhtzin entretejió los temas y tópicos frecuentes en la poesía náhuatl: el poeta ansía las
flores y sus cantos son expresión de su desdicha en esta tierra;
el destino inevitable del hombre es la muerte, la aniquilación; la
poesía nos alegra un breve instante; todo nuestro esfuerzo es inútil,
no habremos de conocer el placer, pero acaso cuando el poeta
muera podrá llevarse consigo las bellas flores y los bellos cantos.
Mostró pues, que era un poeta consumado, pero en cambio no
hay en su poema ni una alusión ni una palabra acerca de la niña
ingrata, la "tan hermosa y dotada de gracias y bienes de natura-

leza", Azcalxochitzin, la dócil Betsabé india que, como la judía, debió pasar a confortar las melancolías del sabio rey de Tezcoco.

Una vez suprimido Cuacuauhtzin, el designio de Nezahualcóyotl tuvo que seguir adelante. Lo que ocurrió después, narrado con mucho sabor por Alva Ixtlilxóchitl, es una historia de amor encubierto de celestinaje que merece leerse:

Hecha que fue esta diligencia [la muerte de Cuacuauhtzin] le restaba otra, que era saber la voluntad de su prima; y porque nadie echase de ver sus designios fue a visitar a su hermana la infanta Azcuentzin a quien comunicó su deseo, diciéndole que quería tomar estado y no hallaba otra persona en el reino con quien lo pudiese hacer, si no era Azcalxochitzin, mujer que había de ser de Cuacuauhtzin, señor de Tepechpan, que los tlaxcaltecas habían muerto pocos días había, y que sólo le restaba saber la voluntad de esta señora, y por ser tan reciente la muerte de su esposo que había de ser, no le sería bien notado tratarlo a lo público, que ella diese orden cómo hablarla de secreto y saber su gusto. La infanta respondió que en su casa tenía una vieja criada suya, que muy de ordinario la iba a visitar y curar el cabello, con quien podía su alteza enviarle a hablar; y así el rey le mandó que de su parte le dijese a su prima que le pesaba la muerte de su esposo que habría de ser, y por la obligación grande que le tenía, pues era su prima hermana, tenía propuesto de tomarla por mujer y ser reina y señora de su estado y señorío; y que esto se lo dijese muy en secreto, sin que persona alguna lo entendiese. La vieja se dio tan buena maña que dio su mensaje a la señora a solas y muy a gusto, porque ella respondió que su alteza hiciese lo que fuese servido de ella, pues tenía obligación de honrarla y ampararla, pues era su deuda. Sabiendo el rey la voluntad de esta señora mandó luego que desde Tepechpan hasta el bosque de Tepetzinco se hiciese una calzada toda estacada, y acabada se trajese de Chicuhnauhtla una peña que estaba en una recreación en donde fue puesto el pellejo de su hermano Acotlotli que mandó matar y desollar el tirano Tezozómoc, como atrás queda referido, dando cierto término para hacerlo todo; y luego tornó a ir en casa de la infanta su hermana en donde a solas mandó a la vieja que fuese a verse con Azcalxochitzin su prima, y le dijese, que para tal día pasaría por el pueblo una peña que se había de traer de Chicuhnauhtla para ponerla en el bosque de Tepetzinco, y que ella saliese tras de ella y fuese a verla poner en el bosque con todo el más acompañamiento de gente que pudiese, sin dar a sentir que era por su orden, sino por curiosidad de ver aquella grandeza; y que él estaría en su mirador desde donde la vería, y mandaría llevar al palacio, en donde después se celebrarían las bodas, y ella sería jurada y recibida por reina y señora de Tetzcuco: lo cual se puso por efecto, y el día citado fue esta señora con todos los caballeros de Tepechpan, acompañada de todas sus amas, criadas y de otras señoras, y el rey estando en un mirador con todos sus grandes como admirando ver tan grande acompañamiento de gente, y tantas mujeres en parte donde pocas veces parecían, preguntó muy al disimulo a sus grandes ¿quién era aquella señora?: dijeron que era Azcalxochitzin su prima que venía a ver aquella peña que se había traído en dónde se había de poner. El rey, oído esto, dijo que no era razón que su prima siendo tan niña anduviese en semejante lugar, y que así la llevasen a palacio donde estaría mejor. Llevada que fue, pasados algunos días y habiendo comunicado el rey a sus grandes cómo sería bien casarse con ella, pues era doncella y de tan alto linaje, a los grandes les pareció muy bien, y así se celebraron las bodas con mucha solemnidad y regocijos y fiestas, hallándose en ella los reyes Moctecuhzomatzin y Totoquihuatzin y otros muchos señores, y fue jurada y recibida por reina y señora de los aculhuas chichimecas.

El comentario con que cierra su relato Alva Ixtlilxóchitl y la reprobación que hace de esta acción de Nezahualcóyotl tienen todo su peso si recordamos cuán celoso se mostró siempre de ponderar la gloria y virtudes del señor de Tezcoco:

Con la astucia referida hubo esta señora Nezahualcoyotzin, sin que jamás supiesen con cercioridad si la muerte de Cuacuahtzin fuese de intento o caso fortuito que sucediese: aunque los autores que alcanzaron este secreto, y fueron su hijo y sus nietos, le condenan por la cosa más mal hecha que hizo en toda su vida, y no le hallan otra más que ésta, digna de ser tenida por mala y abominada, aunque el celo y el amor le cegó.[49]

El casamiento de Nezahualcoyotzin, *Acolhua Tecuhtli* y *Chichimécatl Tecuhtli,* señor de Tezcoco, con Azcalxochitzin, hija del infante Temictzin, de la nobleza mexica, se celebró, como ya se dijo, ante la presencia de los dos monarcas aliados, Huehue Motecuhzoma Ilhuicaminatzin, *Colhua Tecuhtli, Tlatoani* de México-Tenochtitlan, y de Totoquihuatzin, *Tepanécatl Tecuhtli,* señor de Tlacopan, y de los demás señores importantes de los tres señoríos, en el gran palacio, o Hueitecpan, que entonces, hacia 1443 o 1444, se estrenó. La ceremonia del matrimonio real era muy sencilla:

Que era poner una estera, la más galana que se podía haber, enfrente de la chimenea o fogón que en lo principal de la casa había y allí sentaban a los novios, atando uno con otro los vestidos de entrambos. Y estando de esta manera llegaban los principales de su reino a darles el parabién y [desear] que Dios les diese hijos en quien como por sucesión resplandeciese su nobleza y memoria. Y luego llegaban los embajadores de los demás reyes, de México y de Tacuba, y hacían lo mismo en nombre de sus señores. Y tras ellos, los demás de los señores sus inferiores. Y despedidos, todos, luego los llevaban al lecho donde consumían su matrimonio. Y al cabo de cuatro días tornaban a saber de ellos con muchas palabras amorosas y tiernas, encomendándoles su conformidad y amor.[50]

Los festejos de la boda y del estreno del palacio se alargaron cuatro meses. Para despedir a los invitados hubo un convite general. Mas, en medio de la alegría de la fiesta y de la magnificencia de las obras que todos celebraban, Nezahualcóyotl comenzó a sentirse invadido por una sensación de desasimiento y melancolía y sólo percibía en aquellas glorias su vanidad y su fugacidad, la muerte o la destrucción hacia donde marchaban fatalmente los hombres y sus obras. Y entonces, refiere Torquemada:

mandó a sus cantores que viniesen a regocijar los estrenos y finales de la fiesta; y como era hombre de grande entendimiento y mucha y profunda consideración, viendo tanto rey y señores y capitanes valerosos juntos, y que las cosas de esta vida se acaban, quiso dárselo a entender a todos para que, movidos de esta consideración, usasen de ellas como de censo, que es al quitar, y mandó a sus cantores que cantasen un cantar que él mismo había compuesto, que comenzaba así: *Xóchitl mamani in huehuetitlan*, etcétera, que quiere decir: entre las coposas y sabinas, hay frescas y olorosas flores; y prosiguiendo adelante dice: que aunque por algún tiempo están frescas y vistosas, llegan a sazón que se marchitan y secan. Iba prosiguiendo en decir que todos los presentes habían de acabar y no habían de tornar a reinar, y que todas sus grandezas habían de tener fin y que sus tesoros habían de ser poseídos de otros y que no habían de volver a gozar de esto, que una vez dejasen. Y los que habían comenzado a comer con gusto, fenecieron la fiesta con lágrimas oyendo las palabras del cantar y viendo ser así verdad lo que decía.[51]

Cuando aún se recordaban los festejos, nació el primer hijo de aquella unión tan violentamente deseada, Tetzauhpiltzintli, que tan aciaga muerte habría de tener.

LA PENITENCIA

En los años siguientes a la boda de Nezahualcóyotl y Azcalxochitzin el señorío de Tezcoco alcanzó su mayor esplendor. Hasta los montes y sierras estaban sembrados y abundaban los mantenimientos; las edificaciones y construcciones de obras de servicio público y de ornato: palacios, templos, plazas, calzadas, acueductos, jardines, daban trabajo a jornaleros y artífices y los pueblos mayores y menores prosperaban. El aparato legal y administrativo que había elaborado el gobernante tezcocano, muy severo para nuestro tiempo, funcionaba satisfactoriamente y en la paz florecían la poesía y las artes. Los pueblos vasallos enviaban puntualmente los ricos cargamentos de sus tributos, que permitían retribuir generosamente a los servidores del señorío, y la Triple Alianza parecía mantener, al menos por unos años, un equilibrio que se acercaba a la paz. Tezcoco acrecentaba su prestigio de centro que establecía las normas jurídicas y morales que luego se extendían a los otros pueblos de la altiplanicie mexicana. Y en el hogar del maduro Nezahualcóyotl y la joven Azcalxochitzin, su primogénito Tetzauhpiltzintli, el "niño prodigioso", parecía augurar con sus gracias infantiles los dones y virtudes que requería el sucesor del señorío.

Para que aquellos años venturosos pudiesen ser recordados, el signo de los tiempos comenzó a mudarse. Entre el año 5 Casa, 1445, y el 6 Conejo, 1446, comenzaron las adversidades con una plaga de langostas que devoró los campos y cosechas y provocó el hambre,[52] aunque la verdadera carestía llegó años después. En el año *Mactlactli tochtli* o 10 Conejo, 1450, como lo recordará el *Códice Telleriano-Remensis,* en aquellas tierras, templadas de costumbre, hubo una nevada excepcional "que subió en las más partes estado y medio", que arruinó o derrumbó muchas casas de frágil construcción, destruyó arboledas y sembradíos y provocó una epidemia de resfriados en que murieron muchos. Los tres años siguientes, a causa de nuevas heladas y sequías, se perdieron las cosechas y el hambre hizo perecer a más gente. En 1451, "Tercer año de hambre. Hasta Chalco llegaron las bestias feroces y los buitres y aves de rapiña, al igual que por todos los demás pueblos. Por todas partes en el monte y en las sabanas murieron aun los hombres jóvenes y las mujeres jóvenes. Sus carnes se veían tan arrugadas y secas como si hubieran sido de personas ancianas. El hambre era gravísima".[53] Y en 1454, como un mal augurio, hubo un eclipse de sol que hizo cundir el temor y luego "se aumentó más la enfermedad, y moría tanta gente que parecía no quedar persona alguna, según era la calamidad que sobre esta tierra había venido, y la hambre tan excesiva que muchos vendieron a sus hijos a trueque de maíz en la provincia de Totonapan, en donde no corrió esta calamidad".[54] "Las bodas y casamiento del rey Nezahualcóyotl —sentenciará Alva Ixtlilxóchitl— sucedieron antes de la calamidad, hambre y pestes que atrás se han referido, y así parece que Dios fue servido de castigarle por la muerte injusta que dio a Cuacuauhtzin."[55]

Aun así, la parte más dura de la penitencia la sufrían los pueblos todos del altiplano. Para socorrerlos, Moctezuma, Nezahualcóyotl y Totoquihuatzin decidieron suspender en sus dominios el pago de los tributos por seis años y, además, tuvieron que repartir las reservas de maíz que, para diez o doce años, tenían almacenadas en sus trojes. Y como ni aun así se remediaba la calamidad que a todos asolaba, el temor a la fuerza oscura de lo desconocido los indujo a recurrir al consejo de los sacerdotes quienes prescribieron, como ya se refirió, la necesidad de hacer sacrificios humanos que aplacaran la indignación de los dioses. Y para disponer de cautivos numerosos y recientes se instituyeron entonces las llamadas "guerras floridas" entre Tezcoco, Tlaxcala, Huexotzinco y Cholulan, señoríos a los que se llamaba "los enemigos de casa".[56]

7. Obras y leyenda

EL BOSQUE, EL DIQUE Y EL ACUEDUCTO

ANTES y después de estos tiempos aciagos, Nezahualcóyotl realizó obras de gran provecho público para su propia ciudad y para la de Tenochtitlan. La sequía de la tierra era un viejo problema para Tezcoco, situada a la orilla de un lago salitroso. Para disponer de agua para beber solían construirse pozos y para regar huertos y jardines fue menester traerla desde fuentes remotas, entre otras de Teotihuacan, por medio de caños y acequias. Nezahualcóyotl inició su construcción, que prosiguió su hijo Nezahualpilli, y aun a fines del siglo XVI los seguían usando los españoles para regar sus sementeras de maíz y trigo.[1]

En México-Tenochtitlan proyectó y llevó a cabo otras de gran importancia para el bienestar de la ciudad, de las que aún perdura una de ellas. Recordemos que siendo muy joven, hacia 1430, cuando no se le juraba todavía señor de Tezcoco, había dispuesto la formación del bosque de Chapultepec, cuyos ahuehuetes quiere la leyenda que él haya sembrado, y traído el agua a la ciudad por medio de una atarjea.[2] Dos décadas más tarde, hacia 1449, Moctezuma I pidió consejo a Nezahualcóyotl para evitar las inundaciones que sufría Tenochtitlan, y éste sugirió "hacer una cerca de piedra y madera", un dique, que puso fuera de peligro a la ciudad e impidió, además, que se mezclara el agua salada y la dulce del gran lago. En la obra colaboraron hombres y materiales proporcionados por los señoríos de Tlacopan, Culhuacan, Iztapalapan y Tenayuca, además de los de México-Tenochtitlan y Tezcoco. Era ésta la llamada Albarrada de los Indios:

Consistía en un muro de piedra y argamasa, con unos doce kilómetros de largo, con cuatro en el agua, y de ancho, tenía unos seis metros. Comenzaba en Atzacualco, al norte del Valle y en la cercanía de la Villa de Guadalupe de hoy en día. Iba a terminar en las cercanías de Iztapalapan. Con ella quedaba el lago de México-Tezcoco partido en dos: el este de agua salada, y el oeste de agua dulce. Cuando el nivel del lago subía se incomunicaba el contacto de las aguas. En tiempos de secas, se abrían las compuertas. Esta albarrada fue destruida, no solamente por el tiempo, sino con toda intención en los días de la conquista, para dar paso a los bergantines. No es muy seguro tener por auténticos los restos que de ella se señalan en la cuenca del viejo lago.³

Finalmente, Nezahualcóyotl coronó sus obras en México-Tenochtitlan con el acueducto de Chapultepec. Dos viejos documentos históricos consignan el acontecimiento aunque difieran en su fecha. En el año 1 Conejo, 1454, se dice en las *Relaciones de Chalco-Amaquemecan,* de Chimalpahin, "se dio comienzo al canal para el agua que los tetzcucas construirían trayéndola desde Chapoltépec. Quien propuso que fuera construido fue el Nezahualcoyotzin, jefe de Acolhuacan, buscando que México-Tenuchtitlan tuviese una fuente de agua para mayor comodidad de su tío, el señor Huehue Motecuhzoma Ilhuicaminatzin".⁴ La conclusión de la obra se consignó igualmente: "Año 13 Conejo, 1466. Entonces fue que llegó el agua a la ciudad de México, traída de Chapoltépec, obra de la cual los tetzcucas habían sido los contratistas bajo la orden de Nezahualcoyotzin. Los trabajos duraron 13 años antes de ser terminados".⁵ En cambio, según los *Anales de Cuauhtitlan,* la obra se empezó en 12 *Calli,* 1463, y se concluyó en el mismo año antes aludido de 1466: "13 *Tochtli.* En este año fue Nezahualcoyotzin a dirigir el agua que por primera vez entró en Tenochtitlan. Desde su nacimiento la vinieron acelerando los tepeyacahuacas y sacándose sangre en sacrificio delante del agua. Por este tiempo únicamente desde Chapoltépec se sacaba agua".⁶

Por el conjunto de estas antiguas obras: el bosque de Chapultepec, la introducción del agua en la ciudad, la Albarrada de los Indios o dique que dividía las aguas del lago y el primer acueducto formal que trajo el agua a la ciudad de México, proyectadas y realizadas bajo la dirección de Nezahualcóyotl, el antiguo señor de Tezcoco merece ser considerado entre los benefactores ilustres de la antigua capital mexicana.

LAS ANÉCDOTAS

El largo periodo de estabilidad y prosperidad civilizada que fueron para Tezcoco los cuarenta y un años de gobierno de Nezahualcóyotl —que habrían de continuarse con el también feliz gobierno de Nezahualpilli que se extiende hasta 1515— hizo del señor de Tezcoco una figura de leyenda: sabio y piadoso, guerrero y poeta, legislador y constructor. Si algo de su fama ha cruzado los siglos, en su tiempo ésta debió multiplicarse y convertirlo en un paradigma de todas las virtudes. Los azares y contrastes de su vida: aquella infancia desvalida y amenazada, la audacia juvenil con que retó el peligro y fue preparando la reconquista de su reino, su visión y habilidad como gobernante, su peculiar sentido del esplendor compartido, visible en su preocupación por las obras de servicio y ornato público, y el singular equilibrio que mantuvo entre la actividad práctica y la capacidad filosófica y poética, todo parecía contribuir para hacer de él un personaje legendario, un rey "de mucha y célebre memoria".[7] Sin embargo, las anécdotas que se le atribuyen son más bien adornos de su personalidad que queda manifiesta en las obras y en las acciones principales de su vida. Con todo, estos episodios nos ayudan a comprender cómo lo veían sus contemporáneos y sus historiadores inmediatos.

El anecdotario de su juventud se refiere naturalmente a hechos de audacia o de valor y aun de crueldad guerreros, mientras que el de su madurez sólo un rasgo pondera sus astucias de gobernante: "Para la mayor preservación de sus secretos, tenía una cueva que comenzaba en su palacio y terminaba en el monte, fuera del pueblo, por donde salían los mensajeros del rey sin ser vistos".[8] Todos los demás, en cambio, ilustran su espíritu generoso y justiciero, su protección a los desvalidos:

Era hombre piadoso con los pobres, enfermos y viejos —cuenta Torquemada— y muchas de sus rentas las gastaba en dar de comer y vestir al necesitado. Hizo sembrar a cada lado del camino semillas comestibles para que con ellas se sustentasen los caminantes; esto lo hizo porque había pena de muerte para el ladrón de sembrados, y sólo los necesitados estaban exentos de ella.[9]

Y Alva Ixtlilxóchitl, por su parte, confirma:

Era tan misericordioso este rey con los pobres, que de ordinario salía a un mirador que caía a la plaza, a ver la gente miserable que en ella vendía (que era de ordinario la que vendía sal, leña y legumbres que apenas se podían sustentar), y viendo que no vendían, no quería sentarse a comer hasta tanto que sus mayordomos hubiesen ido a comprarles todo cuanto vendían a doblado precio de lo que valía, para darlo a otros, porque tenía muy particular cuidado de dar de comer y vestir a los viejos enfermos lisiados en las guerras, a la viuda y al huérfano, gastando en esto gran parte de sus tributos. . . porque nadie podía andar demandando por las calles ni fuera de ellas, pena de la vida.[10]

El mismo historiador Alva Ixtlilxóchitl cuenta tres anécdotas que merecen recogerse completas como ilustración de la imagen popular que se tenía de Nezahualcóyotl. Es curioso advertir que

estas anécdotas, de ambiente muy rústico, tienen cierta semejanza
con el estilo de narración de los antiguos cuentos españoles, de
origen oriental, y que al igual que aquéllos, insinúan al final una
especie de moraleja ejemplarizante. Procedían sin duda de la
leyenda oral —y la última es notorio que estaba pensada originalmente en náhuatl—, pero los cuenta un escritor ya españolizado,
a mediados del siglo XVII. La primera de estas anécdotas podría
llamarse:

EL NIÑO MENESTEROSO EN EL BOSQUE

Entre otras cosas que [Nezahualcóyotl] hizo digna de su fama y nombre fue que alargó los montes, porque de antes tenía puestos límites
señalados hasta donde podían ir a traer maderas para sus edificios
y leña para su gasto ordinario, y tenía puesta pena de la vida al que
se excedía de los límites; y fue que yendo una vez con uno de los
grandes de su reino en traje de cazador (que lo acostumbraba hacer
muy de ordinario, saliendo a solas y disfrazado para que no fuese
conocido, a reconocer las faltas y necesidades que había en la república para remediarlas), con el mismo intento se fue hacia la montaña, y cerca de los límites referidos halló un niño con harta miseria y penuria juntando palitos para llevar a su casa: el rey le dijo
que ¿por qué no entraba a la montaña adentro pues había tanta suma
de leña seca que poder llevar? Respondió el niño: Ni pienso hacer tal,
porque el rey me quitaría la vida. Preguntole que ¿quién era el rey?
y respondió el niño: un hombrecillo miserable, pues quita a los
hombres lo que Dios a manos llenas les da. Replicó el rey que bien
podía entrar adentro de los límites que el rey tenía puestos, que
nadie se lo iría a decir: visto por el muchacho, comenzó a enojarse
y a reñirle, diciéndole que era un traidor y enemigo de sus padres,
pues le aconsejaba cosa con que pudiese costarles la vida; y dando
la vuelta el rey para su corte dejó dada orden a un criado suyo
(que desde lejos les había seguido), cogiese aquel niño y a sus padres
y los llevase a palacio; lo cual lo puso luego por obra, y llevándolos
bien afligidos y atemorizados, no sabiendo a qué eran llamados a la
presencia del rey, llegados que fueron, mandó a sus mayordomos les
diesen cierta cantidad de fardos de mantas y mucho maíz, cacao y
otros dones, y los despidió, dando las gracias al muchacho por la
corrección que le había dado, y el guardar las leyes que él tenía establecidas; y desde entonces mandó que se quitasen los términos señalados, y que todos entrasen a los montes y se aprovechasen de las
maderas y leñas que en ellos había, con tal que no cortasen ningún
árbol que estuviese en pie, pena de muerte.

La segunda puede intitularse:

El leñador miserable y el rey harto

Estando en un mirador, que caía a una de las puertas de la plaza y palacios del rey, llegó a descansar al pie de él un leñador que venía fatigado con su carga de leña, y con él su mujer, y al mismo tiempo que se recostó un poco sobre su carga, miró la magnificencia de la grandeza de los palacios y alcázares del rey, y dijo a su mujer: el dueño de toda esta máquina estará harto y repleto, y nosotros cansados y muertos de hambre. La mujer le respondió que callase la boca, no le oyese alguno, y por sus palabras fuesen castigados. El rey llamó a un criado suyo a quien mandó fuese a traer aquel leñador, que estaba descansando al pie del mirador, y se lo trajese a la sala de su consejo, el cual lo hizo así y el rey se fue a aguardarle en la sala; y estando en su presencia atemorizados el leñador y su mujer, le dijo qué es lo que había dicho y murmurado del rey, que le dijese la verdad, y diciéndosela le dijo, que otra vez no le aconteciese murmurar y decir mal de su rey y señor natural, porque las paredes oían; además de que, aunque a él le parecía que estaba repleto y harto, y lo demás que había dicho, que considerase la mucha máquina y peso de negocios que sobre él cargaban, y el cuidado de amparar, defender y mantener en justicia a un reino tan grande como era el suyo; y llamó a un mayordomo suyo, y mandóle que le diese cierta cantidad de fardos de mantas, cacao y otras cosas, y habiéndoselas traído en presencia del rey, le dijo que con aquello poco le bastaba y viviría bienaventurado; y él con toda la máquina que le parecía que tenía harto no tenía nada, y así lo despidió.

Y la última, que enlaza dos breves historias, se llamaría:

El cazador desesperado, el coyote y el gallipavo

Otro lance le sucedió con un cazador, y fue que éste ganaba su vida en cazar, y una vez, después de haber andado en montañas y quebradas, volvió a su casa cansado sin haber podido matar ninguna caza, y para poder sustentar aquel día, comenzó a andar tras de los pajaritos pequeños que por allí había en los árboles; un mancebo vecino suyo viéndole cuán afligido andaba, y como no podía tirar aquellos pajarillos, le dijo por modo de burla y vituperio que le tirase al miembro viril, y que quizá acertaría mejor; y como el cazador estaba afligido enarcó y apuntó la flecha, y disparándole le acertó; viéndose herido con la flecha, comenzó a dar voces de tal manera que alborotó el barrio, y fue preso el cazador y llevado a palacio con el herido ante los jueces, y al tiempo que iba pasando por el patio principal de palacio, preguntó el rey que los estaba mirando,

¿que qué era aquel murmullo? y habiéndole informado, que un herido que un cazador, que allí traían preso había flechado, lo mandó traer ante sí, y sabida la verdad del caso, mandó que el cazador curase al herido, y si sanaba quedase por su esclavo o diese su rescate, con que salió libre el cazador; el cual, viendo la magnificencia que había usado con él el rey, quiso buscar modo para que le hiciese mercedes, y fue que puso un gallipavo a la puerta de su casa una noche, y en parte donde pudiese ser cogido de algún coyote, que es un animal que parece a los adives, que es un género de lobos, y se puso en parte donde poder ver la presa cuando la hiciese el lobo; el cual, antes que llegase la medianoche, llegó al olor del gallo y lo arrebató, y él se fue en su seguimiento, de tal manera que no le dejó comer el gallo hasta que se fue a meter en su cueva que la tenía en lo interior de la montaña, en donde le dio un flechazo y lo mató, y luego se lo cargó y llevó juntamente con el gallo a palacio, y llegó a ocasión que el rey se estaba vistiendo por ser muy de mañana, y diciendo a los de la recámara que le quería besar las manos y pedir justicia, mandó el rey que entrase a donde estaba, y llegado que fue a su presencia le dijo: poderoso señor, a pedir vengo justicia contra el nombre de vuestra alteza, que esta noche me llevó este gallo, que juntamente con él traigo, que no tenía otra hacienda; vuestra alteza lo remedie: el cual le respondió que si su nombre lo había ofendido en matarle el gallo que traía muerto, que si lo trajera vivo lo castigara, y que otro día no le aconteciera semejante caso, porque en burlas sería castigado, y mandó pagarle lo que podían valer diez gallos, y que aquel lobo fuese desollado y su piel se pusiese entre sus armas en el almacén.[11]

Cuando el cazador, en esta última historia, dice que viene a pedir justicia "contra el nombre de vuestra alteza" hacía una riesgosa chanza con el nombre de Nezahualcóyotl, que significa "coyote hambriento". El rey sigue el juego de la trasposición aunque previene desde luego al bromista ingenioso del riesgo que corría con burlas semejantes.

Corre, finalmente, otra anécdota que guarda la única sonrisa con una pizca de malicia que se tiene del grave Nezahualcóyotl. La recogió Sahagún para ilustrar la educación sexual que se daba a los hijos de los nahuas y podría llamarse:

LAS VIEJECILLAS ADÚLTERAS

En tiempos del señor Nezahualcóyotl dos viejecillas de cabeza cana más que la nieve, ya con fibra de maguey su cabeza, fueron llevadas a la cárcel, porque habían sido adúlteras e infieles a sus maridos.

Ellos eran viejos ya. Y ellas buscaron unos muchachones servidores del templo para darse gusto, y hacer lo que intentaban.

El rey Nezahualcóyotl les preguntó:

—Abuelitas, ¿qué piensan? ¿Todavía andan en deseos mundanales? ¿No se han saciado sus ansias? Y ¿qué sería cuando eran jóvenes? Díganlo y luego. Para eso están aquí.

Y respondieron las viejas:

—Señor y amo nuestro: oye y atiende. Vosotros los varones os aflojáis muy pronto, os cansáis y gastáis. Todo se acaba y ya no hay deseo de nada. Pero nosotras las mujeres no nos aflojamos; una cueva, un abismo hay en nosotras. Está en espera de su dádiva y quiere su don. Recibe lo que le dan.[12]

8. La búsqueda del dios desconocido

Poco sabemos de la vida de Nezahualcóyotl en el periodo que va del fin de los años de hambre y calamidades a 1464. El año *Ome ácatl* o 2 Caña, 1445, se celebró en el mundo nahua la Ligadura de Años. "Los antiguos mexicas chichimecas hacían ya la octava Amarradura de Años desde la fecha en que los primeros habían salido del país Aztlan." [1] El fuego nuevo se prendió esta vez en la cumbre del Huixachtécatl, cerca de Iztapalapan, y como signo de una nueva vida, en aquel año, después de seis de sequías, llovió mucho y el maíz se dio en abundancia.

Había ciertamente una guerra ya casi crónica, la de los chalcas, en la que intervenían los tres señoríos confederados pero sobre todo los mexicas. Chalco Amaquemecan era un antiguo señorío que ocupaba un puesto estratégico en el Valle de México, entre las faldas del Popocatépetl y el Ajusco, y dominaba muchos pueblos. Fue empresa de largos años someterlo al nuevo imperio del valle. Desde 1425 mexicas y chalcas habían cerrado sus fronteras, pero en 1445 aquella tensión quedó rota y se inició la "guerra grande" que se prolongaría otros veinte años.[2] Por breves periodos Chalco había sido sojuzgado, sólo para rebelarse indomable siempre una vez más.

Hacia 1464 ocurrieron acontecimientos dolorosos para Nezahualcóyotl. Tetzauhpiltzintli, el único hijo nacido hasta entonces de su matrimonio, y que debía contar alrededor de veinte años de edad, fue acusado, justa o injustamente como dije con anterioridad, de *crimen legis* o traición a la patria y fue ajusticiado. El reino se encontraba sin heredero y la guerra de los chalcas se hacía cada vez más encarnizada. Uno o dos de los hijos de Nezahualcóyotl y dos más de Axayácatl, de Tenochtitlan, que andaban de cacería, habían sido muertos por los enemigos que ultrajaron con escarnio sus cadáveres.[3] Afligido por las adversidades que lo abrumaban, el señor de Tezcoco recurrió a los sacerdotes los cuales, una vez más, "le dijeron y le aconsejaron que convenía hacer muy grandes y solemnes sacrificios a sus dioses, para que aplacasen su ira y le diesen victoria contra sus enemigos y heredero a su reino y señorío".[4] En esta ocasión no pareció haberlos objetado y los sacrificios de los cautivos volvieron a efectuarse, y aun admitió el monarca la edificación de templos para los dioses mexicas.

Pero como, a pesar de ello, ni sus ejércitos vencían a los chalcas ni la reina le daba un nuevo hijo, Nezahualcóyotl se reafirmó en sus sospechas contra las creencias dominantes y en su búsqueda de otra verdad. Decidido a buscarla dentro de su propia alma,

salió de la ciudad de Tetzcuco y se fue a su bosque de Tetzcotzinco en donde ayunó cuarenta días, haciendo oraciones al Dios no conocido, criador de todas las cosas y principio de todas ellas, a quien compuso en su alabanza sesenta y tantos cantos que el día de hoy se guardan, de mucha moralidad y sentencias, y con muy sublimes nombres y renombres propios a él; hacía esta oración cuatro veces en cada día natural, que era al salir el sol, al mediodía, al ponerse y a la media noche, ofreciendo sahumerio de mirra y copal, y otros sahumerios aromáticos.[5]

Cuando terminó aquellos ejercicios, sigue contando Alva Ixtlilxóchitl, una media noche Iztapalotzin, uno de los caballeros de la recámara del rey, oyó que lo llamaban por su nombre y, saliendo, encontró "un mancebo de agradable aspecto y el lugar donde estaba claro y refulgente". La aparición lo tranquilizó y le pidió dijese al rey "que el día siguiente antes del mediodía su hijo el infante Axoquentzin ganaría la batalla de los chalcas, y que la reina su mujer pariría un hijo que le sucedería en el reino". Al rey, que estaba en oración, le parecieron embelecos y ficciones los de su criado y mandó castigarlo. Pero aquella mañana, en efecto, Axoquentzin, que sólo contaba dieciocho años, fue al campo de batalla deseoso de emular a sus hermanos mayores guerreros, y ante la burla de uno de ellos, se armó y entró con tan desesperado denuedo al campo de los enemigos que llegó hasta la tienda de Toteotzintecuhtli, señor de los chalcas, al que cautivó, y con esa acción decidió la derrota final de los rebeldes. Y pocos días después, el 1º de enero de 1465, "parió la reina un hijo que se llamó Nezahualpiltzintli, que significa príncipe ayunado y deseado."[6]

Que ocurrió efectivamente hacia 1465 la victoria de los mexicas sobre los chalcas y el nacimiento de Nezahualpilli lo confirman otros testimonios, como el de los anales de este último pueblo[7] y, por lo que respecta a las hazañas del mozo Axoquentzin en la persona del viejo, ciego y valeroso caudillo chalca,[8] nada de ello consigna Chimalpahin, para quienes sólo los mexicas, y no los texcocanos, fueron los conquistadores de Chalco.[9] Sin embargo, un poeta chalquense mencionará a los señores de ambos pueblos como los vencedores que les han traído llanto y desolación y cuya piedad demanda:

Entre juncias reinas, tú, Motecuzoma,
tú, Nezahualcóyotl:
destruyes la tierra, haces trizas a Chalco.
¡Que sienta compasión tu corazón!
Haces tu fiesta en la tierra,
destruyes la tierra, haces trizas a Chalco.
¡Que sienta compasión tu corazón![10]

La derrota fue muy dura para los chalcas sobrevivientes cuyas tierras fueron arrasadas. De acuerdo con los usos de la época, se les hizo trabajar como esclavos y transportar penosamente desde su provincia madera, piedras y otros materiales para las grandes construcciones públicas que, una vez más, se realizaban en las ciudades de los vencedores. Nezahualcóyotl vio trabajar a hombres y mujeres hambrientos y debilitados y se apiadó de su infortunio, disponiendo que se les alimentase y se les construyeran aposentos adecuados.[11]

LA INTUICIÓN DEL DIOS ÚNICO

La fama de Nezahualcóyotl le atribuye el haber superado las ideas religiosas de su tiempo y haber intuido un dios único, criador del cielo y de la tierra, esto es, un dios muy semejante al del cristianismo. Lo que en sus poemas dejó consignado al respecto —y se examinará en la consideración de sus obras— nos dice cuáles fueron sus meditaciones y sus intuiciones religiosas, pero la práctica que hizo de ellas sólo podemos averiguarla a través de los testimonios históricos.

La referencia más antigua que conservamos es también la que, probablemente, mantiene cuestión tan resbaladiza en sus justos términos. Después de mencionar las dudas que tuvieron algunos principales y señores indios respecto a la autenticidad de sus dioses, Juan Bautista Pomar, descendiente del rey poeta, escribió a fines del siglo XVI lo que sigue:

Especialmente Nezahualcoyotzin, que es el que más vaciló buscando de donde tener lumbre para certificarse del verdadero Dios y creador de todas las cosas. Y como Dios, por su secreto juicio, no fue servido de alumbrarle, tornaba a lo que sus padres adoraron.[12]

Pesando con cuidado sus palabras, y más amante de la verdad que de la gloria de su antepasado se muestra Pomar en este pasaje. A continuación, se refiere el mismo historiador a los testimonios de esa búsqueda que existen en los "cantos antiguos", en los que se habla de un dios uno, hacedor del cielo y de la tierra, sustento del universo y sus criaturas, y que "estaba donde no tenía segundo, y en un lugar después de nueve andanas"; que había un lugar, junto a ese dios, para los virtuosos, y otro, de penas y trabajos terribles, para los malos; y que a ese dios, sin cuerpo humano ni otra figura, se referían los indios antiguos en su lengua como *In Tloque in Nahuaque*, que quiere decir el señor del cielo y de la tierra.[13]

En un pasaje importante de su *Historia chichimeca*, Alva Ixtlilxóchitl manifiesta las fuentes que utilizó para relatar la vida y hechos de Nezahualcóyotl y dice:

Autores son de todo lo referido y de lo demás de su vida y hechos los infantes de México, Itzcoatzin y Ziuhcozcatzin, y otros poetas e históricos en los anales de las tres cabezas de esta Nueva España, y en particular en los anales que hizo el infante Cuauhtlatzacuilotzin, primer señor del pueblo de Chiauhtla, que comienzan desde el año de su nacimiento hasta el tiempo del gobierno del rey Nezahualpiltzintli, y asimismo se halla en las relaciones que escribieron los infantes de la ciudad de Tetzcuco D. Pablo, D. Toribio, D. Hernando Pimentel y Juan de Pomar, hijos y nietos del rey Nezahualpiltzintli de Tetzcuco, y asimismo el infante D. Alonso Axayacatzin señor de Iztapalapan hijo del rey Cuitláhuac y sobrino del rey Motecuhzomatzin; y últimamente en nuestros tiempos lo tiene escrito en su historia y *Monarquía indiana* el diligentísimo y primer descubridor de la declaración de las pinturas y cantos, el R. P. Fr. Juan de Torquemada, padre del Santo Evangelio de esta provincia.[14]

La mayor parte de estos documentos —que muestran el celo con que se pusieron a relatar los testimonios de la civilización que desaparecía los indígenas y mestizos de la primera generación después de la Conquista— se encuentran perdidos; pero de los que conocemos, como la *Relación* de Juan Bautista de Pomar y la *Monarquía indiana* de Torquemada, sabemos ahora explícitamente que Alva Ixtlilxóchitl se sirvió de ellos y, por lo tanto, son algunas de las fuentes más antiguas a las que podemos recurrir. Así pues, es posible deducir que lo que Alva Ixtlilxóchitl expresó respecto a la búsqueda que hizo Nezahualcóyotl del dios no conocido tuvo por fuente principal, verosímilmente, los pasajes antes transcritos de Pomar, ya que el padre Torquemada redactó su *Monarquía indiana* a principios del siglo XVII (la primera edición es de 1615) y sólo se ocupó incidentalmente de las ideas religiosas del señor de Tezcoco.[15]

Alva Ixtlilxóchitl trató esta cuestión tanto en las *Relaciones históricas,* que debió escribir inicialmente, como en la *Historia chichimeca,* que parece el tratamiento definitivo de su obra. En la primera de estas obras dice al respecto:

Fue este rey uno de los mayores sabios que tuvo esta tierra, porque fue grandísimo filósofo y astrólogo, y así juntó a todos los filósofos y hombres doctos que halló en toda esta tierra, y anduvo mucho tiempo especulando divinos secretos y alcanzó a saber y declaró, que después de nueve cielos estaba el Creador de todas las cosas y un solo Dios verdadero, a quien puso por nombre *Tloque Nahuaque,* y que había gloria adonde iban los justos, e infierno para los malos y otras muchísimas cosas, según parece en los cantos que compuso este rey sobre estas cosas, que hasta hoy día tienen algunos pedazos de ellos los naturales. . .[16]

Y en el resumen que acompañó a esta relación abundó y agregó lo que sigue:

Este rey fue hombre sabio y por su mucho saber declaró estas palabras que se siguen, que el divino Platón y otros grandes filósofos no declararon más, que fue decir: *Ipan in Chiconauhtla manpan meztica yn Tloque Nauoque ypalnemohuani teyocoyani yceltéotl oquiyócox ynixquíxquex quixmita ynamota;*[17] que bien interpretado quiere decir: "Después de nueve andanas está el Criador del cielo y de la tierra, por quien viven las criaturas, y un solo Dios que creó las cosas visibles e invisibles". Asimismo llamó al cielo *Ilhuícatl* y al Infierno *Mictlan,* que quiere decir "¡lugar de muerte sin fin!"[18]

Y en la *Historia chichimeca* dio detalles más precisos respecto al templo erigido por Nezahualcóyotl:

En recompensa de tan grandes mercedes [el triunfo sobre los chalcas y el nacimiento de su hijo Nezahualpilli] que había recibido del Dios incógnito y criador de todas las cosas, le edificó un templo muy suntuoso, frontero y opuesto al templo mayor de Huitzilopochtli, el cual demás de tener cuatro descansos el *cu* y fundamento de una torre altísima, estaba edificada sobre él con nueve sobrados, que significaban nueve cielos; el décimo que servía de remate de los otros nueve sobrados era por la parte de afuera matizado de negro y estrellado, y por la parte inferior estaba todo engastado en oro, pedrería y plumas preciosas, colocándolo al Dios referido y no conocido ni visto hasta entonces, sin ninguna estatua ni formar su figura. El chapitel referido casi remataba en tres puntas, y en el noveno sobrado estaba un instrumento que llamaba *chililitli,* de donde tomó el nombre este templo y torre; y en él asimismo otros instrumentos musicales, como eran las cornetas, flautas, caracoles y un artesón de metal que llamaban *tetzilácatl* que servía de campana, que con un martillo asimismo de metal le tañían, y tenía casi el mismo tañido de una campana; y uno a manera de atambor que es el instrumento con que hacen las danzas, muy grande; éste, los demás, y en especial el llamado *chililitli* se tocaban cuatro veces cada día natural, que era a las horas que atrás queda referido que el rey oraba.[19]

Si comparamos los informes de Pomar con los de Alva Ixtlilxóchitl veremos que ambos coinciden en lo sustancial, que difieren en detalles significativos y que en los de este último se hace dar a Nezahualcóyotl el paso decisivo que en los del primero aún se reserva. Para Pomar, Nezahualcóyotl fue solamente "el que más vaciló buscando de donde tener lumbre para certificarse del verdadero Dios y creador de todas las cosas", mientras que para Alva Ixtlilxóchitl la búsqueda y la oscuridad se convierten en certeza, pues según él, "alcanzó a saber y declaró, que después de nueve cielos estaba el Creador de todas las cosas y un solo Dios verdadero, a quien puso por nombre *Tloque Nahuaque",* con lo cual la identidad de esta noción religiosa india con la del dios cristiano estaba consumada. Y por otra parte, mientras que para Pomar de esa búsqueda de dios "dan testimonio muchos cantos antiguos que hoy se saben a pedazos", esto es, textos anteriores o ajenos a Nezahualcóyotl, para Alva Ixtlilxóchitl, dicha doctrina se encuentra "en los cantos que compuso este rey sobre estas cosas", distinción que es importante pero que es verdad en ambos casos. La otra contribución de Alva Ixtlilxóchitl es la descripción del templo, en la cual la noción teológica de Pomar —que Dios "estaba donde no tenía segundo y en un lugar después de nueve andanas"— se materializa en un templo cuyos nueve sobrados significaban —al igual que en la teología dantesca—[20] los nueve cielos.

Ahora bien: ¿hasta dónde podemos aceptar la autenticidad de estas ideas teológicas como de Nezahualcóyotl y hasta qué punto fueron sus propias especulaciones o bien eran antiguas doctrinas que él reavivó? Para responder adecuadamente a estas preguntas

es necesario hacer cierto rodeo que nos permita precisar cuáles
fueron las antiguas concepciones religiosas de los pueblos indígenas de la altiplanicie en las que pudo apoyarse el pensamiento
de Nezahualcóyotl.

LA ANTIGUA DOCTRINA TOLTECA

Los antiguos chichimecas, a partir del monarca Quinantzin, se
esforzaron persistentemente en adoptar formas civilizadas de vida,
"siguiendo el orden y estilo de los tultecas",[21] cada vez más lejanas de sus orígenes nómadas y rudos cuando vivían en cuevas y
comían carne cruda.[22] Techotlalatzin aprendió la lengua tolteca
o náhuatl y acogió en Tezcoco restos del aniquilado, legendario
y civilizado pueblo tolteca. E Ixtlilxóchitl, el padre de Nezahualcóyotl, adoptó plenamente usos y costumbres toltecas. Esta singular voluntad de educación de los tezcocanos o acolhuas culminó
con Nezahualcóyotl, que "aparece como el representante más típi-
co y más refinado de la cultura mexicana clásica".[23]

No es extraño, entonces, que en sus ideas religiosas Nezahualcóyotl haya vuelto también a las antiguas doctrinas toltecas. Lo
que sabemos de este pueblo es por lo general legendario e incierto.
Para los antiguos pueblos indígenas de mediados del siglo xv, lo
tolteca —o la toltequidad o *toltecáyotl*— era un sinónimo de per-
fección, arte y sabiduría, y el pueblo o el periodo tolteca se consideraban el pasado remoto y dorado del conjunto de los pueblos
nahuas.

En la base de la concepción teológica tolteca se encuentra un
doble principio creador, masculino y femenino a la vez, al que
llamaron Ometéotl, que engendró a los dioses, al mundo y a los
hombres.[24] Este dios de la dualidad o creador supremo habita
en "el sitio de las nueve divisiones" o cielos [25] o "sobre los doce
cielos" [26] o en "el treceno cielo",[27] y va tomando diferentes aspectos al actuar en el universo, según lo ha resumido brillantemente
Miguel León-Portilla:

1) Es Señor y Señora de la dualidad (*Ometecuhtli, Omecíhuatl*).
2) Es Señor y Señora de nuestro sustento (*Tonacatecuhtli, Tonaca-
cíhuatl*).
3) Es madre y padre de los dioses, el dios viejo (*in teteu inan, in
teteu ita, Huehuetéotl*).
4) Es al mismo tiempo el dios del fuego (*in Xiuhtecuhtli*), ya que

mora en su ombligo *(tle-xic-co:* en el lugar del ombligo del fuego).

5) Es el espejo del día y de la noche *(Tezcatlanextia, Tezcatlipoca).*

6) Es astro que hace lucir las cosas y faldellín luminoso de estrellas *(Citlallatónac, Citlalinicue).*

7) Es señor de las aguas *(Tláloc),* el del brillo solar de jade y la de la falda de jade *(Chalchiuhtlatónac, Chalchiuhtlicue).*

8) Es nuestra madre, nuestro padre *(in Tonan, in Tota).*

9) Es, en una palabra, *Ometéotl* que vive en el lugar de la dualidad *(Omeyocan).*[28]

Ometéotl tiene, además, los siguientes atributos existenciales:

1) Es *Yohualli-ehécatl,* que Sahagún traduce como "invisible e impalpable";

2) Es *In Tloque in Nahuaque,* "El dueño del cerca y del junto", como propone León-Portilla, o "Cabe quien está el ser de todas las cosas, conservándolas y sustentándolas", según fray Alonso de Molina *(Vocabulario en lengua castellana y mexicana,* f 148 r), o "Aquel que tiene todo en sí", según Francisco Javier Clavijero *(Historia antigua de México,* lib. VI, Cap. 1), o "El que está junto a todo, y junto al cual está todo", según Garibay *(Historia de la literatura náhuatl,* t. III, p. 408);

3) Es *Ipalnemohuani,* "Aquel por quien se vive", según Clavijero *(Ibídem),* o el "Dador de la vida", como lo traduce Garibay en sus versiones de los cantares nahuas;

4) Es *Totecuio in ilhuicahua in tlalticpacque in mictlane,* "Nuestro Señor, dueño del cielo, de la tierra y de la región de los muertos", según León-Portilla;

5) Es *Moyocoyani,* "El que a sí mismo se inventa", según León-Portilla.[29]

Para la antigua doctrina teológica tolteca había, pues, un principio dual, una ambivalente naturaleza divina (Ometéotl) que tomaba o poseía diferentes aspectos y tenía una pluralidad de atributos —de la misma manera que en el *Credo* cristiano se van enumerando los atributos y las acciones de la naturaleza divina en sus tres personas.

En cuanto al destino del hombre después de la muerte, aun en el periodo azteca del México antiguo se conservaban creencias cuyo origen pudo asimismo remontarse a los toltecas. Al igual que sobre la tierra se imaginaban nueve cielos, bajo la tierra se concebían otras tantas moradas a las que llamaban en general *Mictlan,* o lugar de los muertos. Como lo ha consignado Sahagún, iban al *Mictlan* los que morían de muerte natural, sin distinción de per-

sonas. Un perrito de pelo bermejo debía acompañarlos para poder
cruzar un gran río y, tras de haber superado diversas pruebas, después de cuatro años terminaban su vida errante en la muerte y
llegaban finalmente al *Chiconamictlan,* noveno lugar de los muertos, donde "se acababan y fenecían los difuntos". El segundo
lugar al que iban algunos muertos eran el *Tlalocan* —o lugar de
Tláloc— y era un sitio de elección al que Sahagún describe como
un paraíso de abundancia y verduras. Allí iban aquellos en cuya
muerte había intervenido el agua: los ahogados, los fulminados
por rayos y los "leprosos, bubosos, sarnosos, gotosos e hidrópi-
cos", esto es, los que habían perecido a causa de fenómenos o enfermedades en los que se reconocía una influencia acuosa. Los
cadáveres de estos muertos no eran incinerados sino sepultados y,
como parece sugerirlo un antiguo canto a Tláloc, a estos elegidos
parecía esperarles una transformación, una nueva existencia en la
tierra.[30] El tercer lugar "adonde iban las almas de los difuntos
es el cielo, donde vive el sol". Allí iban, como recompensa, los
que morían en la guerra o en los sacrificios,[31] y asimismo, las
mujeres fallecidas en su primer parto, las *mocihuaquetzque,* que
quiere decir mujeres valientes que también se consideraban muertas en guerra por llevar un prisionero en el vientre. Las enterra-
ban con solemnidades militares, disputábanse sus reliquias como
amuletos de guerra e iban a residir "en la parte occidental del
cielo... donde se pone el sol, porque allí es la habitación de las
mujeres".[32] Guerreros y mujeres, asimismo después de cuatro
años, "se tornaban en diversos géneros de aves de pluma rica y
de color, y andaban chupando todas las flores, así en el cielo
como en este mundo, como los *tzinzones* lo hacen".[33] Estos guerreros y parturientas convertidos en aves son los que aparecerán
tan profusamente en la poesía náhuatl. Otros textos indígenas
mencionan un cuarto lugar, el *Chichihuacuauhco,* adonde iban
los niños que morían antes de haber alcanzado uso de razón, y
se encontraba en la casa de Tonacatecuhtli, el Señor de nuestra
carne, que es también *Tamoanchan,* "el lugar de nuestro origen",
con lo cual pudiera significarse una especie de retorno a los orígenes mientras descendían de nuevo a la tierra.[34]

UN NUEVO QUETZALCÓATL

Respecto al culto divino, la antigua tradición tolteca se oponía a
la tendencia que, ya desde entonces, quería los sacrificios humanos. En los *Anales de Cuauhtitlan*

se refiere que, cuando vivía Quetzalcóatl, reiteradamente quisieron engañarle los demonios para que hiciera sacrificios humanos, matando hombres.

Pero él nunca quiso ni condescendió, porque amaba mucho a sus vasallos, que eran los toltecas, sino que su sacrificio era siempre de culebras, aves y mariposas que mataba. Se cuenta que por eso enfadó a los demonios, que comenzaron a escarnecerle cuando le dijeron lo que querían, para molestarle y hacerle huir, como en efecto sucedió.[35]

Y más adelante, en el mismo documento indígena, se precisa que, en cuanto se entronizó Huémac en Tollan, entre los años de 10 *Ácatl* a 7 *Tochtli,* es decir entre 995 y 1018, "comenzó la gran mortandad de hombres en sacrificio".[36] Quetzalcóatl, vencido por sus enemigos, prefirió desaparecer, prendiéndose fuego, para convertirse en la estrella del alba.[37] Muchos años más tarde, cuando Tlacaélel se convierte en consejero de los señores aztecas e inspirador de una doctrina místico-guerrera, los sacrificios humanos van a aumentar hasta convertirse en uno de los objetivos principales de la vida de aquel pueblo, convencido de que su misión era extender los dominios del sol-Huitzilopochtli cuya vida debía mantenerse con la sangre de los sacrificios.

Expuestas las concepciones religiosas de la antigua doctrina tolteca, es posible ya poner en claro las ideas religiosas atribuidas a Nezahualcóyotl. Así como Teotihuacan era probablemente para la época del monarca tezcocano un centro religioso abandonado, de modo semejante aquellas antiguas doctrinas religiosas se habían olvidado o corrompido. Los pueblos del mundo náhuatl, dominados entonces por los aztecas, habían ido transformando en divinidades separadas —Huehuetéotl, Xiuhtecuhtli, Tláloc, Tezcatlipoca, Chalchiuhtlicue, etc.—, con sus propios cultos y representaciones, los que originalmente eran sólo diferentes aspectos o atributos de una divinidad única. Como observaba muy sagazmente Clavijero, "la noticia y el culto de este Sumo Ser se oscureció entre ellos con la muchedumbre de númenes que inventó su superstición".[38]

Sin embargo, la doctrina tolteca —que ha podido llegar hasta nosotros en algunos documentos indígenas como los *Anales de Cuauhtitlan,* la *Historia tolteca-chichimeca* o *Anales de Cuauhtinchan,* en los informes que dieron a Sahagún los sabios y ancianos y en varios fragmentos de la poesía náhuatl— subsistía aún, pese a la corriente que la había confundido, y debió ser conocida en forma orgánica por sabios como Nezahualcóyotl. Consiguientemente, cuando, según Alva Ixtlilxóchitl, él decía que después de nueve cielos estaba un dios al que llamaba *Tloque Nahuaque*[39] o "cuando, si se ofrecía tratar de deidades", no nombraba a ninguna ni en general ni en particular, "sino que decía *In Tloque in Nahuaque, Ipalnemoani*",[40] estaba repitiéndo en realidad conceptos de la doctrina tolteca, al referirse a los nueve cielos o al mencionar algunos de los atributos de Ometéotl, la divinidad suprema.[41]

En otros casos, la antigua doctrina aparecerá ya deformada en los testimonios históricos que examinamos. Pomar escribió, por ejemplo, que en los cantos antiguos se decía que al lugar donde estaba la divinidad "iban a parar los virtuosos después de muertos. Y que los malos iban a otro lugar de penas y trabajos terribles";[42] y Alva Ixtlilxóchitl atribuyó a Nezahualcóyotl esas ideas cuando escribe: "y declaró que... había gloria adonde iban los justos, e infierno para los malos".[43] Como antes he expuesto, los antiguos nahuas y aun los aztecas concebían dos especies de paraísos, adonde iban como recompensa los elegidos de Tláloc o los guerreros y las muertas en primer parto, y un *Mictlan*, o lugar de los muertos, al que ciertamente Sahagún nombra infierno aunque sólo por oposición a los cielos para los elegidos. Sin embargo, para el pensamiento religioso nahua estos diferentes destinos no estaban ligados a la idea de un premio o un castigo de una conducta moral sino, exclusivamente, a la especie de muerte que se había tenido.[44] Es decir, que un sabio o un virtuoso, si moría de muerte natural debía ir al *Mictlan* —supuesto infierno para Sahagún y Alva Ixtlilxóchitl—, mientras que un ahogado o un gotoso iban al paraíso *Tlalocan*, y un guerrero al cielo donde vive el sol. Que Nezahualcóyotl haya transformado estas creencias de su tiempo para llegar a la concepción de un infierno y un cielo donde se castiga o se premia la conducta en esta vida, como lo afirma Alva Ixtlilxóchitl, es algo que puede ponerse en duda.

Asimismo, en el caso de la oposición de Nezahualcóyotl a los sacrificios humanos, su actitud, que es preciso reconocer ambigua, era la de un nuevo Quetzalcóatl que intentó oponerse a la matanza ritual, sólo para ser también derrotado por la fuerza del terror que imponían los sacerdotes aztecas.

Consiguientemente, cuando Nezahualcóyotl proponía sus ideas religiosas y rituales no estaba creando una nueva doctrina, sino retornando a conceptos de la admirable doctrina tolteca, que para su tiempo habían caído en el olvido y eran ya sólo conocidos por un reducido grupo de sabios. Nezahualcóyotl, y con él una corriente importante de poetas e historiadores del mundo náhuatl que coinciden con sus ideas, tuvo el mérito de haber reavivado la vieja doctrina espiritual e intentado oponerla a la locura religiosa que dominaba a sus contemporáneos.[45]

9. El fin de su tiempo

LAS PROFECÍAS

PARADÓJICAMENTE, al mismo tiempo que rendía culto a la divinidad intuida por los toltecas, proseguía la edificación del templo de Huitzilopochtli, al que se ofrendaban corazones humanos. En el año *Ce ácatl,* 1467, "se encumbró el templo de Nezahualcoyotzin. Cuando llegó a la cumbre, fueron a suplicar a Moteuzomatzin el viejo y le pidieron que les diera licencia de hacer la dedicación con los tzonpancas, xillotzincas y ciltlaltepecas",[1] es decir, con el sacrificio de prisioneros tomados a estos pueblos. Pero el viejo rey Nezahualcóyotl veía con ojos de tristeza aquel templo orgulloso hecho para la muerte, y compuso entonces un canto en el que auguraba su destrucción y la de su mundo:

En tal año como éste [*Ce ácatl*],
se destruirá este templo que ahora se estrena,
¿quién se hallará presente?,
¿será mi hijo o mi nieto?
Entonces irá a disminución la tierra
y se acabarán los señores
de suerte que el maguey pequeño y sin sazón será talado,
los árboles aún pequeños darán frutos
y la tierra defectuosa siempre irá a menos. . .[2]

Un nuevo año *Ce ácatl* volvería a ser, conforme a la cuenta nahua de ciclos de 52 años, en 1519, que fue el año en que llegaron los españoles a estas tierras y se inició la conquista de México. Como tantos otros presagios indígenas que adivinaron la catástrofe que se avecinaba, Nezahualcóyotl también parece haberla anticipado.[3]

Su propia muerte era una contingencia fatal que no le atemorizaba; le angustiaban en cambio las tinieblas que veía cernirse sobre los suyos. Su conciencia de las cosas le permitía de pronto ver algo como su envés trágico, como la semilla de destrucción y muerte oculta sobre las frágiles apariencias. Y sonaba para él, insistente, el anuncio de que era preciso comenzar a desatarse de cuanto había sido su vida y de preparar su muerte. Moctezuma Ilhuicamina, su primo, que gobernaba México-Tenochtitlan desde 1440, y con el que había compartido tantas empresas, enfermó en 1469.[4] Nezahualcóyotl fue a visitarlo y, para complacerlo, le compuso un poema para ser representado y bailado en el que elogiaba la belleza de México:

> En donde hay sauces blancos,
> estás reinando tú, y donde hay blancas cañas,
> donde hay blancas juncias,
> donde el agua de jade se tiende,
> aquí en México, reinas.
> Tú con preciosos sauces
> verdes cual jade y quetzal engalanas la ciudad:
> la niebla se tiende sobre nosotros. . .[5]

¿Qué era sino la muerte esa niebla que se tendía sobre ellos? El señor de México murió, en efecto, ese mismo año 3 *Calli,* 1469.[6] Como lo había hecho en ocasiones anteriores, Nezahualcóyotl fue una vez más a Tenochtitlan a las exequias del monarca y a participar en la jura de Axayácatl,[7] el cuarto señor de México que él veía reinar. Desde los tiempos ya tan lejanos de sus persecuciones, en la época de Chimalpopoca, había visto pasar, además, los trece o catorce años del señorío de Itzcóatl y los veintinueve del próspero gobierno de Moctezuma I. Cuando este último se había sentido ya viejo, indicó a su consejero Tlacaélel que, para que quedase memoria de ambos, mandara labrar estatuas con sus figuras en Chapultépec, el bosque que había plantado y embellecido Nezalhuacóyotl. Las estatuas complacieron a Moctezuma, quien hizo mercedes a los escultores y dijo a Tlacaélel que así quedaría memoria de su grandeza, como la que ellos tenían de Quetzalcóatl y Topiltzin.[8]

TESTIMONIOS DE SU FAMA

Por aquellos mismos años, Nezahualcóyotl también pensó en dejar testimonio de su fama y

mandó a todos los artífices que cada uno en el oficio que usase le retratase... Los plateros hicieron una estatua de oro muy al natural, los lapidarios otra de pedrería, los plumeros en un cuadro dibujaron de varias plumas su retrato tan al natural que parecía estar vivo. Otro cuadro hicieron los pintores, lo mejor que pudieron, los escultores una estatua de la misma manera, y los arquitectos de piedra fueron a su bosque de Tetzcotzinco e hicieron aquel león que atrás queda referido, y no retrataron más de tan solamente el rostro. Cuando estuvieron concluidos y los vio uno a uno sólo el de la peña le agradó "y todos los demás les desechó, diciendo que el oro y piedras preciosas con la codicia se perderían, y los cuadros con el tiempo se desharían y borrarían, el barro se quebraría y la madera se carcomería; mas que el de la peña sólo permanecería, y gozarían de él sus nietos y descendientes".[9]

La roca, efectivamente, subsistió —aun picada por el celo de Zumárraga— hasta fines del siglo XIX en que, según cuenta Alfredo Chavero, "no hace muchos años fue destruida por cohetes, para aprovechar la piedra según unos, y para buscar un tesoro, según otros".[10] También la codicia la perdió. Las únicas imágenes de Nezahualcóyotl que llegarían hasta nosotros fueron algunas en que entonces no pensó el monarca: los trazos esquemáticos o alegóricos que los *tlacuilos* o escribas-pintores fijaban en los libros pintados, y que hoy conocemos en las copias que para substituir los documentos indígenas destruidos se hicieron después de la Conquista, como los códices *Telleriano-Remensis, Vaticano A, Xólotl* y *En Cruz,* los mapas *Tlotzin-Quinatzin* y de *Tepechpan* y los memoriales del padre Sahagún.

LA MUERTE Y LAS EXEQUIAS

En 1472 Nezahualcóyotl cayó por primera vez enfermo, a causa "de los muchos trabajos que había padecido en recobrarle [a su señorío], sujetarle y ponerle en mejor estado". Sintiéndose cercano a la muerte, una mañana mandó traer al príncipe Nezahualpilli, que contaba entonces siete años, y tomándolo en sus brazos lo ocultó con los tocados reales e hizo entrar a los embajadores de México y Tlacopan que esperaban saludarlo. Habiéndolo hecho, descubrió al niño "y le mandó relatase lo que los embajadores le habían dicho y lo que él les había respondido; y el niño, sin faltar palabra, hizo la relación con mucha cortesía y donaire".

Hecho esto, habló con sus hijos mayores, Ichautlatoatzin, Acapioltzin, Xochiquetzaltzin y Hecahuehuetzin, presidentes de los consejos, y con otros de sus hijos e hijas que allí se habían reunido, y les recordó los trabajos y persecuciones que padeció en su juventud hasta poder recobrar y organizar el señorío ahora próspero y fuerte, encareciéndoles la conveniencia de que, para conservarlo, mantuviesen paz y concordia entre ellos reconociendo a Nezahualpilli como su señor:

Veis aquí —les dijo— a vuestro príncipe señor natural, aunque niño, sabio y prudente, el cual os mantendrá en paz y justicia, conservandoos en vuestras dignidades y señoríos, a quien obedeceréis como leales vasallos, sin exceder un punto de sus mandatos y de su voluntad; yo me hallo muy cercano a la muerte, y fallecido que sea, en lugar de tristes lamentaciones cantaréis alegres cantos, mostrando en vuestros ánimos valor y esfuerzo, para que las naciones que hemos sujetado y puesto debajo de nuestro imperio, por mi muerte no hallen flaqueza de ánimo en vuestras personas, sino que entiendan que cualquiera de vosotros es solo bastante para tenerlos sujeto,

y luego, dirigiéndose a su hijo Acapioltzin, le encomendó la regencia del reino diciéndole:

Desde hoy en adelante harás el oficio de padre que yo tuve con el príncipe tu señor a quien doctrinarás, para que siempre viva como debe, y debajo de tu consejo gobierne el imperio, asistiendo en su lugar y puesto, hasta que por sí mismo pueda regir y gobernar.[11]

Dispuso también que, para evitar la inquietud del reino, se dijese que había ido a tierras lejanas a descansar y que nunca voivería.[12] Despidióse con lágrimas de su familia y de los allegados de su corte y, cuando sintió ya cercano el momento, mandó a todos que salieran y ordenó a sus criados no dejasen entrar a nadie para quedarse solo con su muerte.[13] A las pocas horas, con el peso de sus dolencias y sus años, invocando acaso en la intimidad de su alma las advocaciones de la deidad suprema que él prefería, *In Tloque in Nahuaque, Ipalnemohuani,* falleció una mañana del año *Chicuace técpatl,* o 6 Pedernal, 1472,[14] en un día que ningún historiador precisó. Tenía al morir setenta años y cuarenta y uno en el señorío de Tezcoco.

Había sido un gobernante bien amado y su múltiple fama lo engrandecía y comenzaba a convertirlo en leyenda. Entre la gente se decía que "había sido trasladado entre los dioses",[15] esto es, que como los guerreros muertos en combate se había convertido en un pájaro reluciente que hacía cortejo al Sol.

Allí está el Árbol Florido, junto a los atabales:
en él vive el *quetzaltótotl* en que se convirtió Nezahualcóyotl:
vive cantando floridos cantos y con ello se alegran las flores.[16]

Públicamente lo lloraba su pueblo y tiernamente cuantos estuvieron más cerca de su sangre y de sus afectos: sus hermanos, su esposa y sus concubinas, sus múltiples hijos, sus parientes, sus criados y cuantos habían compartido con él el peso del gobierno. Llegaron a Tezcoco los dos grandes señores aliados, Axayácatl de México-Tenochtitlan y un nuevo Chimalpopoca —hijo de Totoquihuatzin— que ahora regía Tlacopan, y muchos otros gobernantes y embajadores de los señoríos amigos como los de Tlaxcala, Huexotzinco, Cholula, y otros más de señoríos lejanos y aun enemigos, como los de Michoacán, Pánuco y Tehuantépec.[17] Y acaso, para acatar la voluntad de Nezahualcóyotl que pidió que su muerte no fuera proclamada, fue preciso hacer en privado las exequias reales mientras se celebraban los festejos en memoria del gran señor que había muerto.[18]

Al igual que se había hecho con su padre Ixtlilxóchitl el Viejo, en cuyas exequias se siguieron por primera vez en el reino las ceremonias toltecas,[19] con Nezahualcóyotl se cumplieron también estos ritos[20] a los que se habían incorporado ya usos aztecas. Su cuerpo fue mantenido cuatro días en un aposento airoso, con una pesada losa sobre el vientre para que su frialdad y su peso lo conservasen. Sobre su boca se puso una piedra verde, un *chalchíhuitl*, para que hiciese las veces del corazón del difunto.[21] Estaba vestido con sus ropas del color azul que le estaba reservado y con sus insignias reales. Los príncipes y embajadores más allegados fueron cumpliendo la ceremonia acostumbrada de acercarse a su cuerpo y hablar con él como si estuviera vivo, diciéndole:

que fuese en hora buena su descanso porque con su muerte se habían acabado todos los trabajos de esta vida, y que en premio de su valor y virtud, de que todos se hallaban faltos y desamparados, había ido al lugar de descanso y deleite, donde estaba descuidado de las miserias del mundo y de la variación y mudanza de las cosas... que no moría pues dejaba en su lugar hijos y hermanos, de quienes tenían esperanzas de que suplirían su falta y en su lugar gobernarían el estado que dejaba.[22]

En cambio, a embajadores de pueblos distantes se dijo sólo que el rey se había ido a descansar a provincias lejanas.[23]

Acaso algunos hayan tenido la sensación de que estaban despidiendo a una de las más altas realizaciones humanas alcanzadas por aquellos pueblos, y el confuso presentimiento, el mismo de tantos otros vaticinios, de que con Nezahualcóyotl culminaba y comenzaba a morir el mundo indio cuyos días estaban contados. El señor de Tezcoco pertenecía ya al misterio de la muerte junto con los otros señores con quienes había formado la poderosa Alianza. Axayácatl, el señor de México-Tenochtitlan, evocará su memoria en un poema transido de tristeza y lágrimas en el que se preguntaba:

¿Acaso alguno viene del lugar del Sortilegio?
¿Acaso es sitio allí de donde ha de regresar?
¿Dónde está el Lugar de los ya Descarnados?
¿Vendrán a darnos noticias
Motecuzoma, Nezahualcóyotl, Totoquihuatzin?
¡Ellos nos dejaron huérfanos!
Entristeceos, oh príncipes.
¿Dónde vagaba mi corazón?
Yo, Axayácatl, los busco. . .[24]

Pasados los cuatro días, cuando habían partido ya los visitantes, compusieron el cuerpo con insignias similares a las de Huizilopochtli y lo llevaron al patio del templo de ese dios. Allí fue incinerado, con todos los hábitos e insignias y aun las joyas que le habían pertenecido. Sus cenizas se guardaron en una caja que se depositó en el aposento a ello destinado. Sobre la caja se puso el bulto mortuorio, la imagen sedente del rey, cubierta con hábitos reales y con una máscara de oro y turquesas sobre la que iba una segunda máscara. A aquel lugar iban a llorarle y hablarle, como si estuviese de cuerpo presente, quienes antes no habían podido hacerlo y quienes no lo olvidaban. Y cada día se le ponía enfrente, durante un rato, un servicio de comida, así como las flores, que él había amado y cantado, y cañutos en los que humeaba el buen olor del tabaco.[25]

Pronto la vida fue recobrando en Tezcoco su curso habitual y resurgieron afanes y pasiones. Las recomendaciones que había hecho Nezahualcóyotl a sus hijos comenzaron a parecer algo muy remoto y hubo intentos de suplantar al príncipe designado. Oportunamente intervinieron los señores aliados, los ambiciosos fueron reconvenidos y el niño Nezahualpilli fue jurado señor de Tezcoco, bajo la regencia de Acapioltzin.[26]

IMÁGENES Y MEMORIA

Nezahualcóyotl se iba transformando lentamente en recuerdo, en historia y en leyenda. Los hechos memorables de su vida: la muerte de su padre Ixtlilxóchitl, las persecuciones, las luchas por la reconquista del reino, la alianza militar que le dio poderío, el esplendor que dio a Tezcoco, las leyes e instituciones que fundó, los palacios, jardines y obras de servicio público que construyó, sus amores y sus crímenes, su valor y su piedad, las desventuras que sufrió, su búsqueda del dios desconocido, sus cantos y su elocuencia, todo se iba fijando en las imágenes de los *tlacuilos* y en la memoria de los sabios.

Hay tanto de pintado y escrito —ponderaba Alva Ixtlilxóchitl refiriéndose a Nezahualcóyotl— de los que primero se pusieron a escribir, que no hay historiador que no trate de él muy específicamente, más que de otro señor ninguno, aunque sean de otros reinos, que son como los ríos que van a parar al mar, y así todos los historiadores de la Nueva España pintaron la historia de sus reyes y señores naturales concluyendo todos en poner los hechos de este príncipe.[27]

Muchos hechos se conservaron de él, en efecto. Pero resulta sorprendente advertir que, entre el caudal de esas informaciones, ninguna se refiere a su persona —lo cual ocurre también, salvo rarísimas excepciones, con los demás personajes del mundo indígena. Nada sabemos de cómo era Nezahualcóyotl, si era alto o bajo, corpulento o delgado, más o menos moreno, gallardo o desgarbado, alegre o sañudo, cómo hablaba y cuáles eran sus rasgos peculiares; sabemos de sus acciones y de sus pensamientos, pero no tenemos un solo rastro de su persona.

Y al mismo tiempo que los *tlacuilos* recogían la historia de Nezahualcóyotl, fluía también su recuerdo en otra corriente intangible y persistente: los cantos que él había compuesto, y que solía decir en las festividades y en las reuniones de poetas y príncipes, eran repetidos con emocionada devoción y pasados de memoria en memoria. Apenas dos generaciones después de su muerte sobrevendría con la conquista española la catástrofe del mundo indígena y aun la destrucción de los archivos de aquella cultura, pero vendría también otro sistema de escritura que haría posible que, en su propio náhuatl, los indios consignaran los hechos de aquella vida y algunos de sus cantos. Gracias a su celo, el espíritu de Nezahualcóyotl persistió.

II
SU OBRA

1. El poeta en su mundo

¿QUIÉNES ERAN LOS POETAS NAHUAS?

SEGÚN el modelo tolteca, ideal de vida civilizada para los antiguos pueblos nahuas, una ciudad comenzaba a existir cuando se establecía en ella el lugar para los atabales, la casa del canto y el baile.[1] En México, en Tezcoco, en Tlacopan, estas casas, llamadas *cuicacalli* o "casa de canto", disponían de espaciosos aposentos en torno a un gran patio para los bailes.[2] Estaban situadas junto a los templos y en ellas residían los maestros cuya misión era enseñar a los jóvenes el canto, el baile y la ejecución de instrumentos.[3] Allí se guardaban los dos tipos de tambores o atabales, el *huéhuetl* y el *teponaxtli*,[4] los palos percusores, las sonajas, las flautas, los caracoles y las indumentarias que empleaban los danzantes según la región o el género de la danza que representaban.[5] Los muchachos que iban al *calmécac* aprendían de memoria "todos los versos de cantos para cantar, que se llamaban cantos divinos, los cuales versos estaban escritos en sus libros por caracteres", dice Sahagún.[6]

Así pues, en las casas de canto se enseñaban los cantos profanos: hazañas de héroes, elogios de príncipes, lamentaciones por la brevedad de la vida y de la gloria, exaltaciones guerreras, juegos y pantomimas, elogios y variaciones sobre la poesía y "cosas de amores", y en el *calmécac* los cantares divinos, ambos destinados a la ejecución pública en que se unían poesía y canto y a veces también la danza. En Tezcoco, donde se daba una atención preferente a cuanto estaba relacionado con educación, libros y cantos, las instituciones de esta naturaleza, como ya se ha expuesto, parecen haber sido mucho más amplias. Además del *calmécac,* existía el Consejo de Música y Ciencias, los archivos reales de los libros pintados, una academia de poetas y escuelas de arte adivinatorio, poesía y cantares.[7] A reserva de volver sobre algunas de estas peculiaridades, comencemos por indagar quiénes eran los autores de estos cantos, por qué y para qué los componían.

Dos pasajes, de Durán y de Motolinía, nos ofrecen informaciones de primera mano al respecto:

Muy ordinario era el bailar en los templos —refiere Durán—, pero era en las solemnidades, y mucho más ordinario era en las casas reales y de los señores, pues todos ellos tenían sus cantores que les componían cantares de las grandezas de sus antepasados y suyas. Especialmente a Motecuhzoma, que es el señor de quien más noticia se tiene y de Nezahualpilzintli de Tezcoco, les tenía compuestos en sus reinos cantares de sus grandezas y de sus victorias y vencimientos, y de sus linajes, y de sus extrañas riquezas...

Había otros cantores —añade— que componían cantares divinos de las grandezas y alabanzas de los dioses, y éstos estaban en los templos; los cuales, así los unos como los otros, tenían sus salarios, y a los cuales llamaban *cuicapicque,* que quiere decir "componedores de cantos".[8]

Motolinía nos ofrece algunas informaciones más acerca de los "componedores de cantos":

Una de las cosas principales que en toda esta tierra había eran los cantos y los bailes, ansí para solemnizar las fiestas de sus demonios que por dioses honraban... como para regocijo y solaz propio... cada señor en su casa tenía capilla con sus cantores componedores de danzas y cantares, y éstos buscaban que fuesen de buen ingenio para saber componer los cantares en su modo de metro y de coplas que ellos tenían... Ordinariamente cantaban y bailaban en las principales fiestas, que eran de veinte en veinte días, y en otras menos principales. Los bailes más principales eran en las plazas; otras veces en casa del señor en su patio, que todos los señores tenían grandes patios: también bailaban en casas de señores y principales. Cuando habían habido alguna victoria en guerra, o levantaban nuevo señor, o se casaba con señora principal, o por otra novedad alguna, los maestros componían nuevo cantar, demás de los generales que tenían de las fiestas de los demonios y de las hazañas antiguas y de los señores pasados.[9]

Y refiere asimismo Motolinía que los cantos se preparaban con anticipación y se hacían cuidadosos ensayos de cantos y danzas.

Los *cuicapicque* eran, pues, de dos clases: los de los templos, adscritos de alguna manera a la casta sacerdotal, que componían los himnos a los dioses, y los de las casas reales y de los nobles, que componían cantares profanos para celebrar ocasiones especiales. Ambos percibían salarios y debieron realizar sus composiciones como buenos operarios, con amor por su trabajo pero sin la conciencia o el orgullo de la obra individual, de la obra única e intransferible que crea el artista y la entrega como don al mundo. Eran artífices como los anónimos escultores, pintores, arquitectos y orfebres del mundo indígena que crearon obras únicas y magistrales algunas veces, pero que frecuentemente sólo repetían o empobrecían las grandes creaciones. Unos eran más hábiles que otros y los mejores debieron formar parte de las casas reales, que podían retribuir su excelencia.

Gracias a una información de Pomar conocemos la existencia de otro tipo de componedores de cantos:

Esforzábanse los nobles y aun los plebeyos, si no eran para la guerra, para valer y ser sabidos, componer cantos en que introducían, por vía de historia, muchos sucesos prósperos y adversos y hechos notables de los reyes y personas ilustres y de valer. Y el que llegaba al punto de esta habilidad era tenido y muy estimado, porque casi eternizaba con estos cantos la memoria y fama de las cosas que en ellos componían y por esto era premiado, no sólo por el rey, pero de todo el resto de los nobles.[10]

Para este nuevo tipo de poetas, la poesía es un ejercicio noble, señorial, que merecía la estima y el prestigio públicos. Era el caso, según comentaba Garibay, de "gente no capaz para la guerra, ancianos que los años colmaron de experiencia, personas que sienten el corazón roído por la inquietud de la belleza".[11] Pero también los guerreros, en tiempos de paz, componían y participaban en cantos y bailes. Si la guerra era para los nahuas una manera de alimentar y agradar a la divinidad, la poesía era para ellos un substituto de la fogosidad guerrera, otra manera de propiciar al dios, hasta el punto que Garibay llega a decir que "el canto era una sustitución del sacrificio cruento".[12] Semejante a la embriaguez de la guerra era la embriaguez de los cantos y era también otra manera de enajenación y comunicación oscura con el dios y con el mundo. Como lo refiere Motolinía, existían dos especies generales de canto y baile: el *netotliztli* o baile de regocijo, y el *macehualiztli* o de merecimiento. Este último, que se bailaba y cantaba con mesura y gravedad en las grandes solemnidades religiosas, era una manera de alabar y honrar a los dioses "con cantares de la boca, mas también con el corazón y con los sentidos del cuerpo", y por ello se perseveraba en el baile —como se sigue haciendo en los pueblos indígenas de México en que se baila por "manda"— un día y parte de la noche.[13]

Así pues, además de los *cuicapicque* asalariados y de los nobles y plebeyos que componían cantos en lugar de guerrear, la poesía era también una especie de tradición principesca, un ejercicio aristocrático que realizaban orgullosamente los gobernantes y sus hijos sin dejar de ser guerreros. En efecto, los *Trece poetas del mundo azteca* que ha estudiado León-Portilla son todos ellos señores —esto es, gobernantes de pueblos—, príncipes o nobles, sin excepción: los tezcocanos Tlaltecatzin, señor de Cuauchinanco; Nezahualcóyotl, Nezahualpilli y Cacamatzin, señores sucesivos de Tezcoco, y Cuacuauhtzin, señor de Tepechpan; los de México-Tenochtitlan, Tochihuitzin, hijo de Itzcóatl y señor de Teotlaltzinco; Axayácatl, señor de Tenochtitlan; Macuilxochitzin, hija de Tlacaélel, el consejero de Itzcóatl y Moctezuma y señora de Tula; Temilotzin de Tlatelolco, guerrero, amigo de Cuauhtémoc y señor de Tzilacatlan; los de la región poblano-tlaxcalteca, Tecayehuatzin, señor de Huexotzinco; Ayocuan, señor de Tecamachalco; Xicohténcatl el Viejo señor de Tizatlan; y de Chalco, Chichicuepon, que pertenecía a la nobleza de este lugar, desposeída por los aztecas.

Asimismo, en las primeras identificaciones que hizo Garibay de treinta y tres poetas indígenas,[14] además de diez de esta lista que se encuentran entre los estudiados por León-Portilla, dieciséis más son también señores o príncipes y de seis más no se tienen noticias biográficas, por lo que puede presumirse que hayan sido sólo poetas. Estos últimos son Aquiyauhtzin, Camaxochitzin, Cuauhtencoztli, Tececepouhqui, Teoxínmac y Tlepétztic, aunque dos de ellos llevan en sus nombres la desinencia "tzin" reverencial de los nobles. El poeta que falta es Yoyontzin, apodo poético que se daba a Nezahualcóyotl aunque lo hayan usado también otros personajes. Podían agregarse a esta lista dos nombres más de poetas mencionados en un concurso de cantos: Huízoc y Tlacotzin.[15] En el hermoso "Diálogo de la flor y el canto", como le llama León-Portilla,[16] siete de los ocho poetas participantes eran también señores o príncipes y sólo uno, Cuauhtencoztli, ya mencionado, no era probablemente noble.

Volviendo a las palabras de Pomar, según las cuales "esforzábanse los nobles y aun los plebeyos, si no eran para la guerra, para valer y ser sabidos, componer cantos", es preciso, pues, establecer varias precisiones. También componían cantos muchos nobles, y Nezahualcóyotl entre ellos, que además fueron guerreros. Y, en vista de la casi total ausencia de poetas plebeyos, entre los nombres que se conservan, parece inevitable suponer que éstos, los *cuicapicque,* sólo excepcionalmente alternaban con los nobles en las reuniones y concursos poéticos y no acostumbraban mencionarse a sí mismos en sus cantares, como lo hacían los nobles. Consta por lo tanto la existencia de dos tipos sociales de poetas, el profesional o asalariado y el aficionado noble —fuera o no, además, guerrero—, y parece excepcional un tercer tipo, de poeta plebeyo no asalariado. Los primeros componían los himnos rituales y poemas de circunstancias —que probablemente serían por lo general variaciones retóricas de los tópicos e imágenes habituales—, y los aficionados nobles todos aquellos poemas líricos y épicos en los que se reconocen rasgos personales y una auténtica invención poética. En efecto, los poemas de Nezahualcóyotl, Tecayehuatzin, Tochihuitzin y Ayocuan son los de pensamiento más hondo y audaz y los de mayor refinamiento lírico; y el único poema erótico que se conserva es de Tlaltecatzin. Pero ¿a quién atribuir, entonces, la belleza de tantos otros poemas anónimos?

Para comprender adecuadamente la función social del poeta en el mundo indígena debe recordarse, además, que la educación que implicaba la composición de cantos —que consistía básicamente en la interpretación de los libros pintados, que permitía el acceso a cuanto en ellos se guardaba: las relaciones históricas, las genealogías, los sistemas calendáricos y adivinatorios, las leyes, las oraciones, los preceptos morales y los discursos ceremoniales, y el aprendizaje de memoria de los cantares divinos— estaba reservada a quienes estudiaban en el *calmécac*.

Como ya se ha expuesto, en oposición a las escuelas para la mayoría del pueblo, llamadas *telpochcalli,* que daban a sus alumnos una educación mínima preocupadas principalmente por preparar buenos guerreros, el *calmécac* era la escuela superior en la que, dentro de un régimen de extrema severidad, se trasmitían las doctrinas y conocimientos más elevados y se enseñaban los himnos rituales y la interpretación de los libros pintados. El *calmécac* era la escuela para los hijos de los nobles y los sacerdotes, y allí se preparaban, consiguientemente, sacerdotes, sabios —o conservadores de las tradiciones culturales— y gobernantes. Sin embargo, Sahagún precisa que los alumnos propuestos para el *calmécac* podían ser hijos de señores principales o de pobres, en cuyo caso, en lugar de que sus padres enviaran sartales de oro, pluma rica y piedras preciosas a la estatua de Quetzalcóatl que presidía la escuela, le hacían ofrendas más modestas.[17] Probablemente estos últimos, que no eran hijos de señores principales y afortunados, seguían una carrera que los llevaría al sacerdocio o a la enseñanza y, si tenían aptitudes, podrían dedicarse también a la composición de cantos religiosos o profanos.

Al igual que todas las liturgias, la del mundo nahua constaba en textos antiguos, venerables e invariables. Los himnos rituales, como los que recogió Sahagún, parecen muy arcaicos y tienen un hermetismo sin duda voluntario, con el misterio que debe rodear lo sagrado. Frente al comentario de Sahagún que opina que se "cantan sin poderse entender lo que en ellos se trata",[18] hay otro muy agudo de Durán quien, con mayor atención, reconoció su peso doctrinal:

Todos los cantares de éstos son compuestos por unas metáforas tan oscuras que apenas hay quien las entienda, si muy de propósito no se estudian y platican para entender el sentido de ellas. Yo me he puesto de propósito a escuchar con mucha atención lo que cantan y entre palabras y términos de la metáfora, y paréceme disparate y, después, platicado y conferido, son admirables sentencias, así en lo divino que agora componen, como en los cantares humanos que componen.[19]

Con excepción, pues, de estos himnos rituales ya fijos, los componedores de cantos que habían estudiado en el calmécac podían componer otros poemas de tipo religioso-guerrero —como los que aparecen en las dos antiguas colecciones de poesía náhuatl—, además de los diferentes tipos de poesía profana.

Mas a pesar de que algo podamos precisar de la condición y de la función social del componedor de cantos en el mundo náhuatl, quedarán siempre múltiples puntos oscuros e incomprensibles. Se han identificado cerca de cuarenta poetas y a quince de ellos pueden atribuírseles un buen número de cantos y, sin embargo, la mayor parte de la antigua poesía, y algunos de los poemas más hermosos, siguen siendo anónimos. En las antiguas colecciones de cantares, éstos aparecen agrupados principalmente por los lugares de procedencia: México, Tezcoco, Tlaxcala, Huexotzinco, Chalco y, sólo en forma secundaria, por sus autores; lo cual nos indica ya que continuaba siendo más importante la procedencia político-geográfica que la creación individual.

Pero la creación artística anónima, colectiva, es una pura ficción verbal. Puede haber una especie de genio común del pueblo, una visión del mundo, un sentimiento y una expresión compartidos, pero siempre es un individuo el que cada vez las cristaliza, aunque luego con el rodar en la memoria tradicional la creación vaya retocándose, enriqueciéndose o corrompiéndose.

La noción individual de la creación artística, índice de la madurez de una cultura, estaba justamente surgiendo en el mundo nahua. Hasta ahora no se ha encontrado el nombre de ninguno de los artistas plásticos indígenas, pero el hecho de que existan textos como estos que ha rescatado León-Portilla del acervo de los indígenas informantes de Sahagún nos muestra que los antiguos mexicanos habían alcanzado una admirable y madura comprensión de la intimidad de la creación artística:

SOBRE EL ORIGEN DEL ARTE Y DE LOS CANTOS

Estos toltecas eran ciertamente sabios,
sabían dialogar con su propio corazón. . .
Hacían resonar el tambor, las sonajas,
eran cantores. componían cantos,
los daban a conocer,
los retenían en su memoria,
divinizaban con su corazón
los cantos maravillosos que componían.

CÓMO DEBE SER EL ARTISTA NÁHUATL

Toltécatl: el artista, discípulo, abundante, múltiple, inquieto.
El verdadero artista: capaz, se adiestra, es hábil;
dialoga con su corazón, encuentra las cosas con su mente.

El verdadero artista todo lo saca de su corazón;
obra con deleite, hace las cosas con calma, con tiento,
obra como tolteca, compone cosas, obra hábilmente, crea;
arregla las cosas, las hace atildadas, hace que se ajusten.[20]

Tenían, pues, una conciencia muy clara de la función trascendente del arte como manifestación e intuición de la divinidad, y del misterio, el rigor y la delicadeza que exige la creación artística, y estas nociones naturalmente van desprendiendo al arte de la condición artesanal anónima y van formando al artista *yoltéotl,* "corazón endiosado" —según la feliz traducción de León-Portilla—, a la personalidad de excepción, con un nombre y un rostro. El hecho de que en las dos grandes colecciones de poesía indígena no sean ya una excepción las atribuciones expresas de cantos, los elogios a otros poetas y las afirmaciones en primera persona: "Lo digo yo, Nezahualcóyotl", "Yo, el rey Tecayehuatzin", "Doliente estaba yo, Cuauhtencoztli", nos muestra que la poesía náhuatl que conocemos se encontraba precisamente en el periodo de transición de la creación anónima a la creación individual, y que Nezahualcóyotl es el primer poeta que pertenece ya plenamente a la nueva etapa.

EL POETA NEZAHUALCÓYOTL Y SUS CANTOS

La poesía náhuatl que conocemos pertenece al periodo previo a la Conquista, y los poemas más antiguos, como los de Tlaltecatzin de Cuauchinanco, pueden remontarse a fines del siglo XIV. Las muestras que tenemos de la poesía más remota, probablemente los himnos rituales que recogió Sahagún y los fragmentos poéticos que se encuentran en documentos como la *Historia tolteca-chichimeca* o los *Anales de Cuauhtitlan,* son de carácter mítico y litúrgico, con frecuente uso de fórmulas herméticas y de sentido mágico. Hubo pues un cambio o una evolución de estilo y sensibilidad cuando el viejo tronco nahua-tolteca se transformó en los nuevos pueblos que poblaron la altiplanicie. La nota distintiva de esta poesía más reciente es su creciente carácter personal. Los cantos ya no son solamente himnos a la divinidad, conjuros mágicos o sagas de héroes legendarios; ahora son cantos a lo humano y a lo divino en su relación con el hombre.

Mas, paradójicamente, este lirismo personal que domina en la poesía náhuatl de las dos grandes colecciones es personal y colectivo al mismo tiempo. La primera impresión que recibe el lector de esta poesía, en efecto, es que aparecen una y otra vez los mismos temas, tópicos y metáforas, como si fuesen un fondo común del que todos pueden servirse. La imagen feliz que surge, radiante, en un canto, posiblemente volverá a repetirse varias veces. Por su tema, existe un poema casi solitario, el canto a la "alegradora" de Tlaltecatzin. Sin embargo, en los textos de los informantes de Sahagún hay una vivaz descripción de las costumbres de esta especie femenina que "como las flores se yergue" y que:

> Vuelve el ojo arqueado,
> se ríe, ándase riendo,
> muestra sus gracias. . . [21]

y es posible que los frailes no hayan alentado la conservación de cantos eróticos de este tipo, que parecen haber sido abundantes y aun tenían su propio nombre: "llamábanle *cuecuechcuícatl,* que quiere decir 'baile cosquilloso o de comezón'", nos explica Durán, y añade que era "baile de mujeres deshonestas y hombres livianos".[22] Un buen ejemplo de este tipo de cantos, de lenguaje y alusiones mucho más libres que los del canto a la "alegradora", es el "Canto de mujeres de Chalco",[23] que es una sátira bufonesca y picante de Axayácatl.

Sin embargo, esta primera impresión de uniformidad que nos da la poesía náhuatl —que va a examinarse más adelante por lo que se refiere al lenguaje metafórico— es semejante a la que solemos tener, al primer encuentro, con pueblos remotos cuyos matices no estamos habituados a percibir. De todas maneras, nuestro moderno sentido de la originalidad expresiva no era uno de los objetivos estéticos de la poesía náhuatl. La originalidad, o más bien la individualidad de cada poeta, será el resultado de la proyección de sus peculiaridades espirituales y de las circunstancias de que surgen sus cantos. En cuanto vamos reconociéndolas, acaban por surgir el "rostro y el corazón" de cada uno de ellos.

Entre los poetas nahuas cuyos nombres se conocen, Nezahualcóyotl es el que tiene un número mayor de poemas atribuidos: treinta y seis del conjunto total de cerca de doscientos cantos. Le siguen poetas como Tecayehuatzin con nueve, Ayocuan con tres, Tochihuitzin con dos y Cuacuauhtzin con varios fragmentos o un poema extenso. Sumándose al prestigio que tenía como guerrero que reconquistó con valor y audacia su reino y como gobernante que había hecho de Tezcoco un señorío próspero y sabiamente organizado, su fama como poeta debió ser grande en su tiempo. Él era el creador de todo un sistema de instituciones culturales que fomentaban especialmente las actividades de historiadores, filósofos, artistas, poetas, cantores, constructores y artesanos, y en las reuniones que celebraban sus academias y en las grandes fiestas religiosas y civiles debía brillar el príncipe que además era un sabio y un poeta. Entre los muchos elogios que se le hicieron hay uno, de amistosa desproporción, que pondera como divinas la sabiduría de sus palabras:

> Dentro de ti vive,
> dentro de ti está pintando,
> inventa, el Dador de la Vida,
> ¡príncipe chichimeca, Nezahualcóyotl![24]

Nezahualcóyotl es el único de nuestros antiguos poetas indios cuyos cantos cubren la casi totalidad de la temática náhuatl: indagaciones sobre la naturaleza y la función de la poesía, cantos de flores o de primavera, meditaciones sobre la relación del hombre con la divinidad, lamentos por la fugacidad de la vida y los deleites, cavilaciones sobre el Más Allá, elogios de guerreros y príncipes y aun profecías. Sin embargo, no hay un solo verso de amor o de erotismo entre los suyos ni un rasgo de humor ni de burlas, acaso porque estos temas se consideraban inadecuados para la gravedad que convenía al gobernante nahua.

Tenemos cierta información acerca de las circunstancias en que compuso algunos de sus cantos. Uno de los primeros puede ser el "Canto de la huida", que se refiere a las persecuciones que sufrió en su juventud, y podría fecharse hacia 1426, cuando contaba veinticuatro años. Muestra, en efecto, una rebeldía desesperada sin la reflexión más honda que tienen otros poemas:

> ¿Es verdad que nos alegramos,
> que vivimos sobre la tierra?
> No es cierto que vivimos
> y hemos venido a alegrarnos en la tierra.

> Todos así somos menesterosos.
> La amargura predice el destino
> aquí, al lado de la gente.[25]

Por las alusiones que contiene la segunda parte del "Poema de rememoración de héroes", en el que se recuerda con tristeza a Cuacuauhtzin y a Tezozomoctzin, puede presumirse que su composición sea posterior a 1443, fecha de la muerte más tardía del primero de estos personajes. La mención de Tezozomoctzin es simplemente la de un infortunado amigo, pero la de Cuacuauhtzin —cuya historia ya se ha relatado— sólo puede explicarla el arrepentimiento o la hipocresía, o ambos sentimientos más la inercia retórica que imponía recordar "con flores y con cantos" a los príncipes que se fueron.

Tenemos noticias precisas de la fecha y circunstancias de composición de los dos cantos-profecías de Nezahualcóyotl. El que se inicia "Ido que seas de esta presente vida a la otra" se cantó, dice Alva Ixtlilxóchitl, "en la fiesta y convites del estreno de sus grandes palacios", esto es, hacia 1443 o 1444. Y el que comienza "En tal año como éste [*Ce ácatl*]" es de 1467, cuando se concluyó la edificación en Tezcoco del templo a Huitzilopochtli cuya destrucción augura.[26]

Del canto mímico que dedicó a Moctezuma para darle ánimos en su enfermedad puede presumirse que sea de 1469, cuando enfermó, poco antes de su muerte, el señor de México. El propio Nezahualcóyotl tenía ya también entonces una edad avanzada. Probablemente, es uno de sus últimos poemas y es notable en él la descripción de la ciudad lacustre.

Las otras referencias que tenemos respecto a la composición de sus cantos son de carácter más general. La más importante, entre ellas, es de Alva Ixtlilxóchitl y dice que cuando Nezahualcóyotl fue a su bosque de Tetzcotzinco —hacia 1465— a hacer ayuno para pedir luces al dios no conocido, "compuso en su alabanza setenta y tantos cantos que el día de hoy se guardan, de mucha moralidad y sentencias, y con muy sublimes nombres y renombres propios a él".[27] Prescindiendo del número improbable y ateniéndonos a los poemas de espíritu religioso que de él conservamos, puede confirmarse que estos himnos y meditaciones sobre la naturaleza divina y su relación con el hombre exponen una doctrina que, sólo hasta cierto punto, es congruente con aquella búsqueda del dios no conocido que la fama le atribuye. Estos cantos, asimismo, son evidentemente obra de su madurez más reflexiva en que el filósofo va venciendo al poeta.

Del resto de los cantos de Nezahualcóyotl de los que no tenemos referencias circunstanciales —y que son principalmente sus variaciones sobre la poesía, sus "cantos de primavera" y algunos de los poemas en que medita sobre lo que pudiera llamarse su "sentimiento trágico de la vida"— podemos suponer que, en su conjunto, son de sus años de madurez. Los cantos de primavera debieron componerse para las festividades florales que presidía Xochiquétzal, y las variaciones sobre la poesía y los poemas más graves, para reuniones de cierta intimidad, con otros poetas, en las casas del canto y en las academias que existían en Tezcoco.

Respecto a la celebración de estas festividades florales, o baile de las flores y las mariposas, el padre Durán nos ha dejado una hermosa descripción:

El baile que ellos más gustaban era el que con aderezos de rosas se hacía, con las cuales se coronaban y cercaban. Para el cual baile en el *momoztli* principal del templo de su gran dios Huitzilopochtli hacían una casa de rosas y hacían unos árboles a mano, muy llenos de flores olorosas, a donde hacían sentar a la diosa Xochiquétzal. Mientras bailaban, descendían unos muchachos, vestidos todos como pájaros, y otros como mariposas, muy bien aderezados de plumas ricas, verdes y azules y coloradas y amarillas. Subíanse por estos árboles y andaban de rama en rama chupando el rocío de aquellas rosas.

Luego salían los dioses, vestidos cada uno con sus aderezos, como en los altares estaban, vistiendo indios a la mesma manera y, con sus cerbatanas en las manos, andaban a tirar a los pajaritos fingidos que andaban por los árboles. De donde salía la diosa de las rosas, que era Xochiquétzal, a recibirlos, y los tomaba de las manos y los hacía sentar junto a sí, haciéndoles mucha honra y acatamiento, como a tales dioses merecían... Éste era el más solemne baile que esta nación tenía.[28]

En los cantos de este tipo que compuso Nezahualcóyotl: "Ponte en pie, percute tu atabal", "Canto de primavera", "Comienza ya" y "El Árbol Florido", hay múltiples referencias a los pormenores de la fiesta: a la casa de flores, a los diversos pájaros que allí se representaban, a las sonajas, tambores y cascabeles que acompañaban el canto, y a los "cañutos de tabaco" y al "florido cacao con maíz" que parecen haber sido complementos de la fiesta en que "floridamente se alegran nuestros corazones":

¡En la casa de las flores comienza
el sartal de cantos floridos:
se entreteje: es tu corazón,
oh cantor!

Como lo dice esta estrofa, aquellas celebraciones debieron ser ocasión de que se presentaran, como a un concurso, los nuevos *xopancuícatl* y *xochicuícatl*, o cantos de primavera y de flores. Los poemas breves "de flores" que tenemos de Nezahualcóyotl —como "Poneos de pie", "Alegraos" y "Nos ataviamos, nos enriquecemos"— son evidentemente introducciones a fiestas florales o de cantos, invitaciones que de acuerdo con el uso retórico se dirigían a los poetas para que participaran.

FUNCIONES PÚBLICAS DE LA POESÍA

Respecto a la función general que tenía la poesía en la vida de los señores de Tezcoco, Pomar nos refiere que:

Tenía tiempo [el señor] para oír cantos, de que eran muy amigos, porque en ellos, como se ha dicho, se contenían muchas cosas de virtud, hechos y hazañas de personas ilustres y de sus pasados, con lo cual levantaban el ánimo a cosas grandes, y también tenían otros de contento y pasatiempo y de cosas de amores.[29]

La índole misma de los cantos nos indica que había diferentes ocasiones y lugares para cantarlos o representarlos y bailarlos: unos para las plazas públicas, para el *areito* popular con danza de multitudes, y otros para cantarse en las casas de canto, en la casa de las pinturas. No podría indicarse con certeza si alguno de los cantos de Nezahualcóyotl estuvo destinado a ser cantado y bailado en un gran *areito*.

Según Motolinía, estos festejos populares estaban organizados de la manera siguiente:

El día que habían de bailar, ponían luego por la mañana una gran estera en medio de la plaza a do se habían de poner los atabales, e todos se ataviaban e se ayuntaban en casa del señor, y de allí salían cantando y bailando. Unas veces, comenzaban los bailes por la mañana, y otras a hora de misas mayores. En la noche tornaban cantando al palacio, y allí daban fin al canto a prima noche o a gran rato de la noche andada y a la media noche.[30]

El señor y los principales iniciaban el baile. Se formaba un círculo o coro en torno a los atabales, y en medio y a la redonda se iba formando la danza en la que participaban hasta tres o cuatro mil danzantes. Unos silbos muy vivos indicaban el comienzo y luego tocaban los atabales en tono bajo que poco a poco iba aumentando su ritmo y su agudeza. El canto lo iniciaban dos maestros y luego todo el coro proseguía el canto y el baile. "Cada verso o copla repiten tres o cuatro veces, y van procediendo y diciendo su cantar bienaventurados", sigue explicándonos Motolinía. De tiempo en tiempo, los maestros indicaban un cambio de tono o de canto. Junto con los señores principales bailaban también muchachos y niños. Algunos iban disfrazados y otros tocaban en unas trompetas, flautillas y "huesezuelos". Y el acompasado rumor iba subiendo en la noche india:

Desde hora de vísperas hasta la noche, los cantos y bailes vanse avivando y alzando los tonos, y la sonada es más graciosa, y parece que llevan algún aire de los himnos que tienen su canto alegre, y los atabales también van más subiendo; y como la gente es mucha en cantidad, óyese gran trecho, en especial a do el aire lleva la voz y más de noche, que luego proveían de grandes lumbres y muchas, cierto era muy cosa de ver.[31]

Por esta descripción podemos colegir que debieron ser cantos muy simples y breves, fáciles de memorizar y de repetirse varias veces entre las grandes ondas de la danza, los que convenían a los *areitos.* Y en verdad, ninguno de los atribuidos a Nezahualcóyotl tiene estas características. El que dedicó a Moctezuma enfermo es de los que más se aproximan a este tipo, pero éste es un canto mímico, con la intervención de varios poetas y coro, y parece pedir una representación "de cámara", acaso en un patio interior de los palacios, pero sin la intervención de multitudes. Su aliento lírico, sus evocaciones históricas y el elogio que hace del esplendor de la ciudad podían ser disfrutados sólo por un público más limitado.

La mayoría de los cantos de Nezahualcóyotl son, en cambio, disquisiciones poéticas, reflexiones filosóficas e *iconocuícatl* o cantos de orfandad y angustia, cuya naturaleza íntima los hace adecuados para ser cantados, o acaso salmodiados, en esas especies de academias literarias que debieron ser las casas de canto o en la casa de las pinturas, ante otros poetas y sabios y a menudo en forma de concursos o diálogos.

Estos diálogos poéticos fueron una invención muy afortunada de la poesía náhuatl, sobre todo en cuanto se ajustaban a las condiciones especiales que tenía la poesía para estos pueblos: poesía espectáculo, para ser cantada siempre y, en ocasiones, bailada y representada. Los que compuso Nezahualcóyotl o se refieren a él, como "El Árbol Florido", "Poema de rememoración de héroes" y el "Canto a Nezahualcóyotl", eran, pues, perfectamente adecuados para esas reuniones de la amistad, la belleza y la sabiduría que honran la vida espiritual de aquellos pueblos. En los últimos años del siglo xv, después de la muerte de Nezahualcóyotl, este género se transforma de diálogo fingido en verdadera conversación entre poetas, como en el admirable "Diálogo de la flor y el canto", celebrado en casa de Tecayehuatzin y en el que varios poetas discurren acerca del significado y trascendencia de la poesía.

De varios recursos indirectos se sirve Nezahualcóyotl, y en general los poetas nahuas, para anunciar al público quién es el autor de los cantos. Como habitualmente no los cantaban sus autores sino cantores profesionales, eran necesarios recursos supletorios de identificación. Empleábanse para ello alusiones o epítetos como:

> Yo soy Nezahualcóyotl,
> soy el cantor,
> soy papagayo de gran cabeza,

o bien se incluían pasajes introductorios en que se invitaba a que inicie su canto:

el príncipe chichimeca,
el de Acolhuacan.

Es necesario reconocer que, al intentar ajustar los antiguos cantos nahuas a nuestras propias convenciones modernas de poemas fijos y cerrados, para leer y no para cantar y de autores determinados, los estamos forzando de alguna manera, inevitable por otra parte. Frecuentemente hay en los cantos ciertas confusiones —para nuestras propias ideas— que no pueden aclararse satisfactoriamente, como la alternación, en un mismo poema, de pasajes pronunciados por Nezahualcóyotl con otros dirigidos a él, y que nos hacen dudar acerca del autor del poema. Hay un caso, sin embargo, en que un problema de esta naturaleza puede ser aclarado tentativamente, y nos permite de paso advertir otro uso peculiar de la poesía náhuatl. El poema que comienza "He llegado aquí: soy Yoyontzin" aparece repetido, como índice de su popularidad, en las dos colecciones de cantos antiguos. Ahora bien, en la versión del *Ms. Cantares mexicanos* lleva añadida, al final, una hermosa estrofa que parece, en principio, continuación natural del poema, pero en la que se habla del poeta en tercera persona. La explicación de esta adición puede ser que la estrofa se compuso probablemente después de la muerte de Nezahualcóyotl, ya que en ella, de acuerdo con la idea religiosa de los nahuas, se dice que el poeta se convirtió en un "precioso pájaro rojo" que se alegra con las flores. Adiciones como éstas, que son muy frecuentes y no llevan ninguna indicación en los manuscritos originales, nos muestran la libertad acumulativa y asociativa que existía en esta poesía.

LA TRASMISIÓN DE LOS CANTOS

Precisar cómo se fijaron y conservaron, hasta su transcripción en caracteres latinos a fines del siglo XVI, los poemas de Nezahualcóyotl y en general de la poesía náhuatl es cuestión problemática. Tres historiadores antiguos nos dan las pocas luces que tenemos al respecto. Motolinía escribió que:

Estos indios de Anáhuac, en sus libros y manera de escritura, tenían escritos los vencimientos y victorias que de sus enemigos habían habido, y los cantares de ellos sabíanlos y solemnizábanlos con bailes y danzas, bendiciendo y confesando a sus demonios.[32]

Alva Ixtlilxóchitl, al enumerar las diferentes formas de la actividad intelectual que había en Tezcoco dice:

Y finalmente, los filósofos y sabios que tenían entre ellos, estaba a su cargo pintar todas las ciencias que sabían y alcanzaban, y enseñar de memoria todos los cantos que conservaban sus ciencias e historias.[33]

y Sahagún, en el pasaje ya citado a propósito de la enseñanza de los cantos que se realizaba en el *calmécac* dice, de manera que se presta a confusión, que los versos que los alumnos iban aprendiendo "estaban escritos en sus libros por caracteres".[34]

De acuerdo con estos testimonios, y como es posible comprobarlo en las obras de algunos de nuestros historiadores más antiguos, por medio de pictografías y glifos ideográficos se conservaron múltiples obras de carácter descriptivo y aun conceptual, y existía un sistema preciso de interpretación y lectura de estos códices, sistema que se trasmitía en el *calmécac*. En cuanto a los cantos, los tres textos citados hablan de memorización de ellos, pero Sahagún añade que estaban escritos. ¿Qué sentido deberá darse a esta expresión?

Debe recordarse, en principio, que Sahagún se refiere exclusivamente al aprendizaje de los "cantos divinos" y que, en este caso, las imágenes de los dioses y la representación simbólica de sus atributos, como las que conocemos en los códices, pudieron servir de apoyo gráfico a la memorización de los cantos. Son explicables, pues, estas funciones complementarias entre códice y canto, en el caso de los himnos, y acaso en el de ciertos poemas épico-narrativos. León-Portilla, apoyado en el siguiente pasaje de los textos de los indígenas informantes de Sahagún —pasaje que viene a ser como el testimonio inicial del que luego se sirvió el benemérito historiador:

> Se les enseñaba con esmero a hablar bien,
> se les enseñaban los cantares,
> los que se decían cantares divinos,
> siguiendo los códices.
> Y se les enseñaba también con cuidado
> la cuenta de los días,
> el libro de los sueños
> y el libro de los años.[35]

León-Portilla, decía, considera que a estos estudiantes del *calmécac* se les enseñaba a "cantar sus pinturas" y que "los cantares se aprendían 'siguiendo' a modo de lección o comentario el contenido de los códices".[36] Como antes se ha observado, este sistema complementario, audio-visual, existió sin duda para cierto tipo de cantos, pero no puede imaginarse cómo haya sido posible la representación de conceptos líricos o filosóficos. Así pues, en la situación actual de nuestros conocimientos acerca del mundo indígena, es forzoso concluir que poemas como los que compuso Nezahualcóyotl sólo se conservaban en la memoria y que, precisamente por ello, los indios celosos de sus tradiciones y de su cultura se apresuraron a consignarlos en caracteres latinos en cuanto aprendieron la escritura de los misioneros españoles.

2. La visión del mundo

El Dador de la Vida

En la poesía de Nezahualcóyotl, de manera general, domina el pensador sobre el imaginador, o el filósofo sobre el poeta. Creó algunos poemas memorables por su lirismo y su invención imaginativa, pero lo característico en él es su capacidad para concentrar sus meditaciones acerca de los tres grandes temas de su poesía: la divinidad, el destino del hombre y la poesía misma.

La poesía religiosa —o más bien, acerca de la divinidad— de Nezahualcóyotl es una de las manifestaciones más importantes de la cultura indígena, aunque no en cuanto anticipación del cristianismo, como intentó presentarla Alva Ixtlilxóchitl, sino por el rigor y la gravedad de su especulación intelectual. En efecto, con excepción de algunos himnos breves, que sí son una exaltación piadosa de los atributos de la divinidad, sus demás poemas de este grupo no son ya ni magia ni mística sino teología, razonamiento estricto y aun desnudo del habitual ropaje metafórico. Compárese, por ejemplo, alguno de los antiguos himnos sacros, alabanza propiciatoria y hermética, como en este fragmento del "Canto a la madre de los dioses":

> ¡Es nuestra madre, Mariposa de Obsidiana!
> Oh, veámosla:
> en las Nuevas Llanuras
> se nutrió con corazones de ciervos.
> ¡Es nuestra madre, la Reina de la Tierra![1]

con el siguiente pasaje de uno de sus cantos a la divinidad:

> Él es quien inventa las cosas,
> él es quien se inventa a sí mismo: Dios.
> Por todas partes es también venerado.
> Se busca su gloria, su fama en la Tierra.

> ["Nos enloquece el Dador de la Vida"]

La distancia de un texto a otro es la que va de la invocación mágica a la exposición intelectual, y nos permite apreciar la evo-

lución y la madurez que se había operado en los pueblos nahuas
y, singularmente, en una personalidad como Nezahualcóyotl.

En estas reflexiones sobre la naturaleza de la divinidad o acerca
del destino trágico que la divinidad ha impuesto a los hombres,
sorprende la desdeñosa objetividad con que se considera al dios.
Con excepción de los contados cantos que son una alabanza, lo
característico es esta consideración no predeterminada por la ado-
ración. Ya en un poema de juventud se preguntaba lleno de
rebeldía:

> ¿Obra desconsideradamente,
> vive, el que sostiene y eleva a los hombres?

> ["Canto de la huida"]

Acaso, a veces, lo mueva el temor; pero aun este sentimiento se
supera para dejar sólo una fría enumeración con cierto dejo
sarcástico:

> Dentro del cielo tú forjas tu designio.
> Lo decretarás: ¿acaso te hastíes
> y aquí nos escondas tu fama y tu gloria
> en la tierra?
> ¿Qué es lo que decretas?
> ¡Nadie es amigo del que da la vida!
> Él nos atormenta, él es quien nos mata.

> ["Dolor y amistad"]

Es el mismo helado sarcasmo ante el dios que volverá a la poesía
mexicana en un poema memorable:

> Pero aún más —porque en su cielo impío
> nada es tan cruel como este puro goce—
> somete a sus imágenes al fuego
> de especiosas torturas que imagina. . .

> [José Gorostiza, *Muerte sin fin*]

El fundamento crítico del pensamiento religioso de Nezahualcóyotl parte de una áspera reflexión sobre el conocimiento humano
y la acción de la divinidad: Se afirma —viene a decir en su
poema "¿Eres tú verdadero?"— que las cosas tangibles, terrestres,
no existen en realidad. Entonces, apostrofa a la divinidad, tú que
dominas todas las cosas y eres el Dador de la Vida, ¿eres verdade-

ro, existes realmente? Este contrasentido es una arbitrariedad del dios que atormenta nuestros corazones.

La doctrina orgánica acerca de su concepción de la divinidad y su relación con el hombre se encuentra en el poema más importante de este grupo, "Nos enloquece el Dador de la Vida". Su resumen conceptual puede ser el siguiente:

La casa del dios no puede encontrarse en un lugar determinado, puesto que lo invocamos y lo veneramos en todas partes.
Él dios es el inventor de todas las cosas y también de sí mismo. Quien llega a encontrar al Dador de la Vida sabe que no puede considerarse su amigo y que sólo puede invocarlo y vivir a su lado en la tierra.
Como si buscáramos a alguien entre las flores o quisiéramos encontrarlo por medio de cantos, así buscamos al dios Dador de la Vida. Pero él sólo nos embriaga en el breve tiempo que nos permite vivir a su lado, y en realidad no nos permite acercarnos a él ni tener éxito y reinar verdaderamente en la tierra.
Nuestro corazón sabe que sólo el dios puede cambiar las cosas.

Éste es el poema teológico de Nezahualcóyotl y el que merece representar sus concepciones religiosas en relación con la búsqueda del dios único y no conocido que se le atribuye. Dos son los atributos principales que menciona de la divinidad: *Moyocoyotzin,* que Garibay tradujo por "Sumo Árbitro" y León-Portilla por el "Inventor de Sí Mismo", e *Ipalnemohuani,* el "Dador de la Vida", ambas nociones procedentes de la antigua doctrina tolteca.[2] Las dos nuevas concepciones que introduce nuestro poeta son importantes. La primera, la de afirmar que "no en parte alguna puede estar la casa del inventor de sí mismo", esto es, que la divinidad no está en ninguna porque está en todas partes, que es omnipresente, tiene ciertamente una coincidencia con uno de los atributos del dios cristiano. La última, en cambio, parece sólo expresión de su escepticismo, de su frialdad crítica, cuando advierte que en verdad nadie puede considerarse amigo del Dador de la Vida, y que sólo podemos invocarlo y vivir como embriagados a su lado durante el corto tiempo que nos lo permite.

Los tres cantos que he llamado himnos breves añaden matices interesantes, y sobre todo de gran belleza lírica, a sus meditaciones religiosas. He aquí su resumen conceptual:

Yo estaba infeliz al lado de la gente porque tenía una sabiduría vana.
Deseaba la belleza de las flores y la poesía y ahora sé que solamente del Dador de la Vida vienen la felicidad y las realidades preciosas.

["Solamente él"]

Tu corazón y tu palabra, oh padre nuestro, son como las cosas más hermosas de la tierra. Tú compadeces al hombre que sólo un brevísimo instante está junto a ti en la tierra.

["Es un puro jade"]

Con tu piedad y con tu gracia, oh autor de la vida, puede vivirse en la tierra. Aquí se muestra tu gloria, aquí vuelas tú y te explayas como lucientes pájaros. Por eso éste es mi lugar, ésta es cabalmente mi casa y mi morada.

["Tú, ave azul..."]

En el primero de estos himnos hay una especie de rectificación a aquella actitud crítica y escéptica, para reconocer que solamente del Dador de la Vida viene la felicidad y la belleza. Y en el último, hay una reconciliación entre el Árbitro Sumo y su criatura que reconoce que:

Con tu piedad y con tu gracia
puede vivirse, oh autor de la vida, en la tierra,

y luego una emocionante afirmación de adhesión a esta tierra y a esta vida, excepcional en la poesía náhuatl:

de mi casa plena, de mi morada plena
el sitio es aquí.

Considerados los poemas religiosos más importantes de Nezahualcóyotl puede concluirse que es en realidad muy débil la anticipación que hay en ellos de un dios único. El poeta no hizo ya ciertamente himnos a las duras divinidades tribales de su pueblo y de su tiempo; prefirió indagar fría y lúcidamente las relaciones de la divinidad con el hombre y, cuando de su corazón surgieron himnos, fueron de dulzura y beatitud para un dios clemente, para el *Moyocoyani,* el "Inventor de Sí Mismo", para el *Ipalnemohuani,* el "Dador de la Vida", y para *In Tloque in Nahuaque,* el "Dueño del Cerca y del Junto", atributos de la divinidad que venían de los viejos toltecas a los que añadió matices importantes, mas a los que no puede atribuirse, sin embargo, una trascendencia mayor que la de su propia espiritualidad. Prescindiendo de esta relación artificial con concepciones extrañas, el pensamiento religioso de Netzahualcóyotl es admirable por la libertad y el rigor de su especulación y por haber logrado una síntesis audaz entre las concepciones toltecas y una actitud personal, humanista **y crítica.**

LA ANGUSTIA DEL MUNDO

Observaba Luis G. Urbina que la adustez del paisaje de la Mesa Central nos impregna el alma "de la hierática melancolía de nuestros padres colhuas" y añadía que "nos inclinamos incesantemente a melancolizar nuestras emociones" y "perfumamos regocijos y penas con un grano de copal del sahumerio tolteca".[3] Esta persistente tristeza india ya humedecía con singular intensidad la antigua poesía náhuatl. Domina en ella, en efecto, una visión desesperanzada de la vida, obsesionada por la condición prestada y transitoria de cuanto aquí tenemos y por la punzante presencia de una muerte que nunca llega a olvidarse. Los cantos que compuso Nezahualcóyotl dentro de esta corriente parecen no sólo seguirla sino acaso condensarla, darle uno de sus vasos más justos, en cuanto son testimonio entrañable de su propia visión del mundo.

Nuestra vida —había expresado en uno de sus primeros cantos que daban salida a su angustia de perseguido— no es verdadera, no hemos venido aquí para tener alegría. Todos somos menesterosos y la amargura rige nuestro destino. Y en varios cantos breves volvía una y otra vez a este pesimismo radical. Nunca veremos —decía— terminar la amargura, la angustia del mundo: sólo hemos venido aquí para vivir angustia y dolor. Ésta no es "nuestra casa de hombres", es una tierra prestada que pronto nos es preciso abandonar.

Mas, además de estos sollozos aislados, lo que pudiera llamarse su sentimiento trágico de la vida tuvo también una expresión orgánica en un poema admirable: "Como una pintura nos iremos borrando", poema paralelo a aquel otro mayor, "Nos enloquece el Dador de la Vida" en que expresa su concepto de la divinidad. El símil básico en que se apoya este poema es un hallazgo muy expresivo: la vida le parece a Nezahualcóyotl semejante a los libros pintados y el Dador de la Vida actúa con los hombres como el *tlacuilo* que pinta y colorea las figuras para darles vida. Pero al igual que en los libros, también los hombres van siendo consumidos por el tiempo:

> Como una pintura
> nos iremos borrando,
> como una flor
> hemos de secarnos
> sobre la tierra,
> cual ropaje de plumas

del quetzal, del zacuan
del azulejo, iremos pereciendo.
Iremos a su casa;

nada puede hacerse contra ello, todos pereceremos, de cuatro en cuatro, y esta vida fingida del libro que la divinidad pinta y borra caprichosamente es nuestra única posibilidad de existencia. Piensa el poeta en los que están ya en el interior de la casa de la muerte y percibe, en uno de los pasajes, y traducción del padre Garibay, más conmovedores de la antigua poesía mexicana que:

Llegó hasta acá,
anda ondulando la tristeza
de los que viven ya en el interior de ella,

por ello —nos dice el poeta— no lloremos en vano a los guerreros y a los príncipes que desaparecen. Aunque fuésemos cosa aún más preciada, pronto iremos con ellos al lugar de los descorporizados, hasta que no quede ya en el libro figura alguna.

La melancólica reflexión parece continuarse en otro canto importante, "Dolor y amistad", en el que interroga a la divinidad acerca de la condición humana. En la tierra —cavila el poeta— no vivimos con alegría, pero esto nos basta; todos padecemos y andamos unidos por la angustia, ¿para qué entonces atormentarnos y darnos muerte? Sin embargo, a pesar de esta condición precaria de nuestra existencia, es necesario vivir siempre plenamente en la tierra.

Esta afirmación desesperada de la vida, a pesar de su angustia y su brevedad, se reitera en un hermoso poema breve de Nezahualcóyotl:

¡En buen tiempo vinimos a vivir,
hemos venido en tiempo primaveral!
¡Instante brevísimo, oh amigos!
¡Aun así tan breve, que se viva!

["¡En buen tiempo!"]

La amarga reflexión sobre la naturaleza de la vida humana, las imágenes de los libros que la muerte borra, los caprichos de la divinidad que nos atormenta se superan al afirmar que es hermoso nuestro tiempo y al mostrarse decidido a vivir la vida breve que nos es dada.

El destino del hombre después de la muerte preocupaba mucho

a Nezahualcóyotl. Exaltado por la alegría que dan al alma las flores del canto le es preciso reconocer que:

las flores, los cantos
solamente aquí perduran.

¿Qué habrá entonces después de la muerte? ¿Habrá allá una vida? ¿No habrá allá ni tristeza ni recuerdos? ¿También habrá allá una casa y una vida para nosotros? Sólo preguntas cierran el hermoso poema "Los cantos son nuestro atavío". En efecto, nunca llegó a concretarse en la poesía y en la sabiduría náhuatl la idea de otra vida después de la muerte. A veces se dice que los muertos van al *Quenamican* o *Quenonamican,* o sea al "Sitio en donde de alguna manera se sigue existiendo", o al *Tocenchan,* "Nuestra universal y definitiva casa", aunque la expresión que con más frecuencia se emplea es de que se han ido al *Ximoayan, Ximoan* o *Ximohua-yan,* "en donde están los descarnados o los descorporizados", nos explica Garibay.[4] Aun dentro de las doctrinas toltecas, después de la transformación de los guerreros muertos en pájaros o mariposas que hacen cortejo al sol, seguía una aniquilación definitiva. No hay, pues, en la poesía de Nezahualcóyotl, como no hay tampoco en toda la poesía náhuatl, indicios de la posibilidad de un alma que nos sobrevive después de la muerte ni tampoco expresiones que confirmen aquella declaración que le atribuye Alva Ixtlilxóchitl, según la cual "había gloria adonde iban los justos e infierno para los malos".[5] Los antiguos poetas nahuas no concebían respecto al Más Allá ni "temores ni esperanzas", como en el verso de Ignacio Ramírez, y ese futuro cegado era acaso una de las raíces de su angustia.

3. La invención poética

En un hermoso poema de Chalco, llamado "Un recuerdo del Tlalocan", un poeta pregunta a los sacerdotes:

> ¿De dónde provienen las flores que embriagan al hombre?
> ¿El canto que embriaga, el hermoso canto?

Y recibe esta respuesta:

> Sólo provienen de su casa, del interior del cielo,
> sólo de allá vienen las variadas flores...
> Donde el agua de flores se extiende,
> la fragante belleza de la flor se refina con negras, verdicientes
> flores y se entrelaza, se entreteje:
> dentro de ellas canta, dentro de ellas gorjea el ave quetzal.[1]

Nezahualcóyotl sigue también esta doctrina sobre el origen divino de la poesía, pero congruente con su preocupación por precisar y humanizar conceptos la enriquece considerablemente. Las flores, los cantos —dice en su poema "Con flores negras, veteadas de oro"—, son un préstamo de la divinidad. Ellas nos permiten darnos a conocer, manifestarnos y engalanarnos aquí, pero sólo aquí en la tierra y por breve tiempo. Luego las flores y los cantos vuelven a la casa de la divinidad, al lugar de los descarnados. Y en otro poema —"Cual joyeles abren sus capullos"— completa su pensamiento: ¡Si pudiéramos llevarnos a su casa, después de la muerte, las flores y los cantos! Pero sabemos que eso es imposible. El viaje, al sitio del misterio, "allá donde vamos" es definitivo y sin regreso.

Los cantos son, pues, un don de la divinidad que sólo podemos disfrutar mientras estamos en la tierra, pero gracias a ellos podemos darnos a conocer, manifestarnos. En los poemas de tema guerrero de la poesía náhuatl es frecuente esta idea, que parece haber sido importante: el guerrero se da a conocer, es decir, muestra su verdadero temple humano, y agrada al dios, luchando, apresando cautivos y, sobre todo, muriendo a filo de obsidiana: ofrendándose él mismo como sacrificio para alimentar con su sangre a la divinidad terrible. Y es interesante observar que en los tres breves cantos guerreros que tenemos de Nezahualcóyotl, que deben ser obra de su juventud y en cierta manera tributo obligado a la realidad política que vivía y a las modas dominantes, llega también él a este tópico —que tan reveladoramente asocia la función de los cantos con la del sacrificio— pero sólo para romper la retórica establecida con un rasgo inusitado que muestra sus propias preocupaciones al preguntarse si:

> ¿Acaso en verdad
> es lugar de darse a conocer
> el sitio del misterio?

esto es: ¿no sería acaso preferible darse a conocer aquí mismo en la tierra? Así lo cree el poeta, y para él:

> ¡Ah, solamente aquí en la tierra:
> con flores se da uno a conocer,
> con flores se manifiesta uno,
> oh amigo mío!

> ["Con flores negras veteadas de oro"]

la belleza, la búsqueda intelectual de lo verdadero y no la muerte es el camino real para manifestarnos, para ser plenamente aquí en la tierra. Los cantos, además, nos cautivan hasta la enajenación o hasta el rapto místico, aunque este gozo sea tan breve que no hace desaparecer nuestra tristeza. Y pronto no es preciso devolver el préstamo divino "al lugar de los sin cuerpo", que es también la casa de la divinidad.

Un nuevo desarrollo de su doctrina poética se encuentra en sus meditaciones acerca de la realidad y la fragilidad de la poesía. En un pequeño canto o fragmento que comienza "Nos ataviamos, nos enriquecemos", nos ofrece una condensada teoría poética acerca de la verdad, de la realidad de la poesía. Cantos y flores, dice, son nuestra gala y nuestra riqueza; son el reverdecer, la primavera de la vida:

> Por fin lo comprende mi corazón:
> escucho un canto,
> contemplo una flor. . .
> ¡ojalá no se marchiten!²

Es feliz porque puede disfrutar la belleza y la primavera de esta tierra. Los cantos son verdaderos por la alegría que nos dan y porque nos entreabren el misterio de nuestra existencia y nos ofrecen la posibilidad de un conocimiento trascendente. Pero ¿cómo hacerlos duraderos a pesar de su fragilidad? El poeta no puede comprender por qué, a pesar de que sepamos que nadie puede agotar su riqueza antes de morir, sea preciso abandonar también la belleza:

Con cantos nos alegramos,
nos ataviamos con flores aquí.
¿En verdad lo comprende nuestro corazón?
¡Eso hemos de dejarlo al irnos:
por eso lloro, me pongo triste!

["Los cantos son nuestro atavío"]

Nada sabemos, en verdad, del Más Allá, si "allá" también podrá ser la casa nuestra y si "allá" podrán perdurar los lazos de amistad con flores y cantos que aquí nos han unido. Que puede haber una posibilidad de que flores y cantos "no mueran del todo" y con su perduración salven la esperanza del hombre, lo dijo en este pasaje:

No acabarán mis flores,
no acabarán mis cantos:
yo los elevo: soy un cantor.
Se esparcen, se derraman,
amarillecen las flores:
son llevadas al interior de lo dorado.

["El Árbol Florido"]

Además de estas doctrinas sobre el origen, la naturaleza y la trascendencia de la poesía, los nahuas reflexionaron también sobre los propósitos sociales y religiosos de los cantos. En uno de los textos de los *Informantes de Sahagún* se dice:

Oíd, éste es vuestro oficio:
cuidad del tambor y la sonaja:
despertaréis al pueblo, y daréis placer al Dueño del Universo.
Por este medio buscaréis el designio de su interior y lo tendréis
a vuestra disposición. Ésta es la forma de pedir y buscar al Señor.[3]

Se expresan aquí, principalmente, los fines que persiguen los cantos como himno u oración, los cantos para alabar, interpretar y pedir mercedes a la divinidad, pero se menciona también un propósito social: con vuestros cantos, se dice a los poetas, "despertaréis al pueblo", en el sentido de exaltarlo a emular los hechos heroicos que se narran en los cantos. Así lo expone este pasaje de la *Relación* de Pomar:

Demás de que en los cantos y bailes públicos lo que se cantaba era de cosas de hechos notables que hicieron hombres, pasados o presentes, o cosas que los buenos eran obligados a hacer. Y esto se cantaba con tales palabras y compostura que movían los ánimos de ellos a hacer lo mismo y ponerlo por obra, en ofreciéndose ocasión.[4]

Los cantos que escribió Nezahualcóyotl acaso no pudieran ajustarse del todo a estas misiones de incitación a la virtud pública. Su fuerte no era la narración de sagas guerreras o mitológicas sino una poesía más íntima y conturbadora, así no fuera para muchos. Sin embargo, para los antiguos nahuas el mundo de la poesía parece haber tenido una función mucho más persuasiva y consoladora de lo que hoy es para nosotros, si algo es. Dos anécdotas lo confirman. Recogió la primera Torquemada y en ella podemos advertir la fuerza que tenía la poesía para aquellos pueblos. El señor de Otumba, yerno de Nezahualcóyotl, acusado de cierto delito fue penado con la muerte y había pasado ya cuatro años prisionero. El señor de Tezcoco mandó que se le trajera al condenado, y éste, pensando que llegaba su hora, "fue por el camino componiendo un canto, porque era gran poeta, en el cual representaba su inocencia y engrandecía la misericordia del rey. Y cuando iba llegando a su presencia, lo comenzó a cantar, de que gustó mucho Nezahualcóyotl, porque también lo era y componía muy elegantemente". El canto no sólo complació al rey poeta sino que lo persuadió de la inocencia del culpado y movió su justicia para dejarlo libre y hacerle mercedes.[5]

La última anécdota la consigna Bustamante y nos muestra tanto la supervivencia de los cantos de Nezahualcóyotl, aproximadamente un siglo y medio después de su muerte, en la memoria de su pueblo, como la tristeza y la miseria que llegó para los indios con la Conquista:

Viniendo don Fernando de Alva Ixtlilxóchitl de Tlalmanalco, de donde era gobernador, a México, enfrentó a don Juan de Aguilar, indio gobernador de Cuauhtépec en la provincia de Tezcoco, cerca del pueblo de Cuauhtlinchan: venía a pie y le acompañaban catorce o quince indios cargados de comida para que los españoles los repartiesen en Tacuba: sus criados le traían el caballo, y todos venían llorando y cantando al mismo tiempo en tono lúgubre. Paróse sorprendido Alva para contemplar aquel tierno espectáculo, y oyó que endechaban una canción del rey Nezahualcóyotl. Aguilar satisfizo su curiosidad diciéndole:

"¿De qué te espantas, nieto mío? ¿No sabes que estos que vienen aquí conmigo cargados como *tapixques* [criados inferiores] son herederos y descendientes del rey Nezahualcóyotl, y que su desdicha ha llegado a tal punto, que van a ser repartidos en Tacuba como villanos ruines?.. Yo les voy aquí consolando con traerles a la memoria lo que dejó escrito en sus cantos aquel gran rey [Nezahualcóyotl].[6]

EL LENGUAJE METAFÓRICO

Las circunstancias peculiares en que se da la antigua poesía náhuatl: sus procedimientos de composición, fijación y trasmisión; sus funciones ceremoniales y sociales y no de expresión individual y privada; el formar un acervo en el que es aleatorio atribuir con plena certeza las obras de los autores conocidos, tanto como determinar un proceso evolutivo y una modificación formal en diferentes etapas, obligan al investigador de un poeta como Nezahualcóyotl a prescindir de la mayor parte de las indagaciones y métodos habituales en los estudios literarios para irse conformando, en cambio, a la naturaleza propia de la obra y de sus circunstancias históricas, allegándole las informaciones y esclarecimientos disponibles que ayudan a comprender el ambiente y la visión del mundo del poeta. Pero además de considerar la obra como parte de una cultura y de una historia, y tratar de establecer hasta qué punto continúa o rompe las tradiciones existentes, actúa sobre su tiempo y crea nuevos modelos formales y espirituales; y además de sacar a luz la elaboración interior e intentar desatar las significaciones evidentes y las oscuras, ya que es de un poeta del que se trata, es necesario también considerar el lenguaje con que crea la poesía. Ante la imposibilidad de juzgar directamente ese lenguaje en su original náhuatl, el acceso a esa poesía tiene que depender de las admirables traducciones de Ángel María Garibay K. y de Miguel León-Portilla. Ciertamente podemos confiar en la competencia filológica y en el rigor de las interpretaciones de significados y correspondencias que sus versiones nos ofrecen. Pero si además de disfrutar la poesía intentamos el análisis del lenguaje poético, nunca podremos cuestionar esa poesía por el sentido de tal palabra o giro ni estar seguros de que el verso que nos conmueve o el desmayo que lamentamos sean imputables estrictamente al autor o al traductor. De ahí que cada vez que se ha celebrado la belleza de un verso o de un pasaje se haya mencionado también la intervención de su coautor traductor, y de ahí que, para considerar la elaboración interior de la poesía de Nezahualcóyotl, nos sea preciso reducirnos a algunas observaciones acerca del lenguaje metafórico.

Así como en las expresiones plásticas del arte indígena, y particularmente en las pinturas de los códices y en los relieves escultóricos, es característica su capacidad de abstracción simbólica, mediante la cual volúmenes, colores, figuras y posiciones implican siempre la representación condensada y entrelazada de atributos o acciones de un concepto mítico, en la poesía náhuatl opera también el mismo procedimiento mental. Sin embargo, mientras que el carácter inmutable de las expresiones plásticas determina el uso de símbolos, la condición fluente de las expresiones verbales permite el juego más libre de un lenguaje alegórico y metafórico. A Huitzilopochtli, representación del sol diurno, se le asocia con el cielo azul y por ello, en sus representaciones simbólicas plásticas, azules son la mayor parte de sus emblemas: está sentado en un escaño azul para representar que está en el cielo, lleva la cara pintada de azul y ornamentos azules, aunque en la mano izquierda lleva una rodela blanca, con plumones blancos y amarillos.[7] En cambio, en la poesía náhuatl, Huitzilopochtli es "el ave garza azul", "la garza preciosa", "el ave del dardo", "el colibrí" o "el águila", jugando con cierta libertad con una serie de asociaciones: sol diurno = cielo azul = aves preciosas azules = aves preciosas.

La antigua poesía náhuatl, en su conjunto, tiene muchas semejanzas de procedimientos con la poesía épica primitiva y singularmente con la poesía homérica: ambas son poesías orales, compuestas también oralmente por poetas o bardos que no conocían la escritura, y que recitaban o cantaban para un auditorio. Y aun se asemejan también en algunas de sus características formales: la repetición de frases, versos o estrofas y de un repertorio de epítetos constantes como medio para facilitar la memorización de los cantos y para fijar la atención del auditorio.[8]

Las metáforas y epítetos empleados en la poesía náhuatl son también un recurso para la memorización y la atención, para evitar la repetición monótona de lo significado y, sobre todo, son

la sustancia misma del lenguaje poético. Toda poesía es, en mayor
o menor grado, un juego mágico y una búsqueda en el bosque de
las asociaciones y las correspondencias. Pero la libertad, la imaginación y aun la arbitrariedad con que se sigue el juego parecen
ser un buen índice que nos ayuda a apreciar la edad mental y las
peculiaridades internas de esa poesía. He aquí un inventario ten-
tativo de las metáforas y epítetos más frecuentes en la poesía
náhuatl que nos permitirá considerar en conjunto algunas características de este lenguaje poético, y en particular el de Nezahualcóyotl. Van primero los dioses y los cielos, luego el mundo
natural, las batallas y los sacrificios y, al fin, lo relativo a la poesía. Las metáforas y epítetos que son empleados por Nezahualcóyotl van precedidos de un asterisco:

METÁFORAS Y EPÍTETOS DE LA POESÍA NÁHUATL

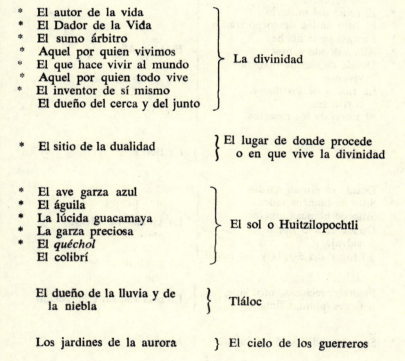

* El autor de la vida
* El Dador de la Vida
* El sumo árbitro
* Aquel por quien vivimos
* El que hace vivir al mundo
* Aquel por quien todo vive
* El inventor de sí mismo
  El dueño del cerca y del junto
} La divinidad

* El sitio de la dualidad
} El lugar de donde procede
o en que vive la divinidad

* El ave garza azul
* El águila
* La lúcida guacamaya
* La garza preciosa
* El *quéchol*
  El colibrí
} El sol o Huitzilopochtli

El dueño de la lluvia y de
la niebla
} Tláloc

Los jardines de la aurora
} El cielo de los guerreros

Donde reside la lluvia y la niebla} El Tlalocan

* El árbol florido ⎫ Centro ideal del Tlalocan
  Donde está el árbol ⎬ o lugar de reunión de poetas
  floreciente ⎭ vivos y muertos

  La casa de la vida ⎫
  La región de donde ⎮
  provenimos ⎮
  La casa que buscamos ⎬ Tamoanchan
  Donde se crían los hijos ⎮
  de los hombres ⎮
  Donde las casas se hallan ⎮
  a la ribera del agua ⎭

* El lugar de los despojados ⎫
  de su carne ⎮
* El reino del misterio ⎮
* El sitio de los descorporizados ⎮
* La casa de la noche ⎬ El Más Allá
* Allá a donde vamos ⎮
* Donde de alguna manera ⎮
  vivimos ⎮
* La ribera de las nueve ⎮
  corrientes ⎮
  El reino de los muertos ⎭

* El tigre } La tierra

  Donde se pintan dardos ⎫
* Sitio de blancos sauces ⎮
* Sitio de blancas juncias ⎬ La ciudad de México
  Donde está el nopal ⎮
  salvaje ⎮
  El lugar del águila y del nopal ⎭

* Piedras preciosas, oro, jade, ⎫ Lo más valioso y apreciado
  flores, plumas finas ⎭

* Seré fundido, seré perforado } Moriré

El ardor de la hoguera
La rotura de los escudos
El canto de los escudos
Pintarse dardos y escudos
En la orilla del agua
La unión de escudos
    y flámulas
Repercuten los escudos
* Polvo de escudos
* Niebla de dardos
* Cerca de la hoguera
Espumea y ondula la hoguera
Se difunde el humo de los
    escudos
Flores del corazón en la llanura
Se tiende el polvo entre los   La batalla
    cascabeles
Vienen a dar fragancia las
    flores olientes de los tigres
Se matiza y se estremece la
    flor de la batalla
Donde se quiebran y hacen
    añicos los príncipes
Donde se brinda el divino licor
Donde se matizan las divinas
    águilas
Donde rugen de rabia los tigres
Donde llueven las variadas
    piedras preciosas
Donde ondulan los ricos
    colgajos de plumas finas

Me embriago con flores
    de guerra   El ardor guerrero

* El quetzal
* El rojo *quéchol*
El precioso pájaro rojo   El guerrero muerto
Las mariposas

Flores de guerra
Flores del águila
Flor de la batalla   El prisionero o el cautivo
Flores del escudo
La preciada flor del tigre

Agua divina Licor divino y precioso Las flores de la vida Las flores del rojo néctar El agua sagrada de la hoguera El licor de las flores	} La sangre
Greda y pluma fina	} La víctima para el sacrificio
* Águilas y Tigres	} Los guerreros caballeros del Sol
Flor de papel	} Insignia de dioses o de sacrificados
* Florida muerte a filo de obsidiana	} Muerte en la guerra
Las flores del dios La flor del corazón	} Los corazones humanos
* Flores * Sartal de flores	} Poemas o cantos
* El tambor y la sonaja El florido atabal o los enflorados atabales	} Símbolos de la poesía o del acompañamiento del canto
* Estoy embriagado	} Enajenación que produce la poesía
El pájaro cascabel * El papagayo de gran cabeza	} El poeta
* Las flores enhiestas * El resplandor de una ajorca	} La belleza del canto

La casa de las flores	
La enramada de preciosas flores	
El patio florido	
Estera de flores	El patio, la enramada o la
* La casa del musgo acuático	casa para los cantos
* La casa de la primavera	
* La morada del canto	
Casa de esmeraldas	

Perforo una esmeralda, fundo oro	Compongo un canto

Lo primero que llama la atención en este rico inventario es que sus imágenes proceden en su mayor parte del mundo natural: águilas y tigres, variados pájaros y plumajes, flores y plantas, oro y jades, fuego y agua; y en menor número aluden a creaciones del hombre: arreos guerreros e instrumentos musicales. Las imágenes aparecen entrelazándose en torno a los mitos fundamentales de la cosmovisión nahua-azteca, por lo que podrían agruparse en varias secciones: las relacionadas con especulaciones sobre la divinidad y el Más Allá; las que se refieren al sol-Huitzilopochtli, a la guerra y a los sacrificios rituales con su atroz cortejo de sacrificados, corazones y sangre, transformados en sus significaciones místicas y, en fin, las imágenes relativas a la poesía y a los cantos, como flores y fiestas de la amistad y de la belleza. El amor no tenía lugar en lo que conocemos de esta poesía.

Desde el punto de vista de la función poética, este lenguaje imaginativo opera, para la mayor parte de la poesía náhuatl de las dos grandes colecciones antiguas, como un fondo común que, casi sin variaciones, todos los poetas aprovechan. Este curioso procedimiento se asemeja hasta cierto punto al que han seguido otros poetas primitivos. En la antigua literatura germánica, hacia principios del siglo XIII, los poetas llamados escaldos, en su mayor parte islandeses, concibieron un procedimiento metafórico que no se basaba en mecanismos asociativos libres sino que establecían por anticipado el juego. A estas metáforas-monedas les llamaron *kenningar,* las cuales, como expuso Jorge Luis Borges,[9] debían "ser estudiadas en fila por los aprendices del *skald* pero no eran propuestas al auditorio de un modo esquemático, sino entre la agitación de los versos". Ostentan una vastedad y una agitada y ruda emoción que hacen presumible la poderosa alegría, el espeso humor o el primitivo goce verbal que las engendraron. He aquí sólo una muestra de su efecto poético y de su significado:

El aniquilador de la prole de los gigantes
quebró al fuerte bisonte de la pradera de la gaviota.

Así, los dioses, mientras el guardián de la campana se lamentaba, destrozaron el halcón de la ribera.
Al caballo que corre por arrecifes
de poco le valió Jesucristo.

"El aniquilador de las crías de los gigantes —explica Borges— es el rojizo Thor. El guardián de las campanas es un ministro de la nueva fe, según su atributo. El bisonte del prado de la gaviota, el halcón de la ribera y el caballo que corre por arrecifes no son tres animales irregulares, sino una sola nave maltrecha. De estas penosas ecuaciones sintácticas la primera es de segundo grado, puesto que la pradera de la gaviota ya es un *kenning* del mar. . ."

Nuestro inventario metafórico náhuatl se asemeja a los *kenningar* de los rudos escaldos sólo en la tendencia de ambos a la repetición casi invariable —y acaso en la afición de ambos pueblos por la guerra—; pero, por contraste, la comparación nos permite advertir otras características. Mientras que las metáforas islandesas —de un pueblo de marinos batalladores y apenas cristianizados— muestran predilección por el carácter funcional y una mayor aptitud para denunciar el movimiento o el uso de los objetos antes que su figura, en las metáforas y epítetos nahuas hay una tendencia dominante a la visión mítico-religiosa. En lugar de la visión dinámica y operacional de los nórdicos, en las imágenes nahuas la realidad tangible, las acciones humanas y los seres míticos se muestran sólo a través de sus significaciones o funciones religiosas: flores (para agradar al dios) = cantos; donde se brinda el divino licor (la sangre para alimentar al dios) = la batalla; greda y pluma fina (a la víctima se la rayaba con greda o tiza y se le ponían plumas blancas, como signo de su consagración al sol) = la víctima para el sacrificio. Excepcionalmente, hay algunas metáforas sólo descriptivas del movimiento o de la acción, como estas del reveladoramente más rico de los repertorios, el de imágenes de la batalla: polvo de escudos, el canto de los escudos y niebla de dardos —que por cierto son algunas de las que emplea Nezahualcóyotl—; y otras más que sólo aluden a objetos o decoraciones característicos: el tambor y la sonaja o los enflorados atabales = símbolos de la poesía o del acompañamiento del canto;

o el patio florido o la casa de esmeraldas = el lugar para los cantos. Pero aun estas menciones circunstanciales no excluyen la significación religiosa implícita de los sujetos.

Teniendo en cuenta que el mundo natural que aparece en estas metáforas existe sólo como un escenario o una representación simbólica de la divinidad, ésta es una poesía sólo terrestre —adusta como el paisaje de donde nace—, humedecida apenas por breves imágenes lacustres y por la denominación de Tláloc: "dueño de la lluvia y de la niebla", pero sin mar. Sólo en un extraño poema [10] se habla del mar incidentalmente como morada del canto, lugar del origen de Tláloc, aunque éste una vez más sólo sea un mar mítico.

Lo que los sentidos trasmiten al hombre del México antiguo —explicaba Paul Westheim— es apariencia, cosa problemática, susceptible de diversa interpretación. La interpretación mítica no se limita al aspecto físico, sino que se basa en las representaciones cósmicas del hombre... La apariencia física no es sino disfraz, fachada tras la cual se extiende la verdadera naturaleza. Penetrar hasta ella, detectarla, hacerla patente es el sentido del pensamiento y la misión del arte.[11]

En la visión del mundo nahua perceptible en estas metáforas no es posible, pues, separar un mundo natural, un mundo cultural y un mundo religioso-mítico, porque sólo existe, dominante y total, la visión religiosa-mítica, signos y metáforas del mundo visible e invisible que substituyen, transfigurándolas, a las cosas aludidas.

Antes se ha señalado que en la poesía náhuatl puede advertirse una evolución que va transformando la poesía de expresión colectiva y de fórmulas herméticas —como aparece en los himnos sacros— en una poesía de carácter personal, cuyo lenguaje también comienza a individualizarse, y que Nezahualcóyotl es el poeta que en muchos sentidos va más adelante en esta nueva tendencia. También en el campo del lenguaje metafórico es visible esta evolución. En cuanto van individualizándose los poetas, paradójicamente, se sirven menos de ese repertorio establecido y de significación religiosa predominante, y van dando, en cambio, un desarrollo mayor al lenguaje dentro de sus propias características mentales.

Si observamos las metáforas y epítetos que con más frecuencia emplea Nezahualcóyotl, dentro del repertorio general, notaremos, en principio, un empobrecimiento o bien un uso considerablemente discriminativo de ese lenguaje. Esta limitación actúa principalmente sobre los repertorios relacionados con la guerra.

Del más amplio de todos, el de imágenes de la batalla, Nezahualcóyotl repite sólo tres de las veintidós totales —las puramen-
te descriptivas y no de significado mítico, como ya se apuntó—,
y no usa ninguna de las alusiones a la sangre-licor divino, al
cautivo y a los corazones humanos. Emplea con discreción aun
las imágenes relacionadas con la poesía y, denunciando con ello
sus preocupaciones más hondas, se sirve, y acaso impone, de
todos los epítetos relacionados con la divinidad y de los que expresan la incertidumbre frente al Más Allá.

Esta comparación del lenguaje metafórico común con el particular de Nezahualcóyotl permite confirmar las reservas que el
poeta tiene, tanto de índole retórica como religiosa. Elude cuanto
está relacionado con la concepción místico-guerrera dominante
en su tiempo, y elude también el uso indiscriminado del repertorio imaginativo. Mas, al mismo tiempo, desarrolla su lenguaje
en otras direcciones que expresan sus propias convicciones y su
temperamento. El primero de estos enriquecimientos es el de la
descripción de la naturaleza, tan rara en la poesía náhuatl. Ya se
ha mencionado la hermosa descripción de la ciudad de México,
en el canto dedicado al primer Moctezuma, que es una sucesión
de espléndidas imágenes visuales —traducidas magistralmente por
el padre Garibay— y como transfiguradas por las alusiones históricas y mitológicas. Es una estampa de mágica belleza que revela
la madurez de un poeta:

> Flores de luz erguidas abren sus corolas
> donde se tiende el musgo acuático, aquí en México,
> plácidamente están ensanchándose,
> y en medio del musgo y de los matices
> está tendida la ciudad de Tenochtitlan:
> la extiende y la hace florecer el dios:
> tiene sus ojos fijos en un sitio como éste,
> los tiene fijos en medio del lago.
>
> Columnas de turquesas se hicieron aquí,
> en el inmenso lago se hicieron columnas.
> Es el dios que sustenta la ciudad,
> y lleva en sus brazos a Anáhuac en la inmensa laguna.
> Flores preciosas hay en vuestras manos,
> con sauces de quetzal habéis rociado la ciudad,
> y por todo el cerco, y por todo el día...

Otro sentido en el que Nezahualcóyotl enriquece el lenguaje
que le es propio es en el razonamiento conceptual. Sus cantos

acerca de la divinidad se oponen radicalmente, tanto por su actitud mental de reflexión no exenta de ironía, como por su renuncia casi total al lenguaje imaginativo, a la corriente general de religiosidad implícita y a la retórica propia de los himnos sacros.

Con sus cantos de angustia y de orfandad —como tan justamente se los llamaba— ocurre algo semejante, es decir, que constituyen dominios en que su poesía manifiesta una expresión entrañable, de emoción punzante, casi sin imágenes y sólo con la insistencia de temas obsesivos: ésta no es nuestra casa, no es verdadera nuestra vida en la tierra, sólo estamos aquí por un breve momento, sólo hemos venido a vivir angustia y dolor, pronto nos iremos al lugar del misterio... Sin embargo, estos temas y esta emoción no son exclusivos de Nezahualcóyotl —ya que se dirían el tono distintivo de la poesía náhuatl de la época representada en los dos manuscritos principales que nos la conservan— y como si la naciente individualización de los poetas se manifestara fundamentalmente en esta angustia. ¿Qué podrá explicarla, además de la vocación y el mimetismo de que hablaba Urbina? En aquel bosque de símbolos de una mitología omnipresente, en que les era forzoso vivir y expresarse, y en que el mar no era mar, ni la tierra tierra, ni el sol sol, ni el tigre tigre, ni las flores flores, sino que todo era disfraces de la divinidad; dentro de aquella concepción místico-guerrera que los dominaba, y en la que les era preciso aceptar con alegría que la plenitud del hombre se manifiesta con la muerte en guerra, lo único real, viviente en sí mismo, que tenían era su soledad y su desamparo de hombres. Acaso muchos lo sentían confusamente así, pero Nezahualcóyotl y los poetas nahuas de su tiempo lo expresaron.

LA FLOR CONTRA LA MUERTE

En aquel mundo indígena con un presente angustioso y un Más Allá sólo lleno de incertidumbres, los poetas afirmaron la realidad de la belleza, de flores y cantos, como un camino para el conocimiento de lo verdadero y una fuente de alegría y amistad entre los hombres. Algunos de ellos, además, llegaron a esbozar una esperanza en la supervivencia por la fama de sus cantos. No morirían del todo, porque gracias a su fama seguirían viviendo en la memoria de los hombres. Nezahualcóyotl afirmó este sentimiento en un poema excepcional, "Deseo de persistencia" —gracias también a la traducción del padre Garibay—, que parece compuesto al borde de la muerte y en el que emplea imágenes únicas en la antigua poesía, oscuras y conturbadoras, para aludir al Más Allá:

> Soy un canto en el ancho cerco del agua,
> anda mi corazón en la ribera de los hombres...
>
> Estoy desolado, ay, está desolado mi corazón;
> yo soy poeta en la Ribera de las Nueve Corrientes,
> en la tierra del agua floreciente.
> Oh mis amigos, sea ya el amortajamiento.

Al final de este poema singular, el lenguaje se vuelve directo y terso, impregnado de melancolía y desasimiento, para afirmar serenamente la inminencia de la muerte y la supervivencia:

> Yo soy poeta y de dentro me sale la tristeza...
>
> Dejaré pintada una obra de arte,
> soy poeta y mi canto vivirá en la tierra:
> con mi canto seré recordado, oh mis oyentes,
> me iré, me iré a desaparecer,
> seré tendido en estera de amarillas plumas,
> y llorarán por mí las ancianas,
> escurrirá el llanto mis huesos como florido leño,
> he de bajar al sepulcro, allá en la ribera de las tórtolas.

Esta certidumbre tuvo una reafirmación emocionante. Algún tiempo después de la muerte de Nezahualcóyotl, un poeta cuyo nombre ignoramos dedicó a su memoria el "Canto a Nezahualcóyotl" que es uno de los poemas elegiacos más hermosos de la poesía náhuatl. Intervienen en el canto varios poetas y, en ficción, el mismo Nezahualcóyotl. En la primera intervención de uno de los poetas se personifica a Nezahualcóyotl como la Flor del Canto, esto es, la gala de la poesía. Y en la segunda hay una declaración reveladora, y excepcional en la poesía náhuatl: "destruyen nuestros libros los jefes guerreros", que denuncia probablemente cierta oposición entre la casta guerrera, a la manera azteca, y los hombres de los libros pintados, a la manera tezcocana: los poetas, historiadores y filósofos que se interrogaban por la existencia y buscaban la belleza. Durante el reinado de Itzcóatl, de 1428 a 1440, por consejo probable de Tlacaélel, se ordenó la destrucción de los libros hasta entonces existentes, considerando que la imagen del pueblo azteca que daban esos libros carecía de importancia, y con el propósito de que se compusieran otros que registraran la nueva visión y misión del pueblo de Huitzilopochtli.[12] La denuncia, pues, puede referirse a este hecho concreto pero creo que puede extenderse también a la oposición antes señalada. En la última parte del poema en que interviene Nezahualcóyotl éste habla de la poesía como flor que embriaga, y al final, como en los grandes poemas elegiacos, el poeta se refiere a su muerte como la muerte de la palabra poética:

> Dentro de mi corazón se quiebra la flor del canto:
> ya estoy esparciendo flores,

pero tiene la esperanza de que su fama vivirá por sus palabras y que sus cantos —como lo había anticipado en "Deseo de persistencia"— serán a la vez su mortaja y su resurrección:

> Con cantos alguna vez me he de amortajar,
> con flores mi corazón ha de ser entrelazado.

(Atenas, 1971-1972)

III

LA BÚSQUEDA DE LOS CANTOS

1. Las obras históricas de Ixtlilxóchitl y sus traducciones de Nezahualcóyotl

LAS OBRAS HISTÓRICAS

COMO cronista principal de las antigüedades del señorío de Tezcoco, Fernando de Alva Ixtlilxóchitl es, por el conjunto de sus obras históricas, la fuente más abundante de informaciones que tenemos acerca de Nezahualcóyotl y su tiempo. Al igual que tantos otros indígenas o mestizos, nobles y desposeídos, Alva Ixtlilxóchitl escribe para exaltar la memoria de su pueblo y conservar su pasado, pero también para alegar ante la Corona sus derechos de herencia. Él podía ostentarse, en efecto, sucesor de la nobleza tezcocana y mexicana a la vez. Era descendiente del matrimonio de Tzinquetzalpoztectzin, hija de Nezahualcóyotl, con Quetzalmamalitzin, señor de Teotihuacan. Además, su madre, Ana Cortés Ixtlilxóchitl —de la que tomó el apellido— era bisnieta de Ixtlilxóchitl, último señor de Tezcoco, y de Beatriz Papatzin, esposa o hija de Cuitláhuac, penúltimo señor de México. Mas por el lado de su padre, Juan de Navas Pérez de Peraleda, tenía sangre española. Era pues un mestizo. Nació hacia 1578 en la ciudad de México o en San Juan Teotihuacan, que era el señorío que había heredado. Aunque se ha supuesto que fue alumno del Colegio de Santa Cruz de Tlatelolco, no hay indicios de ello y, por otra parte, el Colegio casi había desaparecido por estos años. En 1612 fue gobernador de Tezcoco, en 1617 de Tlalmanalco y en 1619 de la provincia de Chalco. Hacia 1648 tenía el cargo de intérprete de los juzgados indios. Murió en la ciudad de México el 25 de octubre de 1650.[1]

Fue Alva Ixtlilxóchitl, dice Beristáin y Souza, "el más instruido en la lengua, historia y antigüedades de su gente". Parecía estar persuadido de que, ya un siglo después de la Conquista, era necesario apresurarse a recoger de los últimos ancianos doctos del mundo indio sus propios testimonios y, sobre todo, la interpretación de los códices que se habían podido salvar o rehacer. "He conseguido mi deseo —escribe don Fernando en la dedicatoria de sus escritos— con mucho trabajo, peregrinación y suma diligencia en juntar las pinturas de las historias y anales, y los cantos con que las conservaban, y sobre todo, para poderlos entender, juntando y convocando a muchos principales de esta Nueva España, los que tenían fama de conocer y saber las historias referidas. Y de todos ellos, en dos solos hallé entera relación y conocimiento de las pinturas y caracteres, y que daban verdadero sentido a los cantos, que por ir compuestos en sentido alegórico y adornados de metáforas y similitudes son dificilísimos de entender; con cuya ayuda pude después con facilidad conocer todas las pinturas e historias y traducir los cantos en su verdadero sentido, con que he satisfecho mi deseo".[2] De su preocupación por reunir antiguos documentos tenemos una constancia, ya que le pertenecía el llamado *Códice Chimalpopoca*, que contiene los *Anales de Cuauhtitlan* y *La leyenda de los soles*, puestos en náhuatl en 1570 y 1558.[3]

Antes de redactar esta dedicatoria al arzobispo Juan Pérez de la Serna, Alva Ixtlilxóchitl reunió, el 18 de noviembre de 1608, a las autoridades indias del pueblo de San Salvador Cuatlacinco, en la provincia de Otumba, encabezadas por el gobernador don Matías de Suero, con el encargo de que examinasen sus obras históricas. En el "Testimonio" que le extendieron manifestaron la verdad de aquellos escritos y su conformidad con lo que "se halla pintado y escrito en nuestras antiguas historias y crónicas".[4] En este "Testimonio" se dice también que el historiador les presentó, como apoyo documental de sus obras, "cinco historias y crónicas de los dichos reyes y señores, antiquísimas, escritas en pinturas y caracteres...", que fueron las siguientes: *Historia y crónica de los tultecas, Crónica de los reyes chichimecas, Ordenanzas del gran Nezahualcoyotzin, Padrones y tributos reales* y una *Historia larga*.[5] No ha sido posible precisar cuáles fueron estos documentos antiguos, cuya materia, por otra parte, coincide con algunas de las *Relaciones* del propio Alva Ixtlilxóchitl. Alfredo Chavero creía que entre los códices jeroglíficos que poseía pudieron haberse encontrado los que hoy se llaman *Mapas Tlotzin y Quinatzin*.[6]

Sirviéndose pues con el mayor rigor posible de la antigua documentación histórica indígena, Alva Ixtilxóchitl escribió inicialmente, a manera de ensayo o primer tratamiento, una serie de *Relaciones*, como las llamó José Fernando Ramírez, que parecen haber sido redactadas originalmente en náhuatl como transcripción de documentos indígenas, y que se refieren a la historia de los toltecas y de los chichimecas o tezcocanos, desde sus orígenes hasta la Conquista. Estas *Relaciones* son las que presentó su autor al cabildo de Otumba en 1608 y a ellas corresponden también la dedicatoria y prólogo, que son de 1625.

La *Historia chichimeca*, que debió terminar cerca de 1648, es la redacción definitiva de aquellos materiales y la obra de madurez del historiador. En sus noventa y cinco capítulos se extiende desde la creación del mundo según los toltecas hasta la caída de Tenochtitlan, siguiendo de manera principal el curso del pueblo chichimeca o tezcocano y deteniéndose largamente en los reinados de Nezahualcóyotl y Nezahualpilli. Garibay pondera sobre todo sus valores literarios y la considera "una de las más bellas obras que nos trasmitió el pasado. Ingenuidad y preciosismo; afectación de modos europeos y exageración de la grandeza antigua; literatura de niños y de épicos alientos. Tiene un aire de novelesco y hay verdaderos núcleos de novela, y aun de drama, en sus capítulos".[7] Es la obra de un mestizo, que tiene la lengua y la cultura españolas y que sabe al mismo tiempo interpretar los códices antiguos y, sobre todo, valorar el pasado de su pueblo con orgullo indio, con perspectiva indigenista. A Alva Ixtlilxóchitl se tuvo por confuso, contradictorio y exagerado, aunque luego se han podido confirmar sus datos con otros testimonios o bien reconocer la existencia de varios sistemas de cronología entre los diversos grupos nahuas. Era parcial, sin duda, en cuanto prefería las versiones históricas que favorecían a su pueblo e ignoraba o fingió ignorar las versiones contrarias. Le faltó acaso sentido crítico, pero gracias a su pasión y a su amor el esplendor de esa época sigue vivo para nosotros.

LOS POEMAS TRADUCIDOS

En las obras históricas de Alva Ixtlilxóchitl hay frecuentes alusiones a los cantos de Nezahualcóyotl, y entre ellas una que refiere que, después de su ayuno y oraciones en el bosque de Tezcotzinco, cuando la guerra contra los chalcas, el monarca compuso en alabanza del dios no conocido "sesenta y tantos cantos que el día de hoy se guardan, con mucha moralidad y sentencias y con muy sublimes nombres y renombres propios a él".[8] Sin embargo, Alva Ixtlilxóchitl que conocía la importancia de estos cantos para la fama del mayor de sus héroes, dando por seguro que "el día de hoy se guardan" no hizo ya mucho esfuerzo por conservarlos. Cuando redactó su *Historia chichimeca,* en la primera mitad del siglo XVII, ya estaba escrita la *Relación de Tezcoco* de Pomar, fechada en 1582. Alva Ixtlilxóchitl la menciona expresamente como una de las fuentes que utilizó al escribir la historia de Nezahualcóyotl,[9] y sin duda conoció también los cantos en náhuatl o *Romances de los señores de la Nueva España* que forman parte del manuscrito de Pomar. Confiado probablemente en que ya estaban guardados allí un buen número de poemas de Nezahualcóyotl, aunque no "sesenta y tantos cantos", escribió aquello de que "el día de hoy se guardan". El hecho es que, cuando citó algunos poemas, lo hizo exclusivamente por exigencias de su exposición.

En el capítulo XLVII de su *Historia chichimeca,* con la intención de mostrar la capacidad profética del señor de Tezcoco, citó, traduciéndolos del náhuatl al español, dos poemas de esa índole.[10] Del primero de ellos, cuyo primer verso sería "Ido que seas de esta presente vida a la otra", el historiador nos informa que pertenecía al género llamado *Xopancuícatl* o canto de primavera y que "se cantaron en la fiesta y convites del estreno de sus grandes palacios", hacia 1443 o 1444. El poema es un patético anuncio de las desgracias que se avecinan y una lamentación por la fugacidad del poder y de la gloria en esta tierra.

El segundo de estos poemas tiene también una fecha y circunstancias precisas: en el año 1467, *Ce ácatl,* "se acabó y fue el estreno del templo mayor de la ciudad de Tetzcuco del ídolo Huitzilopochtli"[12] y, en esa ocasión, dijo Nezahualcóyotl el canto-profecía que comienza "En tal año como éste", en el que anunciaba, al cabo de un ciclo nahua de 52 años, esto es en 1519 como efectivamente ocurrió, la destrucción de aquel templo y la desolación que llegaría entonces para el mundo indígena.

Ambos textos parecen fragmentos de poemas más amplios, su prosa puede separarse en versos de manera natural y es notorio el decaimiento final, como si se les recordara confusamente y se hubieran terminado de cualquier manera. En efecto, en el primero, ese recuerdo de los señores indios "que siempre te acompañaban, ya no los ves en estos breves gustos", es pobre y vulgar; y la advertencia con que concluye el segundo: "Para librar a vuestros hijos de estos vicios y calamidades, haced que desde niños se den a la virtud y trabajos", es de un convencionalismo moralizante más bien extraño a la antigua poesía náhuatl. De todas maneras, su autenticidad es evidente, como lo ha afirmado Ángel María Garibay[13] y ratificado Miguel León-Portilla.[14]

Cuando tan empeñosamente se buscó, desde el siglo XVII hasta principios del actual, la poesía de Nezahualcóyotl, sorprende el hecho de que no se hubiera prestado atención a estos dos poemas, cuya existencia sólo se ha advertido recientemente. En cambio, una perífrasis del primero de ellos, atribuida a Alva Ixtlilxóchitl, va a tener una larga historia, según se expone a continuación.

LOS POEMAS ATRIBUIDOS

Los poemas llamados "Liras de Nezahualcóyotl" y "Romance de Nezahualcóyotl", que probablemente escribió o tradujo del náhuatl el historiador Fernando de Alva Ixtlilxóchitl, tienen una historia algo compleja. Alfonso Méndez Plancarte la explica así: "Entusiasta [Alva Ixtlilxóchitl] de la gloria... de Nezahualcóyotl, dícese que de él 'recopiló varias canciones heroicas y 60 himnos al creador'; y Boturini poseía 'dos cantares del emperador..., traducidos de la lengua náhuatl en la castellana, que redujo a la poesía D. Fernando'...: poemas que, ya en verso español —junto con un Romance del rey don Sancho—, de los que se conocen dos Ms., uno en Madrid, publicado por Fernández Duro, y otro aquí, impreso quizá por Orozco y Berra, en los *Documentos para la historia de México* de García Torres. Estas 'versiones' —si no rigurosamente tales como las juzga Ternaux— al menos son mosaicos de poemas antiguos ('inspirados en las elegías de sus antepasados' expresó Bustamente); ni pueden reducirse a 'supercherías' partiendo de que los 'lirismos atribuidos a Nezahualcóyotl' contradicen todo el carácter 'de su época y de su raza' (Urbina). Esto pudo temerlo quien daba por 'dudosa' toda la 'lírica indígena'; pero —en la obra estricta de don Ángel M. Garibay— los *Cantares mexicanos* ofrecen exacto paralelo a casi cada verso de Alva. Soslayando, en todo caso, la 'autenticidad' respecto a Nezahualcóyotl, aquí [en la antología de Méndez Plancarte] incluimos sólo como obra de don Fernando dichos poemas, en su castiza y grave forma hispana, bajo la cual —pliego de Romancero y oda de Salamanca— aflora la poesía azteca, muy atenuados sus brillos y audacias, pero con sus metáforas gemáticas y florales y su lento lamento de la vida fugaz".[15]

Las "Liras" y el "Romance de Nezahualcóyotl" han sido reproducidos, además, por José María Vigil, Antonio Peñafiel, Rubén M. Campos y, recientemente, por Alfonso Méndez Plancarte, como poesía novohispana.[16]

Volviendo a la autenticidad de estos poemas, y en especial de las "Liras", Garibay coincide con Méndez Plancarte en reconocer su paralelismo general con pasajes de los *Cantares mexicanos,* y notable semejanza con el del f 3 v, repetido en f 25 r y v, "Poema de rememoración de los héroes", que comienza "Sólo las flores son nuestra mortaja" y en cuya segunda parte, atribuible con certeza a Nezahualcóyotl, habla el rey de Tezcoco para evocar a los príncipes Tezozomoctzin y Cuacuauhutzin, cuyo renombre ha de ser perdurable y cuya ausencia aflige al poeta.[17]

Garibay, asimismo, advierte que las "Liras" parafrasean el poema o fragmento de Nezahualcóyotl recogido por Alva Ixtlilxóchitl en su *Historia chichimeca* —considerado en el apartado anterior—, que comienza "Ido que seas de esta presente vida a la otra". En efecto, en esta patética lamentación por la fugacidad de los mandos, imperios y señoríos, está la materia que luego se diluirá y se llenará de follaje retórico en las "Liras".

Pero al mismo tiempo que reconocer las fuentes de los temas de estos poemas, verosímilmente de la mano de Fernando de Alva Ixtlilxóchitl, debe advertirse en las "Liras" y en el "Romance" la intención con que evidentemente están escritos. Coinciden algunas de sus ideas e imágenes con pasajes de las antiguas colecciones de cantares indígenas, y aun pueden considerarse, las "Liras", paráfrasis de la profecía y lamento de Nezahualcóyotl citada. Sin embargo, creo que la intención del autor de ambos poemas no fue la de realizar versiones de poemas de Nezahualcóyotl, que no podían existir con semejantes estructura y conceptos. Como resulta evidente después de una lectura atenta, estos poemas están dedicados a exaltar al rey poeta, a describir la riqueza de sus palacios y jardines y a exponer y ponderar sus concepciones filosóficas y religiosas. Son poemas, por consiguiente, cabalmente de Alva Ixtlilxóchitl, escritos a fines del siglo XVI o a principios del XVII, concebidos y realizados en bien ejercitadas formas españolas, e inspirados en temas y pasajes de Nezahualcóyotl, a cuya gloria y fama están dedicados.

2. Los "Cantos de Nezahualcóyotl" en prosa, publicados por Granados y Gálvez y Bustamante

ENTRE los intentos que existieron para dar a conocer la poesía de Nezahualcóyotl hay dos de origen y naturaleza singularmente confusos: los cantos en prosa que dieron a conocer fray Josef de Granados y Gálvez, a fines del siglo XVIII, y Carlos María de Bustamante, a principios del siglo XIX.[1]

El obispo Granados y Gálvez acompañó el texto en español de su "Canto a Nezahualcóyotl" con un supuesto original en otomí. A ambos, los considera Garibay "burda falsificación" y añade que "el poema no es auténtico, no está en otomí antiguo ni puede ser obra de Nezahualcóyotl".[2] Al texto otomí no se le prestó más atención, pero en cambio la versión española ha gozado de cierta fama, acaso por su afortunado principio: "Son las caducas pompas del mundo como los verdes sauces. . .", aunque luego naufrague en lamentable amaneramiento barroco. Despreocupándose de su autenticidad, Alfonso Méndez Plancarte advertía que era una versión en prosa de las estrofas 10 a 13 de las "Liras de Nezahualcóyotl" atribuidas a Alva Ixtlilxóchitl.[3]

Pero si ya las "Liras" son una paráfrasis muy libre de pensamientos e imágenes del poeta tezcocano, este cantar en prosa diluye aún más los acentos indígenas de los cuales no quedan ya rastros válidos. Respecto a las estrofas de las "Liras" señaladas por Méndez Plancarte, en verdad sólo hay cierta coincidencia en las reflexiones acerca de la rápida desaparición de las pompas de este mundo. Aun los ejemplos de las glorias derribadas son diversos: Cihuapatzin, Cuauhtzontecomatzin y Acolnahuacatzin en las "Liras", mientras que en la prosa de Granados y Gálvez aparecen: Achalchiuhtlanetzin, Nezaxécmitl, Xiúhtzal, Topiltzin, Xólotl, Nópal, Tloltzin e Ixtlilxóchitl.

En cuanto al otro "Canto de Nezahualcóyotl", cuya traducción atribuía su descubridor Bustamante a Alva Ixtlilxóchitl, no fue juzgado por Garibay pero sí por Méndez Plancarte que lo tenía también por versión en prosa de las liras 5, 7, 12 y 15 del poema atribuido a Alva Ixtlilxóchitl.[4] Como en el caso anterior, aquí sólo puede encontrarse una coincidencia muy diluida con las ideas que acerca de la fragilidad de los bienes terrenos hay en las "Liras", y aquí también los ejemplos cambian, pues ahora aparecen Tezozómoc y Cotzaztli. El lenguaje de este canto tiene cierta gravedad y elegancia —ausentes del otro canto en prosa—, no muy lejanas del estilo de las "Liras", lo que puede inducirnos a suponer que sean también de la pluma de Alva Ixtlilxóchitl.

Ambos textos, en conclusión, son principalmente constancia del interés que persistió por Nezahualcóyotl pero no pueden considerarse otra cosa que variaciones, vagamente inspiradas por algunos de sus pensamientos y por su personalidad. El "Canto de Nezahualcóyotl" de Granados y Gálvez debe haber sido escrito por él mismo, a fines del siglo XVIII, y el de Bustamante pudo escribirlo Alva Ixtlilxóchitl a principios del siglo XVII.

3. Los "Cantos de Nezahualcóyotl" de Pesado y una paráfrasis de Villalón

A MEDIADOS del siglo XIX, José Joaquín Pesado (1801-1861), un poeta que seguía la línea tradicionalista o académica, compuso una serie de poemas a los que llamó "Las aztecas", entre los cuales incluyó siete bajo el nombre de "Cantos de Nezahualcóyotl, rey de Tezcoco".[1]

Los temas indígenas, como asunto de narraciones novelescas o inspiración de poemas narrativos, que querían evocar con cierta vaguedad el esplendor de un pasado aniquilado por la Conquista, habían aparecido ya en obras como la novela anónima *Jicoténcatl* (Filadelfia, 1826), el cuento "Netzula" (1837) de José María Lafragua o el poema "Profecía de Guatimoc" (*c.* 1840) de Ignacio Rodríguez Galván, al que Menéndez y Pelayo consideraba con apresurado entusiasmo "obra maestra del romanticismo mexicano".

Pesado proseguía pues el cultivo de esta veta indianista, aunque acaso con menos efusividad e íntima adhesión que las que había mostrado Rodríguez Galván. Sin embargo, no quiso afrontar desvalido la empresa de recrear la poesía indígena y llamó en su auxilio a quien parecía que podría dárselo. Ignacio Montes de Oca y Obregón explicó al respecto que: "El distinguido y noble indígena don Faustino Chimalpopoca Galicia, que fue quien ofreció a Pesado la versión literal en prosa de la mayor parte de estas poesías, solía decir a sus discípulos de idioma mexicano, que en nada se parecían a los versos de nuestro poeta ni el original azteca ni su propia traducción".[2] Esta primera infidelidad, que Montes de Oca consideraba uno de los méritos de los poemas de Pesado, debió agravarse aún más con la índole de los materiales que el nahuatlato Chimalpopoca Galicia entregó a Pesado.

En efecto, ¿de qué originales nahuas pudo haber dispuesto para hacer su versión en aquellos años? Entonces —antes de 1861— nadie recordaba la existencia del *Ms. Cantares mexicanos,* de la Biblioteca Nacional, que describiría Joaquín García Icazbalceta en 1866, por primera vez. Chimalpopoca Galicia pudo haber conocido lo que acerca de la poesía y el pensamiento de Nezahualcóyotl se refiere en la *Historia chichimeca* de Alva Ixtlilxóchitl, aunque no quedan constancias de ello en los poemas de Pesado. En cambio, sí pudo haber conocido la importante colección de cantares mexicanos en

147

náhuatl que se encuentran como apéndice a la *Relación de Tezcoco*, de 1582, de Juan Bautista Pomar, y se conocen con el nombre de *Romances de los señores de la Nueva España*. Ambos manuscritos, *Relacion* y *Romances*, pertenecieron a Sigüenza y Góngora; Beristáin menciona una copia vista en San Gregorio, que sirvió a García Icazbalceta para la transcripción que hizo de la *Relación* y publicó en 1881. Acaso esta misma copia, que fue propiedad de Genaro García, de donde pasó a la Biblioteca de Austin, donde hoy se encuentra, pudo haber sido conocida por Chimalpopoca Galicia.[3]

Que así pudo ocurrir lo indica lo siguiente: el primer "Canto de Nezahualcóyotl" de Pesado lleva por título "Lamenta sus desgracias, cuando huía perseguido del rey de Atzcapotzalco", tema que coincide con el del poema del f21 r-22 v del *Ms. Romances de los señores de la Nueva España*, llamado "De Nezahualcóyotl cuando andaba huyendo del rey de Atzcapótzalco".[4] Sin embargo, la relación entre uno y otro poema no va más allá del título y del tema general: el lamento del perseguido que se siente abandonado por todos, ya que Pesado prefiere expresarlo con un lenguaje, ideas e imágenes en nada semejantes a las de su remoto original. En el poema III, "Vicisitudes humanas", vuelve el recuerdo del perseguidor Tezozómoc para evocar la caída de su trono, pero sin que pueda encontrarse alguna correspondencia con los textos conocidos de Nezahualcóyotl.

Varios poemas de esta serie de Pesado se encuentran en situación semejante. El II, "Exhorta a gozar de los placeres antes de que acabe la vida", es simplemente una variación horaciana; el IV, "Pensamientos tristes", tiene ecos de las *Coplas* de Manrique. Los dos poemas finales de estos "Cantos de Nezahualcóyotl" de Pesado, el VI, llamado "Hace recuerdos de un hijo al recibir de él un ramo de flores", y el VII, "Fiesta religiosa doméstica", son simplemente de los poemas familiares más débiles e insulsos de José Joaquín Pesado, cuya relación con Nezahualcóyotl parece ya olvidada. Este último tiene alusiones ocasionales a persecuciones que, como tantos otros, también padeció el rey de Tezcoco en su juventud, y a la veneración "de Dios la deidad oculta", que pudiera referirse al culto que según es fama rindió el poeta indio al dios desconocido. Lo cual no basta para que los poemas puedan parecer al menos inspirados por Nezahualcóyotl.

En fin, el poema V, "Vanidad de la vida humana", es una variación sobre otra variación, o una superchería sobre otra superchería, como hubiera dicho el padre Garibay. No tiene tampoco relación con ninguno de los cantos de Nezahualcóyotl, pero en cambio, dentro del tema de la fugacidad de los bienes terrenos, es el mejor poema de esta serie y casi una transcripción en verso del "Canto de Nezahualcóyotl" en prosa que divulgó Granados y Gálvez a fines del siglo XVIII y comienza "Son las caducas pompas del mundo como los verdes sauces". El poema de Pesado, en efecto, principia así:

Son del mundo las glorias y la fama
como los verdes sauces de los ríos...

e incluso, después de las consabidas divagaciones acerca de cuanto pasa y perece, los personajes evocados son los mismos, aunque Pesado haya preferido simplificar los complicados nombres indígenas que citaba el texto en prosa. Achalchiuhtlanetzin desapareció, pero Necaxécmitl se convirtió en Nécax, Xiúhtzal en Xiul y Xólotl pasó sin retoques.

Aún tuvo otra repercusión la hechura de Granados y Gálvez que, por lo visto, se consideró la poesía por esencia de Nezahualcóyotl hasta principios de nuestro siglo. En el último tercio del siglo XIX, un poeta casi olvidado, el neolonés Juan de Dios Villalón (1838-1902) publicó un "Canto de Nezahualcóyotl en sus bodas"[5] que llamó paráfrasis y es, en efecto, una nueva refundición del afortunado canto de Granados y Gálvez. Pero mientras que Pesado convertía los vagos ecos de Nezahualcóyotl en circunspectas lamentaciones académicas, Villalón vuelve romántico al antiguo poeta tezcocano:

Llena la fosa está de tristes restos
que, ayer de vida y de salud gozando,
fueron guerreros, jóvenes y apuestos...

Todo pasó, "la cripta hueca" y "los senos del olvido" no guardarán rastro alguno de las glorias que fueron. Y al fin, dando por hecho que Nezahualcóyotl rendía ya culto a un dios omnipontente, omnisciente y eterno, hace al antiguo poeta invitar a los nobles tezcucanos "a la vida inmortal del alto cielo" donde "todo es gloria y amor, paz y consuelo".[6]

4. Las primeras traducciones del "Ms. Cantares mexicanos"

Las traducciones Brinton-Vigil

En 1859 José Fernando Ramírez hizo sacar una copia del *Ms. Cantares mexicanos,* cuando aún se encontraba en la Biblioteca de la Universidad de México de la cual pasó a la Biblioteca Nacional, e hizo una descripción del contenido del volumen. En sus *Apuntes para un catálogo de escritores en lenguas indígenas de América* (México, 1866), Joaquín García Icazbalceta mencionó, bajo el número 175, dicho manuscrito y reprodujo la descripción de Ramírez. Sin embargo, posteriormente, añadió al calce la siguiente nota: "Cuando a principios del presente año [1886] visité por última vez la Biblioteca de la Universidad, ya no se encontraba en ella este original, bien que constaba en el Catálogo."

Aquel manuscrito, que iría a ser una de las fuentes principales para el conocimiento de la antigua poesía mexicana, parecía pues perdido. Poco después de la anotación de García Icazbalceta, un escritor italiano, Marco Antonio Canini, preguntaba a su vez, en la *Revista Nacional de Ciencias y Letras,*[1] qué había sido del precioso manuscrito. José María Vigil, director por entonces de la Biblioteca Nacional en cuya catalogación y ordenación trabajó asiduamente, se apresuró a localizar el manuscrito indígena y en 1889 informó haberlo encontrado "mezclado entre multitud de volúmenes hacinados".[2] Además, Vigil dio noticia de las traducciones que Daniel G. Brinton había hecho del náhuatl al inglés de veintisiete poemas de la colección de textos indígenas[3] y, para dar una muestra de su belleza, vertió al español, en prosa, tres de aquellos poemas: el del f 1, que da principio al manuscrito y comienza en su traducción "Me reconcentro a meditar profundamente"; el número XI de las traducciones de Brinton que comienza "Desato mi voz en sollozos" y corresponde al del f 26 v - 27 v, ninguno de los cuales se atribuye a Nezahualcóyotl. Al final de su artículo, Vigil hacía votos muy pertinentes porque los estudiosos mexicanos no se dejaran arrebatar la primacía en lo que se refiere a la investigación de su propia historia.

Además, en un Apéndice que añadió a la reimpresión que hizo hacia 1906 de su estudio sobre Nezahualcóyotl (1874)[4] añadió dos retraducciones en prosa de las versiones de Brinton. La primera es de un poema de Nezahualcóyotl, que lleva el número V en la serie de Brinton bajo el título de "Otro canto sencillo de los mexicanos" y comienza "Yo sólo te cubriré de flores", el cual en el *Ms. Cantares mexicanos* aparece en el f 3 v y se repite en el f 25 r y v, y en la traducción de Garibay[5] comienza "Siento tristeza, sufro amargura". La segunda, del número XXIII de Brinton, del poema allí llamado "Cantos del príncipe Nezahualcóyotl" que comienza "Resuene nuestro tambor", es el que aparece en el f 28 v - 29 r del manuscrito, y que en la traducción del padre Garibay se llama "Canto a Nezahualcóyotl" y comienza "Ya se disponen aquí nuestros tambores",[6] poema que es una elegía a la muerte de Nezahualcóyotl y no un poema suyo.

Estas contribuciones de Vigil al conocimiento de la antigua poesía mexicana, y en especial de Nezahualcóyotl, pese a su desconocimiento del náhuatl, fueron los primeros intentos que abrirían una brecha que años más tarde se conquistaría plenamente y fueron también los primeros vislumbres de una extraordinaria riqueza poética.[7]

Sin embargo, las bases del esfuerzo de Brinton eran endebles. "No sabía el buen Brinton —dice el padre Garibay—, o sabía muy poco náhuatl. Se le enviaron de México paleografías de los *Mss.* de Sahagún y de *Cantares,* y también una versión hecha tal vez por Chimalpopoca o el P. Caballero, y sobre esta versión castellana elaboró la suya inglesa".[8] Así pues, los textos nahuas pasaron primero provisionalmente al español por obra de nahuatlatos inseguros e imaginativos, fueron al inglés con Brinton y retornaron al español con Vigil. Aun así, estas dobles retraducciones son textos en los que el amor por la antigua poesía mexicana, ya que no el conocimiento, les da una nobleza que los protege de su condenación de origen.

Los nahuatlatos Chimalpopoca Galicia y Rojas.

"La producción literaria de los aztecas" de Campos

El conocimiento y estudio de los antiguos textos nahuas fue empresa que maduró muy lentamente. Desde mediados del siglo xix hasta el primer tercio de nuestro siglo se mantuvo la idea de que aquella especialidad debía reservarse a indígenas puros sin que se considerara, además, la exigencia de una formación cultural suficiente. Fue la época, en este dominio, de ciertos personajes singulares a los que feamente se llamó "nahuatlatos". Ignacio Manuel Altamirano en la revista *El Renacimiento* (1869) deploraba ya que fueran extranjeros los mejores conocedores de nuestras lenguas aborígenes y aplaudía los trabajos que entonces realizaba Faustino Chimalpopoca Galicia, autor de un *Epítome o modo fácil de aprender el idioma náhuatl* (1869). Esta obra así como su *silabario del idioma mexicano*

(1849, 1859 y 1925) debieron ser los textos que proponía el profesor Chimalpopoca Galicia a sus alumnos de náhuatl —que entonces se llamaba "mexicano"— de la Universidad de México. Pero, además de traducir algunos textos históricos indígenas, él participó, en verdad de manera deplorable, cuando menos en una de las empresas para hacer conocer en español la antigua poesía indígena. Él fue quien proporcionó a Pesado las "versiones literales" de textos indígenas que le sirvieron de apoyo para sus mediocres y falsos "Cantos de Nezahualcóyotl", pero no pudo haber sido él quien enviara al norteamericano Brinton la materia prima con que elaboró sus traducciones —como supuso el padre Garibay—, porque Chimalpopoca Galicia murió en 1877 y las traducciones de Brinton son de una década más tarde.

El sucesor de Chimalpopoca Galicia en la especialidad nahuatlata fue Mariano Jacobo Rojas.[9] Al parecer, Rubén M. Campos, el compilador de *La producción literaria de los aztecas,*[10] veía extinguirse la especie pues le llamaba "el último nahuatlato" y añadía que a los 95 años, en 1936, había realizado la traducción del náhuatl al español de los treinta y tres poemas o extensas secciones del *Ms. Cantares mexicanos* que incluyó en aquella obra.

Ésta era, por consiguiente, la primera traducción directa, y no poco tardía, que se publicaba de la antigua colección de poesía indígena, que desde medio siglo antes había comenzado a divulgar Brinton al inglés. Era una incursión tardía y, además, infortunada; escrita en un lenguaje recargado y de amanerados rebuscamientos que delataban una precaria educación literaria. En cuanto traducción, el juicio del padre Garibay fue "desfavorable en absoluto", pues "no alcanzaron a dar el contenido del original en los poemas que traducen, y casos hay en que las mismas palabras exactamente tienen dos versiones en absoluto divergentes", como lo ejemplifica a continuación.[11]

De todas maneras, entre las traducciones del nahuatlato Rojas, hay dos de poemas relacionados con Nezahualcóyotl. El que lleva el número V y el rubro de "Canto mexicano original", que comienza "Solamente las flores son nuestro abrigo", es el del f 3 repetido en el f 25 r y v del *Ms. Cantares mexicanos,* el cual en la traducción de Garibay[12] se llama "Poema de rememoración de héroes" y cuya segunda parte que comienza "Siento tristeza, sufro amargura" es atribuible a Nezahualcóyotl.

El poema número XXI de las versiones de Rojas, "Canto a Nezahualcóyotl" —traducido también por Brinton-Vigil—, que comienza "Vengo a preparar nuestro tremolante tamboril", es hasta el párrafo 12 el poema de f 28 v - 29 r del *Ms.,* que bajo el mismo nombre tradujo Garibay,[13] comenzando "Ya se disponen aquí nuestros tambores", y es un poema elegiaco a la muerte del señor de Tezcoco.

Hay otra sección de *La producción literaria de los aztecas* dedicada expresamente a "Ocho cantos de Nezahualcóyotl" en la que se reproducen las "Liras de Nezahualcoyótl", los cantos en prosa publicados por Granados y Gálvez y Bustamante, el primero de los poemas de Pesado, la paráfrasis de Villalón, dos de las traducciones de Brinton-Vigil —la del principio de los *Cantares* "Me reconcentro a meditar profundamente" y la del canto de f 35 r y v, "Desato mi voz en sollozos", traducción esta última que, con igual texto, se repite bajo el número XI en la serie de versiones de Rojas—, las cuales ni Brinton ni Vigil ni nadie más han atribuido a Nezahualcóyotl y, finalmente, una versión más de Mariano Jacobo Rojas del "Canto Acolhua de Nezahualcóyotl al visitar al anciano Moctezuma de México cuando se encontraba enfermo", que comienza "Estimabilísima y augusta sombra" —expresión algo festinada para un enfermo—, poema que sí es de Nezahualcóyotl y se encuentra en el f 66 v - 67 r del manuscrito y fue traducido por Garibay con título semejante.[14]

Así pues, de las treinta y cuatro versiones de Mariano Jacobo Rojas del *Ms. Cantares mexicanos* que se publicaron en la recopilación de Rubén M. Campos por primera y única vez, sólo se añadieron tres poemas al conocimiento de la obra de Nezahualcóyotl: dos que pueden considerarse suyos y uno elegiaco dedicado a su memoria. Estas traducciones, así fueran inciertas, eran de hecho el primer contacto directo náhuatl-español que se tenía con su poesía.

La producción literaria de los aztecas de Rubén M. Campos fue en realidad un esfuerzo muy útil para reunir la mayor parte de los textos entonces disponibles acerca de la antigua literatura náhuatl, materia que en aquellos años prácticamente se ignoraba. Además de un verboso estudio inicial del propio recopilador, y de las traducciones de Rojas y de Brinton-Vigil, se recogieron en este libro los capítulos de las obras de Torquemada, Durán, Bustamante, Veytia, Alva Ixtlilxóchitl, López de Gómara, Clavijero, Sahagún y Solís alusivos al tema, con abundantes referencias a Nezahualcóyotl y con la transcripción de ocho discursos o arengas y otros textos atribuidos al rey poeta, que los historiadores antiguos eran tan afectos a imaginar.

5. Nezahualcóyotl del siglo XVII a principios del siglo XX

RESUMEN

DESDE mediados del siglo XVII en que Fernando de Alva Ixlilxóchitl dedica buena parte de su *Historia chichimeca* a relatar y exaltar la vida y las obras de Nezahualcóyotl, hasta el primer tercio de nuestro siglo, la fama del señor de Tezcoco en tanto que poeta se mantiene casi exclusivamente en una leyenda que, a falta de apoyos verdaderos, llega a inventarlos y, progresivamente, a desnaturalizarlos. El resumen de lo que se conocía o se consideraba como poesía de Nezahualcóyotl hasta el primer tercio de nuestro siglo es el siguiente:

1. *c. 1648.* Un canto profético y de lamentación por la fugacidad de la gloria ("Ido que seas de esta presente vida..."), y otro, también profético, de la conquista y destrucción del mundo indígena ("En tal año como éste..."), que cita y traduce Alva Ixtlilxóchitl en su *Historia chichimeca* (t. II, pp. 235-6), pueden considerarse auténticos pero su existencia no se advierte sino recientemente.

2. *Mediados del siglo XVII.* "Liras de Nezahualcóyotl" y "Romance de Nezahualcóyotl" atribuidos a Fernando de Alva Ixtlilxóchitl. Las "Liras" son una paráfrasis del primero de los cantos antes citados. Ambos tienen coincidencias con pasajes de Nezahualcóyotl pero en su conjunto son más bien poemas dedicados a exaltar su gloria y su fama. Están escritos y concebidos en formas españolas. Las "Liras" y el "Romance" se conocen desde mediados del siglo XVIII, existen dos copias de ellos, una en España y otra en México, y fueron divulgados desde mediados del siglo XIX y reimpresos después varias veces.

3. *1778.* Fray Josef de Granados y Gálvez publica en sus *Tardes americanas* un "Canto de Nezahualcóyotl" en prosa ("Son las caducas pompas del mundo..."), acompañado por su texto en otomí. Ambos son falsificaciones, imaginación o ignorancia. Alguna semejanza tiene este "Canto" con las "Liras" antes citadas.

4. *1835-1836.* Carlos María de Bustamante publica en sus *Mañanas de la Alameda de México* otro "Canto de Nezahualcóyotl" ("Oíd con atención las lamentaciones...") en prosa, como reproducido de un antiguo manuscrito atribuido a Alva Ixtlilxóchitl. Sólo algunas coin-

154

cidencias tiene con las "Liras", pero sí podría ser de la misma pluma que aquéllas.

5. *1840.* H. Ternaux-Compans reproduce el texto de Granados y Gálvez (núm. 3) en un apéndice a su versión francesa, *Histoire chichimeque,* de la obra de Alva Ixtlilxóchitl.

6. *Mediados del siglo xix.* José Joaquín Pesado escribe la serie de poemas que llamó "Las aztecas" dentro de la cual incluye siete "Cantos de Nezahualcóyotl, rey de Texcoco". El nahuatlato Faustino Chimalpopoca Galicia le facilitó versiones literales en prosa de textos indígenas, uno de los cuales pudo ser el Ms. de cantares de Pomar, de 1582, por la coincidencia del tema de las persecuciones del rey de Azcapotzalco. Algunos de los poemas, que son todos mediocres, no tienen ninguna relación con su supuesta fuente. Uno de ellos es casi una paráfrasis en verso del "Canto de Nezahuaicóyotl" inventado por Granados y Gálvez (núm. 3).

7. *1862.* José María Roa Bárcena reproduce, en su *Historia anecdótica de México,* parte del "Canto" en prosa publicado por Bustamante (núm. 4).

8. *1866.* Joaquín García Icazbalceta describe, en sus *Apuntes para un catálogo de escritores en lenguas indígenas de América* bajo el número 175, el *Ms. Cantares mexicanos,* en el cual se encuentra el texto náhuatl de varios poemas de Nezahualcóyotl. No parece prestarse atención en aquellos años a la importancia de una de las fuentes principales para el conocimiento de la antigua poesía mexicana, pero años más tarde comienzan a hacerse copias peleográficas del manuscrito, el cual permanece extraviado al menos desde 1886 y es localizado y cuidado desde 1890 en la Biblioteca Nacional de México.

9. *1874.* José María Vigil publica su estudio sobre "Nezahualcóyotl" (*Hombres ilustres mexicanos,* Gallo, editor, México; reimpreso en sus *Estudios críticos,* obra incompleta, *c.* 1906, pp. 37-128), el primero de importancia dedicado al rey de Tezcoco. Reproduce en dicho estudio las "Liras" y el "Romance de Nezahualcóyotl" (núm. 2), atribuidos a Alva Ixtlilxóchitl, el "Canto" de Granados y Gálvez (núm. 3) y el de Bustamante en prosa (núm. 4) para mostrar la poesía de Nezahualcóyotl.

10. *Fines del siglo XIX.* Juan de Dios Villalón, oscuro poeta, publica una paráfrasis en verso más de tono romántico, "Canto de Nezahualcóyotl en sus bodas", del texto de Granados y Gálvez (núm. 3).

11. *1887.* Daniel G. Brinton publica en Filadelfia su obra *Ancient nahuatl poetry, containing the nahuatl text of XXVII ancient mexican*

poems, with a translation, introduction, notes and vocabulary, primer intento de traducción y estudio de la antigua poesía náhuatl, procedente del *Ms. Cantares mexicanos*. Brinton se sirvió de versiones españolas literales que encargó tal vez a Chimalpopoca Galicia o al P. Caballero. Entre los poemas traducidos por Brinton hay cuando menos uno —luego retraducido por Vigil (núm. 12)— de Nezahualcóyotl además del elegiaco "Canto a Nezahualcóyotl".

12. *1889*. José María Vigil da noticia del *Ms. Cantares mexicanos*, que se había extraviado, e informa de las traducciones que ha hecho Brinton de poemas de esa colección, de las cuales retraduce tres; sin relación con Nezahualcóyotl. Posteriormente, en un apéndice a la reimpresión que hace en *c.*1906 de su estudio sobre "Nezahualcóyotl", retraduce al español dos poemas más de la versión inglesa de Brinton: el canto de Nezahualcóyotl del f 3 repetido en f 25 r y v, que comienza "Yo sólo te cubriré de flores" y el "Canto a Nezahualcóyotl", del f 28 v - 29 r, que comienza "Resuene nuestro tambor".

13. *1899-1904*. Antonio Peñafiel publica en su *Colección de documentos para la historia mexicana* (vol. 2, México, 1899) una transcripción paleográfica del *Ms. Cantares mexicanos*, de la Biblioteca Nacional, en el cual se encuentran varios poemas de Nezahualcóyotl en náhuatl. En 1904 se edita una reproducción fotográfica de dicho manuscrito, también al cuidado del doctor Peñafiel. Además, Peñafiel reproduce en su *Colección de documentos para la historia mexicana* (vol. 6, 1903) los dos poemas atribuidos a Alva Ixtlilxóchitl (núm. 2) y el texto de Granados y Gálvez (núm. 3).

14. *1936*. Rubén M. Campos, en *La producción literaria de los aztecas*, reproduce las "Liras de Nezahualcóyotl" (núm. 2), los cantos en prosa de Granados y Gálvez (núm. 3) y de Bustamante (núm. 4), el primero de los poemas de Pesado (núm. 6), la paráfrasis de Villalón (núm. 10) y, atribuyéndolos sin fundamento a Nezahualcóyotl, dos de los tres poemas del *Ms. Cantares mexicanos* que tradujo en 1890 Vigil de la versión inglesa de Brinton —el del f 1 y el del f 35 r y v (núm. 12)—. Además de estas reproducciones, Campos dio a conocer en esta obra las primeras treinta y cuatro traducciones directas del náhuatl al español del *Ms. Cantares mexicanos* realizadas por Mariano Jacobo Rojas, entre las cuales dos son de poemas de Nezahualcóyotl: el del f 3 v, repetido en f 25 r y v, que comienza "Solamente las flores son nuestro abrigo", y el del f 66 v - 67 r, dedicado a Moctezuma y que comienza "Estimabilísima y augusta sombra". Otra de las traducciones de Rojas es el "Canto de Nezahualcóyotl", del f 28 v - 29 r.

Así pues, a lo largo de tres siglos en que se mantiene el interés de historiadores y poetas por la personalidad y la obra de Nezahualcóyotl, se repiten las abundantes informaciones biográficas que proceden principalmente de Alva Ixtlilxóchitl, pero en cambio el conocimiento de su obra poética casi no existe y se apoya en textos muy frágiles. La mayor parte de ellos, en efecto, son paráfrasis, y variantes de esas paráfrasis, que se separan en ocasiones totalmente de sus fuentes. En estas sucesivas variaciones, las melancólicas reflexiones morales —que inicialmente tuvieron alguna relación con el pensamiento poético de Nezahualcóyotl— se van tiñendo del estilo de los Siglos de Oro, del barroquismo, del academismo o del romanticismo, según vaya siendo la índole y la época del parafraseador en turno. Ya en nuestro siglo se inicia, titubeante y precaria, la traducción directa de los antiguos acervos de la antigua poesía indígena, que culminará con las traducciones y estudios competentes y beneméritos de Ángel María Garibay y Miguel León-Portilla. Sólo con ellos, la imagen hasta entonces mítica de Nezahualcóyotl poeta se completa con el conocimiento de su verdadera poesía.

6. Estudios y traducciones de Garibay y León-Portilla

Apenas un año después de publicadas, en *La producción literaria de los aztecas,* aquellas primeras traducciones inseguras de poemas nahuas del *Ms. Cantares mexicanos,* se publicó en 1937, "Bajo el signo de *Ábside*" —la revista de cultura católica que aquel mismo año había fundado el doctor Gabriel Méndez Plancarte—, un breve folleto aún fechado en Otumba e intitulado *La poesía lírica azteca. Esbozo de síntesis crítica.* Su autor era Ángel María Garibay K., apenas conocido en letras por un tomo de versos y por la versión de un poema náhuatl que poco antes había publicado en la misma revista.

En aquel cuaderno se estaba iniciando una tarea de excepcional importancia cultural que sólo se interrumpiría, treinta años más tarde, con la muerte del padre Garibay. Como escribiría León-Portilla, "fue él iniciador insigne de los modernos estudios sobre literatura náhuatl, emprendidos con sentido humanista y adecuado método lingüístico y filológico".[1] Gracias a la empresa que entonces se iniciaba, se enriquecería nuestro patrimonio cultural con los textos admirables de la antigua literatura indígena.

La poesía lírica azteca, que sólo pretendía ser "una serena apreciación admirativa", fue una introducción muy persuasiva. Tras de explicar sucintamente la cuestión de las fuentes y el indispensable marco de las concepciones religiosas, presentaba un muestrario de los diferentes tipos de poesía náhuatl: himnos sacros, cantos guerreros y poemas líricos, cuya mayor cualidad residía en la competencia de las traducciones unida a la exposición y a la interpretación de significados y contextos culturales, llenos de entusiasmo y sabiduría.

Sin embargo, esta primera entrada en materia no llegó a tener la repercusión cultural que tuvo la siguiente obra de Garibay: *Poesía indígena de la Altiplanicie* (1940), que presentaba un estudio mucho más amplio e ilustrativo y ofrecía un extenso repertorio tanto de poemas provenientes de los "himnos sacros", incluidos por Sahagún en su *Historia,* como del *Ms. Cantares mexicanos* y de otras fuentes antiguas. *Poesía indígena* formaba parte de una colección muy divulgada, la Biblioteca del Estudiante Universitario, que se ponía en manos de todos ellos, lo que hizo posible que poemas como aquel de

Tochihuitzin, "Sólo venimos a soñar..." vivan en muchas memorias desde entonces.

Una vez presentado el panorama introductorio, el padre Garibay fue realizando, con una constancia y laboriosidad ejemplares, los grandes cuerpos de su monumental obra, todos coincidentes en el tema de la cultura literaria indígena. Después de una antología de la *Épica náhuatl* (1945), vino su *Historia de la literatura náhuatl* (2 vols., 1953 y 1954), un poco oceánica y de curso más personal que sistemático pero con un caudal de informaciones y revelaciones. De la *Historia* se desprendieron dos monografías complementarias: el *Panorama literario de los pueblos nahuas* (1963) y *La literatura de los aztecas* (1964). Por otra parte, además de estos estudios en los que intercalaba siempre abundantes muestras literarias, Garibay fue realizando la traducción de las fuentes principales de la antigua cultura mexicana: *Veinte himnos sacros de los nahuas* (1958) y *Vida económica de Tenochtitlan. 1. Pochtecáyotl* (1961) —volúmenes 2 y 3 de la serie en que se ha iniciado la traducción de los importantes textos conocidos con el nombre de *Informantes de Sahagún*— y, finalmente, los tres volúmenes de *Poesía náhuatl* (1964, 1965 y 1968) en los que dio textos críticos, traducciones, notas y estudios preliminares del *Ms. Romances de los señores de la Nueva España*, completos sus sesenta poemas, y alcanzó a traducir y estudiar, antes que la muerte interrumpiera su labor, ciento dieciocho poemas, esto es, la mayor parte del *Ms. Cantares mexicanos.*[2]

De un texto a otro, Garibay, siguiendo un sistema muy personal de trabajo, raras veces repetía la misma traducción suya, y casos hay en la *Historia de la literatura náhuatl* en que, en el mismo volumen, ofrezca dos versiones diferentes del mismo pasaje y que de algunos poemas haya en total hasta tres lecturas. Por lo general sus primeras versiones, las de 1940 de *Poesía indígena de la Altiplanicie*, quizá sean menos precisas filológicamente pero tienen un vuelo y una sencillez de expresión que en ocasiones falta en las traducciones de *Poesía náhuatl*. "Lo cual no es signo de infidelidad —respondía su autor—. Muchos textos pueden traducirse de muchos modos. Según el fin. ¿Han acabado las versiones de Horacio, o las traducciones de los Salmos...?"[3]

La contribución del padre Garibay para el conocimiento de la poesía de Nezahualcóyotl es fundamental. En los *Romances de los señores de la Nueva España* se encuentran veinticuatro poemas del señor de Tezcoco, y en las traducciones del *Ms. Cantares mexicanos* hay otros diez poemas también suyos, más el "Canto a Nezahualcóyotl" y numerosos pasajes en que se encuentran alusiones al gobernante o al poeta. El padre Garibay tradujo, pues, treinta y cuatro de los treinta y seis poemas que hasta ahora pueden atribuirse con certeza al poeta indio.[4] Considerando que antes de los trabajos de Garibay sólo se habían traducido por Brinton-Vigil —por el largo camino náhuatl-español-inglés-español— un poema de Nezahualcóyotl[5] más el elegiaco "Canto a Nezahualcóyotl",[6] y por Mariano Jacobo Rojas dos poemas,[7] y otra vez el canto elegiaco, esto es, que hasta 1936, y no tomando en cuenta la calidad de las traducciones, sólo se conocían dos poemas auténticos de Nezahualcóyotl, podremos apreciar la importancia de la contribución eminente del doctor Ángel María Garibay K., en este como en tantos otros campos de nuestra antigua cultura.

LA OBRA DE LEÓN-PORTILLA

Cuando se encontraban en su apogeo los trabajos sobre cultura náhuatl del doctor Garibay, comenzó a colaborar a su lado Miguel León-Portilla, primero como un discípulo y muy pronto como un investigador y traductor que iría no sólo a continuar las tareas emprendidas por su maestro, sino a encontrar perspectivas y profundizaciones monográficas muy interesantes en este dominio cultural. El primer libro importante de León-Portilla, *La filosofía náhuatl* (1956), fue una revelación, por el rigor de la investigación y la agudeza de análisis como el de los orígenes de las creencias religiosas o el de las ideas acerca de la creación artística entre ese pueblo. Un nuevo acierto fue la selección de relaciones indígenas de la Conquista, en traducciones de Garibay, que León-Portilla llamó tan justamente *Visión de los vencidos* (1959), que presentaba bien enlazados testimonios de gran dramatismo y belleza poética acerca de la destrucción del mundo indígena. A esta antología siguió *Los antiguos mexicanos a través de sus crónicas y cantares* (1961), el panorama más sugestivo que se ha escrito acerca de la antigua cultura mexicana, en el que sobresale la interpretación del "Diálogo de la flor y el canto" como una estética de la creación poética de los nahuas. En fin, en *Trece poetas del mundo azteca* (1967), destacándolos del acervo común de las antiguas colecciones de cantos, León-Portilla logró precisar los "rostros y corazones" de un grupo de poetas de cuatro regiones del mundo nahua, con excelentes estudios y traducciones de la obra de cada uno. El de Nezahualcóyotl, a quien llama "poeta, arquitecto y sabio en las cosas divinas", que incluye traducciones de sus poemas más importantes, es un resumen de la personalidad del señor de Tezcoco y una interpretación de sus concepciones filosóficas y religiosas.

Además del acierto de León-Portilla al iluminar y enriquecer aspectos de la cultura náhuatl, sus traducciones poéticas —y en especial las de Nezahualcóyotl— logran desatarse de la preocupación de fidelidad y de cierta aspereza que a veces tienen las de Garibay, para interesarse mucho más en la calidad sugestiva y en la tersura del lenguaje.

Con Miguel León-Portilla al frente de las actuales investigaciones de la cultura indígena antigua —en cuyo nuevo equipo del Instituto de Investigaciones Históricas, de la Universidad Nacional Autónoma de México, destacan los trabajos de Alfredo López Austin— está asegurada la continuidad de estos estudios, en los que queda aún mucho por hacer, para completar el conocimiento y la valoración de nuestro pasado cultural.[8]

ELECCIÓN DE TRADUCCIONES

Ya que Garibay tradujo la totalidad de los poemas de Nezahualcóyotl que se encuentran en las antiguas compilaciones, y León-Portilla quince poemas o fragmentos, se presentaba el problema de la elección entre dos versiones muy cercanas, como pertenecientes que son a una misma escuela. Cuando fue preciso escoger se prefirió la versión más afortunada literariamente y la que conservaba mejor el sentido del canto original. Por ello, aparecen en esta edición veinticuatro traducciones del padre Garibay y diez de León-Portilla. De unas y otras, se da noticia en el examen de las fuentes.

7. Los poemas de Nezahualcóyotl y sus fuentes

Las fuentes que nos han permitido hasta ahora conocer algunos poemas atribuidos con fundamento a Nezahualcóyotl son dos manuscritos en náhuatl de fines del siglo XVI: *Cantares mexicanos* y *Romances de los señores de la Nueva España,* más la *Historia chichimeca* de Alva Ixtlilxóchitl.

I. Ms. Cantares mexicanos

Ya se han mencionado las peripecias que sufrió el más importante acervo de la antigua poesía mexicana, sus ediciones y las primeras traducciones que de su contenido se hicieron. El manuscrito, que se encuentra en la Biblioteca Nacional de México, contiene, además de los *Cantares,* un *Kalendario mexicano,* unas *Fábulas de Esopo* y otros textos en náhuatl. Los *Cantares mexicanos* ocupan los primeros 85 folios y están divididos en varias secciones: de los otomíes, de Huexotzinco, de la Triple Alianza, cantos de *teponazcuícatl* —que Garibay llama "cantos de bailete"—, de Chalco y poemas breves. Intercalados se encuentran varios poemas ya cristianos y hay algunos repetidos.

Garibay considera que puede atribuirse a fray Bernardino de Sahagún, más que a fray Andrés de Olmos, el mérito de haber encargado esta recopilación de los cantares nahuas. Hasta el folio 80 hay una misma letra, "firme y bella". En esta misma hoja está inscrita la fecha de 1597, aunque Garibay cree que la recopilación de la parte fundamental del manuscrito puede fijarse entre 1560 y 1570, época en que Sahagún "revisa sus materiales y les da la última mano" y que el lugar puede haber sido el convento de San Francisco el Grande, de la ciudad de México.[1]

De este *Ms. Cantares mexicanos,* de acuerdo con la autoridad de Ángel María Garibay K. y de Miguel León-Portilla, los siguientes diez poemas pueden atribuirse con certeza a Nezahualcóyotl:[2]

1) F 4 r, *Memoria de los reyes*: "Con lágrimas de flores de tristeza", trad. Garibay, *Historia de la literatura náhuatl,* t. I, pp. 266-7. Respecto a la atribución tentativa señaló Garibay: "'Lo escribió un rey que hace memoria de los reyes', dice la inscripción en náhuatl. Bien podemos dejarlo a cualquiera

de los 'reyes poetas' que nos han salido al paso, sin excluir al mismo Nezahualcóyotl". *Historia de la literatura náhuatl*, t. I, p. 266.

2) F 13 r y v, *Dolor y amistad*: "No hago más que buscar", trad. Garibay, *Poesía náhuatl*, t. II, pp. 127-8. León-Portilla tradujo la parte central del poema: "Solo allá en el interior del cielo", *Trece poetas del mundo azteca*, p. 53.

Garibay no atribuye *Dolor y amistad* a Nezahualcóyotl. León-Portilla, en cambio, tradujo como del poeta sólo la parte central de este poema, acaso por considerar que el pensamiento allí expresado es característico suyo. Reproduzco la versión de Garibay del poema completo.

3) F 14 v, *Angustia ante la muerte*: "Me siento ebrio, lloro, sufro", trad. Garibay, *Opus cit.*, p. 137, y León-Portilla, *Opus cit.*, p. 50.

Garibay dice que este breve poema parece haberse difundido mucho y se encuentra en varios lugares del Ms., pero no lo atribuye a Nezahualcóyotl. León-Portilla lo da como suyo y traduce otra de sus variantes, aquí reproducida.

4) F 16 v - 17 r, *El árbol florido*: "Ya se difunde, ya se difunde nuestro canto", trad. Garibay, *Opus cit.*, pp. 2-4. León-Portilla ha traducido tres fragmentos de este poema: "No acabarán mis flores", *Trece poetas del mundo azteca*, p. 52; "Soy rico, yo el señor Nezahualcóyotl"; *Ibidem*, p. 71, y "Yo Nezahualcóyotl lo pregunto", *Ibid.*, p. 49.

El poema es un diálogo en que uno de los interlocutores es Nezahualcóyotl. He añadido, por ello, el subtítulo general y he señalado las intervenciones de cada uno de los poetas.

5) F 18 v - 19 r, *Poemas de Yoyontzin:* "He llegado aquí; yo soy Yoyontzin", trad. Garibay, *Opus cit.*, pp. 13-4.

Estos *Poemas de Yoyontzin* son una variante, ampliada al final, del poema de Nezahualcóyotl que aparece en el *Ms. Romances de los señores de la Nueva España*, f 3 r y v: "He llegado aquí: / yo soy Yoyontzin". Yoyontzin era un apodo que se daba a Nezahualcóyotl, sobre todo en tanto que poeta, pero quizá se aplicaba también a otros personajes. En otros casos, Yoyontzin se usa como uno de los nombres del poeta. Chimalpahin, por ejemplo, escribe: "Vino aquí el Nezahualcóyotl Acolmiztli Yoyontzin, señor de Tetzcuco Acolhuacan".[3]

6) F 25 r y v, repetido en f 3 v, *Poema de rememoración de héroes:* "Sólo las flores son nuestra mortaja", trad. Garibay, *Opus cit.*, pp. 51-2. León-Portilla tradujo sólo la segunda mitad de este poema, *Opus cit.*, p. 65. Lo tradujeron también Brinton-Vigil y M. J. Rojas. El principio del poema se encuentra también en el *Ms. Romances...*, f 32 v, como de Nezahualcóyotl: Garibay, *Poesía náhuatl*, t. I, p. 82.

En su versión completa, éste es un poema complejo. En la primera parte, que es un canto elegiaco, habla Yoyontzin y se refiere tanto a Nezahualcóyotl como a Moctezuma. La segunda parte es también un poema elegiaco en el que Nezahualcóyotl recuerda a otros nobles desaparecidos: Cuacuauhtzin, el infortunado señor de Tepechpan que pereció hacia 1443 por designios del propio señor de Tezcoco, y Tezozomoctzin que —entre los varios que existieron con ese nombre— debe ser el que fue señor de Cuauhtitlan, sufrió ataques de los tepanecas y murió o se suicidó hacia 1429-1430.[4] Consiguientemente, el poema debió componerse después de 1443.

Garibay (*Historia de la literatura náhuatl*, t. I, p. 201) cree que el poema es un "diálogo, real o ficticio entre dos poetas, Yoyontzin y Nezahualcóyotl". Me inclino más bien a suponer que se trata de dos poemas elegiacos, el segundo de ellos verosímilmente de Nezahualcóyotl. Reproduzco, de todas maneras, el poema completo, traducido por Garibay.

7) F 31 r y v, *Deseo de persistencia:* "Yo ave del agua floreciente duro en fiesta", trad. Garibay, *Poesía náhuatl*, t. III, pp. 21-2.

8) F 66 v - 67 r, *Canto de Nezahualcóyotl de Acolhuacan con que saludó a Monteuczoma el Grande, cuando éste estaba enfermo:* "Vedme, he llegado acá", trad. Garibay, *Opus cit.*, pp. 36-8. Lo tradujo también M. J. Rojas.

Moctezuma Ilhuicamina, a quien dedica Nezahualcóyotl este poema mímico —es decir, para ser representado y acompañado de música—, reinó en México-Tenochtitlan de 1440 a 1469. Estuvo enfermo poco antes de su muerte.[5] El canto debió ser compuesto, consiguientemente, hacia 1469, dos años antes de la muerte del propio Nezahualcóyotl.

9) F 69 r, "¡En buen tiempo vinimos a vivir", trad. Garibay, *Historia de la literatura náhuatl*, t. II, pp. 389-390, y en *Poesía náhuatl*, t. III, p. 45: "Hemos llegado en buen tiempo". Forma parte de un poema mímico, cuyo título Garibay traduce como *Cantos de primavera rectificados,* formado por cantos aislados del tipo de los que se cantaban en concursos como el que León-Portilla llama *Diálogo de la flor y el canto* y que se celebró en la casa de Tecayehuatzin, en Huexotzinco. En la sección V de este poema aparece este hermoso fragmento en boca de Yoyontzin, que es verosímilmente el apodo poético de Nezahualcóyotl. Entre las dos traducciones de Garibay, prefiero la primera con la que concluye su *Historia de la literatura náhuatl*.

10) F 70 r, "¿A dónde iremos donde no haya muerte?", trad. Garibay, *Poesía náhuatl*, t. III, p. 49 (fragmento), y León-Portilla, *Opus cit.*, p. 51: "¿A dónde iremos / donde la muerte no existe?"

Garibay explica que el *Canto al estilo chichimeca* —poema mímico en el que intervienen varios poetas, personajes y coro—, del que forma parte este fragmento, se compuso en ocasión de la muerte de Tlacahuepan y sus hermanos, ocurrida hacia 1494 o 1498, es decir, varios años después de la muerte de Nezahualcóyotl: 1472. León-Portilla traduce este fragmento como del rey poeta, atribución que es posible —si se considera el pasaje como una interpolación— pero que carece de fundamento.

Al lado de los textos anteriores puede agregarse luego el poema extenso dedicado a la memoria de Nezahualcóyotl, ya que pertenece también al *Ms. Cantares mexicanos:*

> F 28 v - 29 r, *Canto a Nezahualcóyotl:* "Ya se disponen aquí nuestros tambores", trad. Garibay, *Poesía náhuatl,* t. III, pp. 10-11; otra traducción anterior, también de Garibay, en *La literatura de los aztecas,* pp. 82-6, *Bailete de Nezahualcóyotl:* "Se aprestan aquí nuestros atabales". Lo tradujeron también Brinton-Vigil y M. J. Rojas.
> Es un poema mímico, probablemente para ser representado con canto y baile. En su primera versión, Garibay formó un poema más extenso, al que llamó *Bailete de Nezahualcóyotl,* con la primera parte en que intervienen dos poetas y Nezahualcóyotl, seguida de un *Diálogo de dos poetas disfrazados de aves* y de un canto guerrero final en que aparece Nezahualpilli. En su segunda versión, cada una de estas partes aparece separada.

II. Ms. ROMANCES DE LOS SEÑORES DE LA NUEVA ESPAÑA

Un bisnieto de Nezahualcóyotl, Juan Bautista Pomar, mestizo y originario probablemente de Tezcoco, para informar al rey Felipe II del estado y la historia de sus territorios, concluyó en marzo de 1582 una *Relación de Tezcoco* —exposición muy valiosa del "ambiente histórico y cultural" de este antiguo señorío—, y agregó a ella lo que arbitrariamente llamó *Romances de los señores de la Nueva España,* que en realidad es una recopilación de antiguos poemas nahuas. Pomar parece haber sido alumno de Santa Cruz de Tlatelolco, y ya que en su recopilación de cantares se sigue el mismo método y el mismo ordenamiento que en el *Ms. Cantares mexicanos,* Garibay cree que puede atribuirse también a Sahagún el mérito de haberlo encargado.[6]

El manuscrito de los *Romances* consta de 42 folios, entre los que falta el 33. Los poemas o cantos, sesenta en total, aparecen divididos en cuatro partes, y al igual que en el *Ms. Cantares mexicanos,* los poemas están agrupados por sus lugares de procedencia: Tezcoco, Chalco, Huexotzinco, Triple Alianza. Existe una gran coincidencia de temas y aun de poemas íntegros con la otra recopilación, lo cual ha sido muy útil para la labor de traducción y para confirmar la autenticidad de los poemas.

El manuscrito perteneció a Carlos de Sigüenza y Góngora, y parece haber sido conocido por Agustín de Vetancurt y por Francisco Javier Clavijero. Beristáin y Souza menciona que vio una copia de él en San Gregorio, copia que sirvió a Joaquín García Icazbalceta para hacer, en 1891, una edición[7] exclusivamente de la *Relación de Tezcoco* de Pomar. El manuscrito completo formó parte de las bibliotecas de José María de Ágreda y Sánchez y de Genaro García, de donde pasó a la Biblioteca de Austin, Texas, donde hoy se encuentra.[8]

En el tomo I de *Poesía náhuatl* (México, 1964), Ángel María Garibay K., respondiendo después de setenta años al deseo de Joaquín García Icazbalceta, realizó por primera vez una edición completa del manuscrito de Pomar —*Relación* y *Romances*— y tradujo al español la totalidad de los poemas nahuas. Esta edición y traducción ha sido un paso de gran importancia para el conocimiento de la poesía de Nezahualcóyotl. Sin duda porque los *Romances* fueron compilados por un tezcocano —descendiente orgulloso de Nezahualcóyotl y Nezahualpilli—, en ellos se encuentra la mayor parte de los poemas que con certeza pueden atribuirse a Nezahualcóyotl: 28 poemas según Garibay; 24 una vez excluidas las repeticiones.[9] Mientras que en el *Ms. Cantares mexicanos* no había una sección específica para los poemas de la región de Tezcoco —en tanto que aparecen 21 poemas de Chalco y 43 de Huexotzinco, lo que puede inducirnos a pensar que el recopilador haya sido de esta última procedencia—, en los *Romances* hay cuatro secciones de Tezcoco, con 33 poemas en total, de las cuales las tres últimas son casi exclusivamente de poemas de Nezahualcóyotl.

En atención a la indicación expresa que llevan o a la opinión de Garibay, los 24 poemas siguientes del *Ms. Romances de los señores de la Nueva España* pueden atribuirse con certeza a Nezahualcóyotl:

1) F 3 v - 4 r, "Poneos en pie", trad. Garibay, *Poesía náhuatl,* t. I, p. 9, y León-Portilla, "¡Amigos míos, poneos de pie!", *Trece poetas del mundo azteca,* p. 63.

2) F 4 v - 5 v, *El poder grande del criador:* "En ningún lugar puede ser", trad. Garibay, *Opus cit.,* pp. 12-3, y León-Portilla, *Nos enloquece el Dador de la Vida:* "No en parte alguna puede estar la casa del inventor de sí mismo", *Opus cit.* pp. 54-6.

3) F 19 r, "Deleitaos / con las embriagadoras flores", trad. Garibay, *Opus cit.,* p. 50, y León-Portilla, *Alegraos:* "Alegraos con las flores que embriagan", *Opus cit.,* p. 75.

4) F 19 r, "Nos ataviamos, nos enriquecemos", trad. Garibay, *Opus cit.,* p. 51, y León-Portilla, "Por fin lo comprende mi corazón", *Opus cit.,* p. 52.

5) F 19 v - 20 r, *A lo divino gentílico:* "¿Eres tú, eres tú verdadero?", trad. Garibay, *Opus cit.*, p. 52, y León-Portilla, "¿Eres tú verdadero (tienes raíz)?", *Opus cit.*, p. 54.

6) F 20 r, "Sólo él: por quien todo vive...", trad. Garibay, *Opus cit.*, p. 53, y León-Portilla, *Solamente él:* "Solamente él / el Dador de la Vida", *Opus cit.*, p. 73.

7) F 20 v, "¡Es un puro jade, / un ancho plumaje", trad. Garibay, *Opus cit.*, p. 54.

8) F 20 v - 21 r, "¡Ay de mí: / sea así!", trad. Garibay, *Opus cit.*, p. 55.

9) F 21 r - 22 v, *De Nezahualcoyotzin cuando andaba huyendo del rey de Azcapotzalco:* "En vano nací", trad. Garibay, *Opus cit.*, pp. 56-8, y León-Portilla, *Canto de la huida:* "En vano he nacido", *Opus cit.*, pp. 59-61.

Las circunstancias que inspiraron este canto están ya indicadas en su título. De 1418, fecha de la muerte de su padre Ixtlilxóchitl, a 1427 en que inicia la reconquista de su señorío, el joven príncipe Nezahualcóyotl vive huyendo de las persecuciones de Tezozómoc y de Maxtla, señores de Azcapotzalco. El poema pudo haberse compuesto hacia 1426 cuando Nezahualcóyotl tenía 24 años (Véase *supra: Vida*, cap. 1)

10) F 22 v - 23 r, "Comienzo a cantar", trad. Garibay, *Opus cit.*, pp. 59-60.

11) F 23 v - 24 r, "Pongo enhiesto mi tambor", trad. Garibay, *Opus cit.*, p. 61.

12) F 24 r y v, "Con flores negras veteadas de oro", trad. Garibay, *Opus cit.*, pp. 62-3.

13) F 24 v - 25 r, "Tú, ave azul, tú lúcida guacamaya", trad. Garibay, *Opus cit.*, p. 64.

14) F 25 r - 26 r, "Cual joyeles abren sus capullos", trad. Garibay, *Opus cit.*, pp. 65-6.

15) F 26 r, "Nos atormentamos: / no es aquí nuestra casa de hombres...", trad. Garibay, *Opus cit.*, p. 67.

16) F 26 r, "Ay, solo me debo ir", trad. Garibay, *Opus cit.*, p. 68.

17) F 35 r - 36 r [*Como una pintura nos iremos borrando*]: "¡Oh, tú con flores / pintas las cosas", trad. Garibay, *Opus cit.*, pp. 85-7, y León-Portilla, "Con flores escribes, Dador de la Vida", *Opus cit.*, pp. 52-3; "Percibo lo secreto, lo oculto", *Opus cit.*, pp. 49-50.

Garibay atribuye a Nezahualcóyotl la totalidad del poema de f 34 r 36 r, el número 53 de los *Romances* que comienza: "aunque no por segunda vez venimos a la tierra", y está formado por catorce secciones. Las siete primeras son fragmentos sin relación aparente con el poema principal, que ocupa las siete últimas secciones, y que aquí se recogen, ya que con mayor probabilidad pueden considerarse de nuestro poeta.

León-Portilla tradujo sólo dos fragmentos de esta segunda parte.

18) F 36 r y v, "¡Esmeraldas, oro / tus flores, oh dios!", trad. Garibay *Opus cit.*, pp. 88-9.

19) F 37 r y v, "Ponte en pie, percute tu atabal", trad. Garibay, *Opus cit.*, pp. 90-1.

20) F 38 r - 39 v [*Canto de primavera*]: "En casa de musgo acuático", trad. Garibay, *Opus cit.*, pp. 92-4, y León-Portilla, *Canto de primavera:* "En la casa de las pinturas", *Opus cit.*, pp. 67-9. En la versión de Garibay, el *Canto de primavera* concluye con dos estrofas —omitidas en la traducción de León-Portilla que se recoge— que son una especie de glosa acerca del poema y están dirigidas a Nezahualcóyotl.

21) F 39 v - 41 r, "Comienza ya, / canta ya", trad. Garibay, *Opus cit.*, pp. 95-7.

22) F 41 r - 42 r [*Los cantos son nuestro atavío*]: "Como si fueran flores", trad. Garibay, *Opus cit.*, pp. 98-9.

23) F 42 r y v, "Mientras que con escudos", trad. Garibay, *Opus cit.*, p. 100.

24) F 42 v, "Esmeraldas / turquesas", trad. Garibay, *Opus cit.*, p. 101.

III. "Historia chichimeca" de Alva Ixtlilxóchitl

Ya se han descrito más arriba las obras históricas de Fernando de Alva Ixtlilxóchitl y los dos poemas-profecías cuya versión española incluye en la *Historia chichimeca*. Estos poemas, que se suman a los diez procedentes del *Ms. Cantares mexicanos* y a los veinticuatro del *Ms. Romances de los señores de la Nueva España* para formar la totalidad de los poemas auténticos de Nezahualcóyotl que conocemos, son los siguientes:

1) "Ido que seas de esta presente vida", *Historia chichimeca*, cap. XLVII, pp. 235-6.

2) "En tal año como éste [*Ce ácatl*]", *Ibidem*, p. 236.

TEXTOS

LOS CANTOS

1. Destino del canto

PONEOS DE PIE

¡AMIGOS míos, poneos de pie!
Desamparados están los príncipes,
yo soy Nezahualcóyotl,
soy el cantor,
soy papagayo de gran cabeza.
Toma ya tus flores y tu abanico.
¡Con ellos parte a bailar!
Tú eres mi hijo,
tú eres Yoyontzin.
Toma ya tu cacao,
la flor del cacao,
¡que sea ya bebida!
¡Hágase el baile,
comience el dialogar de los cantos!
No es aquí nuestra casa,
no viviremos aquí,
tú de igual modo tendrás que marcharte.

Ms. Romances de los señores de la Nueva España, f 3 v - 4 r, trad. León-Portilla, *Trece poetas del mundo azteca,* p. 63.

ALEGRAOS

Alegraos con las flores que embriagan,
las que están en nuestras manos.
Que sean puestos ya
los collares de flores.
Nuestras flores del tiempo de lluvia,
fragantes flores,
abren ya sus corolas.
Por allí anda el ave,
parlotea y canta,
viene a conocer la casa del dios.
Sólo con nuestras flores
nos alegramos.
Sólo con nuestros cantos
perece vuestra tristeza.
Oh señores, con esto,
vuestro disgusto se disipa.
Las inventa el Dador de la Vida,
las ha hecho descender
el inventor de sí mismo,
flores placenteras,
con esto vuestro disgusto se disipa.

Ms. Romances de los señores de la Nueva España, f 19 r, trad. León-Portilla, *Trece poetas del mundo azteca,* p. 75.

NOS ATAVIAMOS, NOS ENRIQUECEMOS...

Nos ataviamos, nos enriquecemos
con flores, con cantos:
ésas son las flores de la primavera:
¡con ellas nos adornamos aquí en la tierra!

Hasta ahora es feliz mi corazón:
oigo ese canto, veo una flor:
¡que jamás se marchiten en la tierra!

Ms. Romances de los señores de la Nueva España, f. 19 r, trad. Garibay, *Poesía náhuatl*, t. I, núm. 31, p. 51.

CON FLORES NEGRAS VETEADAS DE ORO...

Con flores negras veteadas de oro
entrelaza el bello canto.
Con él vienes a engalanar a la gente,
tú cantor:
con variadas flores
revistes a la gente.
Gozad, oh príncipes.

¿Acaso así se vive ahora
y así se vive allá en el sitio del misterio?
¿Aún allí hay placer?
¡Ah, solamente aquí en la tierra:
con flores se da uno a conocer,
con flores se manifiesta uno,
oh amigo mío!

Engalánate con tus flores,
flores color de luciente guacamaya,
brillantes como el sol; con flores del cuervo
engalanémonos en la tierra,
aquí, pero sólo aquí.

Sólo un breve instante sea así:
por muy breve tiempo se tienen en préstamo
sus flores.
Ya son llevadas a su casa
y al lugar de los sin cuerpo, también su casa,
y no con eso así han de perecer
nuestra amargura, nuestra tristeza.

Ms. Romances de los señores de la Nueva España, f 24 r y v, trad. Garibay, *Poesía náhuatl*, t. I, núm. 39, pp. 62-63.

CUAL JOYELES ABREN SUS CAPULLOS...

Cual joyeles abren sus capullos
tus flores:
rodeadas de follaje de esmeralda.
Están en nuestras manos.
Preciosas olientes flores,
ellas son nuestro atavío,
oh príncipes.
Solamente las tenemos prestadas
en la tierra.

¡Flores valiosas y bellas
se vayan entreverando!
Están en nuestras manos.
Preciosas olientes flores,
ellas son nuestro atavío,
oh príncipes.
Solamente las tenemos prestadas
en la tierra.

Yo me pongo triste,
palidezco mortalmente...
¡Allá, su casa, a donde vamos,
oh, ya no hay regreso,
ya nadie retorna acá!...
¡De una vez por todas nos vamos
allá a donde vamos!

¡Pudieran llevarse a su casa
las flores y los cantos!
Váyame yo adornado
con áureas flores del cuervo,
con bellas flores de aroma.

En nuestras manos están...
¡Oh ya no hay regreso,
ya nadie retorna acá!...
¡De una vez por todas nos vamos
allá a donde vamos!

Ms. Romances de los señores de la Nueva España, f 25 r y v, trad. Garibay, *Poesía náhuatl*, t. I, núm. 41, pp. 65-66.

PONTE EN PIE, PERCUTE TU ATABAL...

Ponte en pie, percute tu atabal:
dése a conocer la amistad.
Tomados sean sus corazones:
solamente aquí tal vez tenemos prestados
nuestros cañutos de tabaco,
nuestras flores.

Ponte en pie, amigo mío,
toma tus flores junto al atabal.

Huya tu amargura:
órnate con ellas:
han venido a ser enhiestas las flores,
se están repartiendo
las flores de oro preciosas.

Bellamente canta aquí
el ave azul, el quetzal, el zorzal:
preside el canto el *quéchol* [guacamaya]:
le responden todos, sonajas y tambores.

Bebo cacao:
con ello me alegro:
mi corazón goza,
mi corazón es feliz.

¡Llore yo o cante,
en el rincón del interior de su casa
pase yo mi vida!

¡Oh ya bebí florido cacao con maíz:
mi corazón llora, está doliente:
sólo sufro en la tierra!

¡Todo lo recuerdo:
no tengo placer,
no tengo dicha:
sólo sufro en la tierra!

Ms. Romances de los señores de la Nueva España, f 37 r - 38 r, trad. Garibay, *Poesía náhuatl,* t. I, núm. 55, pp. 90-1.

CANTO DE PRIMAVERA

En la casa de las pinturas
comienza a cantar,
ensaya el canto,
derrama flores,
alegra el canto.

Resuena el canto,
los cascabeles se hacen oír,
a ellos responden
nuestras sonajas floridas.
Derrama flores,
alegra el canto.

Sobre las flores canta
el hermoso faisán,
su canto despliega
en el interior de las aguas.
A él responden
varios pájaros rojos,
el hermoso pájaro rojo
bellamente canta.

Libro de pinturas es tu corazón,
has venido a cantar,
haces resonar tus tambores,
tú eres el cantor.
En el interior de la casa de la primavera,
alegras a las gentes.

Tú sólo repartes
flores que embriagan,
flores preciosas.
Tú eres el cantor.

En el interior de la casa de la primavera,
alegras a las gentes.

Ms. Romances de los señores de la Nueva España, f 38 v - 39 r, trad.
León-Portilla, *Trece poetas del mundo azteca*, pp. 67-9.

COMIENZA YA...

Comienza ya,
canta ya
entre flores de primavera,
príncipe chichimeca,
el de Acolhuacan.

Deléitate, alégrate,
huya tu hastío, no estés triste...
¿Vendremos otra vez
a pasar por la tierra?
Por breve tiempo
vienen a darse en préstamo
los cantos y las flores del dios.

¡En la casa de las flores comienza
el sartal de cantos floridos:
se entreteje: es tu corazón,
oh cantor!

Oh cantor,
ponte en pie:
tú haces cantar,
tú pones un collar fino
a los de Acolhuacan.
En verdad nunca acabarán las flores,
nunca acabarán los cantos.

Floridamente se alegran nuestros corazones:
Solamente breve tiempo
aquí en la tierra.
Vienen ya nuestras bellas flores.
Gózate aquí, oh cantor,
entre flores primaverales:
Vienen ya nuestras bellas flores.

Se van nuestras flores:
nuestros ramilletes,
nuestras guirnaldas
aquí en la tierra. . .
¡Pero sólo aquí!

Debemos dejar
la ciudad, oh príncipes chichimecas:
No llevaré flores,
no llevaré bellos cantos
de aquí de la tierra. . .
¡Pero sólo aquí!

Donde es el reparto, donde es el reparto
vino a erguirse el Árbol Florido:
con él se alegra, e irrumpe
mi hermoso canto.

Ya esparzo nuestros cantos,
se van repartiendo:
tú con quien vivo,
estás triste:
¡Que se disipe tu hastío!
¡Ya no esté pensativo tu corazón!
¡Con cantos engalanaos!

Ms. Romances de los señores de la Nueva España, f 39 v - 41 r, trad.
Garibay, *Poesía náhuatl*, t. I, núm. 57, pp. 95-7.

LOS CANTOS SON NUESTRO ATAVÍO

Como si fueran flores
los cantos son nuestro atavío,
oh amigos:
con ellos venimos a vivir en la tierra.

Verdadero es nuestro canto,
verdaderas nuestras flores,
el hermoso canto.
Aunque sea jade,
aunque sea oro,
ancho plumaje de quetzal. . .
¡Que lo haga yo durar aquí junto al tambor!
¿Ha de desaparecer acaso
nuestra muerte en la tierra?
Yo soy cantor:
que sea así.

Con cantos nos alegramos,
nos ataviamos con flores aquí.
¿En verdad lo comprende nuestro corazón?
¡Eso hemos de dejarlo al irnos:
por eso lloro, me pongo triste!

Si es verdad que nadie
ha de agotar su riqueza,
tus flores, oh Árbitro Sumo. . .
Debemos dejarlas al irnos:
¡por eso lloro, me pongo triste!

Con flores aquí
se enteteje la nobleza,
la amistad.
Gocemos con ellas,
casa universal suya es la tierra.

¿En el sitio de lo misterioso aún
habrá de ser así?
Ya no como aquí en la tierra:
las flores, los cantos
solamente aquí perduran.

Solamente aquí una vez
haya galas de uno a otro.
¿Quién es conocido así allá?
¿Aún de verdad hay allá vida?

¡Ya no hay allá tristeza,
allá no recuerdan nada. . . ay!
¿Es verdad nuestra casa:
también allá vivimos?

Ms. Romances de los señores de la Nueva España, f 41 r - 42 r, trad. Garibay, *Poesía náhuatl*, t. I, núm. 58, pp. 98-9.

EL ÁRBOL FLORIDO

[Diálogo de poetas]

[PRIMER POETA]

Ya se difunde, ya se difunde nuestro canto.
En medio de joyas, en medio de oro
se ensancha el Árbol Florido.
Ya se estremece, ya se esparce.
¡Chupe miel al ave quetzal,
chupe miel el dorado *quéchol*!

Tú te has convertido en Árbol Florido:
abres tus ramas y te doblegas:
te has presentado ante el Dador de Vida:
en su presencia abres tus ramas:
nosotros somos variadas flores.

Perdura aún allí,
abre tus corolas aún en esta tierra.

Si tú te mueves, caen flores:
eres tú mismo el que te esparces.

[NEZAHUALCÓYOTL]

No acabarán mis flores,
no acabarán mis cantos:
yo los elevo: soy un cantor.

Se esparcen, se derraman,
amarillecen las flores:
son llevadas al interior de lo dorado.
Flores de cuervo, flores de manita
tú esparces, tú haces caer
en medio de las flores.

Ah, sí: yo soy feliz,
yo el príncipe Nezahualcóyotl
juntando estoy joyas, anchos penachos de quetzal,
estoy contemplando el rostro de los jades:
¡Son los príncipes!
Viendo estoy el rostro de Águilas y Tigres,
estoy contemplando el rostro de jades y joyas.

[PRIMER POETA]

El resplandor de una ajorca cuajada de jades:
eso es vuestra palabra y vuestro pensamiento,
oh vosotros, reyes, Motecuzomatzin y Nezahualcoyotzin:
y tendréis que dejar huérfanos alguna vez a vuestros vasallos.

Ahora, sed felices al lado, a la vera del que da vida:
¡no por segunda vez se es rey en la tierra:
tendréis que dejar huérfanos alguna vez a vuestros vasallos!

Ahora sé feliz, ahora engalánate,
tú, príncipe Nezahualcóyotl:
toma para ti las flores de aquel por quien vivimos

Va a cansarse, va a hastiarse aquí:
alguna vez ocultará su gloria y su renombre:
por muy breve tiempo se dan en préstamo, oh príncipes.

Ahora sé feliz, ahora engalánate,
tú, príncipe Nezahualcóyotl:
toma para ti las flores de aquel por quien vivimos

Piensa, Nezahualcóyotl:
Que allá solamente es la casa del autor de vida:
solo anda tomando el trono y el solio,
solo está andando la tierra y el cielo.
Allá será feliz y dará su dicha.

[Nezahualcóyotl]

Nos iremos, ay... ¡gozaos!
Lo digo yo, Nezahualcóyotl.

¿Es que acaso se vive de verdad en la tierra?
¡No por siempre en la tierra,
sólo breve tiempo aquí!
Aunque sea jade: también se quiebra;
aunque sea oro, también se hiende,
y aun el plumaje de quetzal se desgarra:
¡No por siempre en la tierra:
sólo breve tiempo aquí!

Ms. Cantares mexicanos, f 16 v - 17 r, trad. Garibay, *Poesía náhuatl,* t. II, pp. 2-4.

HE LLEGADO AQUI: YO SOY YOYONTZIN. . .

He llegado aquí: yo soy Yoyontzin.
Sólo flores anhelo,
he venido a estar cortando flores en la tierra.
Ya corto aquí valiosas flores,
ya corto aquí flores de amistad.

Unido con tu persona, oh príncipe,
soy Nezahualcóyotl, el rey, soy Yoyontzin.
Sólo vengo a buscar presuroso
tu hermoso canto,
y también con él busco a los amigos.
Haya aquí alegría,
demuéstrese la amistad.

Un breve tiempo me deleito,
un breve tiempo se alegra
mi corazón en la tierra.
Yo soy Yoyontzin:
flores anhelo.
Me vivo con cantos floridos.
Mucho quiero y deseo
la hermandad, la nobleza.
Anhelo cantos: me vivo en cantos floridos.

Como el jade,
como un collar rico,
como un ancho plumaje de quetzal,
estimo tu canto al Dador de Vida,
con él me gozo,
con él bailo entre los atabales
en la florida casa de primavera.
Yo Yoyontzin. Mi corazón lo goza.
Tañe bellamente
tu tambor florido tú, cantor;
espárzanse flores perfumadas y blancas
y flores preciosas se derramen,

caigan en lluvia aquí junto a los atabales.
Gocémonos allí.

Ya el ave azul de largo cuello,
el negro *tzinizcan* y la guacamaya roja
cantan allí y gorjean:
se alegran con las flores.
Ya está erguido allí
el Árbol Florido junto a los tambores.
Junto a él vive
el precioso pájaro rojo:
en ave se ha convertido
Nezahualcoyotzin:
se alegra con las flores.

Ms. Cantares mexicanos, f 18 v - 19 r, trad. Garibay, *Poesía náhuatl,*
t. II, núm. 7, pp. 13-4.

2. El Dador de la Vida

NOS ENLOQUECE EL DADOR DE LA VIDA

No en parte alguna puede estar la casa del inventor de sí
    mismo.
Dios, el señor nuestro, por todas partes es invocado,
por todas partes es también venerado.

Se busca su gloria, su fama en la tierra.
Él es quien inventa las cosas,
él es quien se inventa a sí mismo: Dios.
Por todas partes es también venerado.
Se busca su gloria, su fama en la tierra.

Nadie puede aquí,
nadie puede ser amigo
del Dador de la Vida;
sólo es invocado,
a su lado,
junto a él,
se puede vivir en la tierra.

El que lo encuentra
tan sólo sabe bien esto: él es invocado;
a su lado, junto a él,
se puede vivir en la tierra.

Nadie en verdad
es tu amigo,
¡oh Dador de la Vida!
Sólo como si entre las flores
buscáramos a alguien,
así te buscamos,
nosotros que vivimos en la tierra,
mientras estamos a tu lado.

Se hastiará tu corazón,
sólo por poco tiempo
estaremos junto a ti y a tu lado.

Nos enloquece el Dador de la Vida,
nos embriaga aquí.

Nadie puede estar acaso a su lado,
tener éxito, reinar en la tierra.

Sólo tú alteras las cosas,
como lo sabe nuestro corazón:
nadie puede estar acaso a su lado,
tener éxito, reinar en la tierra.

Ms. Romances de los señores de la Nueva España, **f 4 v - 5 r**, trad. León-Portilla, *Trece poetas del mundo azteca*, pp. 54-6.

¿ERES TÚ VERDADERO?...

¿Eres tú verdadero (tienes raíz)?
Sólo quien todas las cosas domina,
el Dador de la Vida.
¿Es esto verdad?
¿Acaso no lo es, como dicen?
¡Que nuestros corazones
no tengan tormento!
Todo lo que es verdadero
(lo que tiene raíz)
dicen que no es verdadero
(que no tiene raíz).
El Dador de la Vida
sólo se muestra arbitrario.

¡Que nuestros corazones
no tengan tormento!
Porque él es el Dador de la Vida.

Ms. Romances de los señores de la Nueva España, f **19 v - 20 r, trad.**
León-Portilla, *Trece poetas del mundo azteca*, p. 54.

SOLAMENTE ÉL...

Solamente él,
el Dador de la Vida.
Vana sabiduría tenía yo,
¿acaso alguien no lo sabía?
¿Acaso alguien no?
No tenía yo contento al lado de la gente.

Realidades preciosas haces llover,
de ti proviene tu felicidad,
¡Dador de la Vida!
Olorosas flores, flores preciosas,
con ansia yo las deseaba,
vana sabiduría tenía yo...

Ms. Romances de los señores de la Nueva España, f 20 r, trad. León-Portilla, *Trece poetas del mundo azteca*, p. 73.

¡ES UN PURO JADE! . . .

¡Es un puro jade,
un ancho plumaje
tu corazón, tu palabra,
oh padre nuestro!
¡Tú compadeces al hombre,
tú lo ves con piedad! . . .
¡Sólo por un brevísimo instante
está junto a ti y a tu lado!

Preciosas cual jade brotan
tus flores, oh por quien todo vive;
cual perfumadas flores se perfeccionan,
cual azules guacamayas abren sus corolas. . .
¡Sólo por un brevísimo instante
está junto a ti y a tu lado!

Ms. Romances de los señores de la Nueva España, f 20 v, trad. Garibay, *Poesía náhuatl*, t. I, núm. 34, p. 54.

COMIENZO A CANTAR...

Comienzo a cantar:
elevo a la altura
el canto de aquel por quien todo vive.

Canto festivo ha llegado:
viene a alcanzar
al Sumo Árbitro:
oh príncipes,
tómense en préstamo
valiosas flores.

Ya las renueva:
¿cómo lo haré?
Con sus ramos
adórneme yo:
yo volaré:
soy desdichado,
por eso lloro.

Breve instante a tu lado,
oh por quien todo vive:
verdaderamente
tú marcas el destino al hombre;
¿puede haber quién se sienta
sin dicha en la tierra?

Con variadas flores engalanado
está enhiesto tu tambor, oh por quien todo vive;
con flores, con frescuras
te dan placer los príncipes:
Un breve instante en esta forma
es la mansión de las flores del canto.
Las bellas flores del maíz tostado
están abriendo allí sus corolas:
hace estrépito, gorjea
el pájaro sonaja de quetzal,

del que hace vivir todo:
flores de oro están abriendo su corola.
Un breve instante en esta forma
es la mansión de las flores del canto.

Con colores de ave dorada,
de rojinegra y de roja luciente
matizas tú tus cantos:
con plumas de quetzal ennobleces
a tus amigos Águilas y Tigres:
los haces valerosos.

¿Quién la piedad ha de alcanzar arriba
en donde se hace uno noble, donde se logra gloria?
A tus amigos, Águilas y Tigres:
los haces valerosos.

Ms. Romances de los señores de la Nueva España, f 22 v - 23 r, trad. Garibay, *Poesía náhuatl*, t. I, núm. 37, pp. 59-60.

TÚ, AVE AZUL...

Tú, ave azul, tú lúcida guacamaya
andas volando:
Árbitro Sumo por quien todo vive:
tú te estremeces, tú te explayas aquí
de mi casa plena, de mi morada plena,
el sitio es aquí.

Con tu piedad y con tu gracia
puede vivirse, oh autor de vida, en la tierra:
tú te estremeces, tú te explayas aquí:
de mi casa plena, de mi morada plena
el sitio es aquí.

Ms. Romances de los señores de la Nueva España, f 24 v - 25 r, trad. Garibay, *Poesía náhuatl,* t. I, núm. 40, p. 64.

3. La angustia del mundo

CANTO DE LA HUIDA

DE NEZAHUALCÓYOTL CUANDO ANDABA HUYENDO DEL SEÑOR DE AZCAPOTZALCO

En vano he nacido,
en vano he venido a salir
de la casa del dios a la tierra,
¡yo soy menesteroso!
Ojalá en verdad no hubiera salido,
que de verdad no hubiera venido a la tierra.
No lo digo yo, pero...
¿qué es lo que haré?,
¡oh príncipes que aquí habéis venido!
¿vivo frente al rostro de la gente?,
¿qué podrá ser?,
¡reflexiona!

¿Habré de erguirme sobre la tierra?
¿Cuál es mi destino?,
yo soy menesteroso,
mi corazón padece,
tú eres apenas mi amigo
en la tierra, aquí.

¿Cómo hay que vivir al lado de la gente?
¿Obra desconsideradamente,
vive, el que sostiene y eleva a los hombres?

¡Vive en paz,
pasa la vida en calma!
Me he doblegado,
sólo vivo con la cabeza inclinada
al lado de la gente.
Por esto me aflijo,
¡soy desdichado!,

197

he quedado abandonado
al lado de la gente en la tierra.

¿Cómo lo determina tu corazón,
Dador de la Vida?
¡Salga ya tu disgusto!
Extiende tu compasión,
estoy a tu lado, tú eres dios.
¿Acaso quieres darme la muerte?

¿Es verdad que nos alegramos,
que vivimos sobre la tierra?
No es cierto que vivimos
y hemos venido a alegrarnos en la tierra.
Todos así somos menesterosos.
La amargura predice el destino
aquí, al lado de la gente.

Que no se angustie mi corazón.
No reflexiones ya más.
Verdaderamente apenas
de mí mismo tengo compasión en la tierra.

Ha venido a crecer la amargura,
junto a ti y a tu lado, Dador de la Vida.
Solamente yo busco,
recuerdo a nuestros amigos.
¿Acaso vendrán una vez más,
acaso volverán a vivir?
Sólo una vez perecemos,
sólo una vez aquí en la tierra.
¡Que no sufran sus corazones!,
junto y al lado del Dador de la Vida.

Ms. Romances de los señores de la Nueva España, f 21 r - 22 v, trad.
León-Portilla, *Trece poetas del mundo azteca*, pp. 59-61.

¡AY DE MÍ!...

¡Ay de mí:
sea así!
No tengo dicha en la tierra
aquí.

¡Ah, de igual modo nací,
de igual modo fui hecho hombre!
¡Ah, sólo el desamparo
he venido a conocer
aquí en el mundo habitado!

¡Que haya aún trato mutuo
aquí, oh amigos míos:
solamente aquí en la tierra!

Mañana o pasado,
como lo quiera el corazón
de aquel por quien todo vive,
nos hemos de ir a su casa,
¡oh amigos, démonos gusto!

Ms. Romances de los señores de la Nueva España, f 20 v y 21 r, trad. Garibay, *Poesía náhuatl,* t. I, núm. 35, p. 55.

PONGO ENHIESTO MI TAMBOR...

Pongo enhiesto mi tambor,
congrego a mis amigos:
allí se recrean,
los hago cantar.
Tenemos que irnos así:
recordadlo:
sed felices,
oh amigos.

¿Acaso ahora con calma,
y así ha de ser allá?
¿Acaso también hay calma
allá donde están los sin cuerpo?
Vayamos...
pero aquí rige la ley de las flores,
pero aquí rige la ley del canto,
aquí en la tierra.
Sed felices,
ataviaos,
oh amigos.

Ms. Romances de los señores de la Nueva España, f 23 v 24 r, trad. Garibay, *Poesía náhuatl*, t. I, núm. 38, p. 61.

NOS ATORMENTAMOS...

Nos atormentamos:
no es aquí nuestra casa de hombres...
allá donde están los sin cuerpo,
allá en su casa...
¡Sólo un breve tiempo
y se ha de poner tierra de por medio de aquí a allá!

Vivimos en tierra prestada
aquí nosotros los hombres...
allá donde están los sin cuerpo,
allá en su casa...
¡Sólo un breve tiempo
y se ha de poner tierra de por medio de aquí a allá!

Ms Romances de los señores de la Nueva España, f 26 r, trad. Garibay, *Poesía náhuatl,* t. I, núm. 42, p. 67.

AY, SOLO ME DEBO IR...

Ay, solo me debo ir,
solamente así me iré
allá a su casa...
¿Alguien verá otra vez la desdicha?,
¿alguien ha de ver cesar
la amargura, la angustia del mundo?

Solamente se viene a vivir
la angustia y el dolor
de los que en el mundo viven...
¿alguien ha de ver cesar
la amargura, la angustia del mundo?

Ms. Romances de los señores de la Nueva España, f 26 r, trad. Garibay,
Poesía náhuatl, t. I, núm. 43, p. 68.

COMO UNA PINTURA NOS IREMOS BORRANDO

¡Oh, tú con flores
pintas las cosas,
Dador de la Vida:
con cantos tú
las metes en tinte,
las matizas de colores:
a todo lo que ha de vivir en la tierra!
Luego queda rota
la orden de Águilas y Tigres:
¡Sólo en tu pintura
hemos vivido aquí en la tierra!

En esta forma tachas e invalidas
la sociedad (de poetas), la hermandad,
la confederación de príncipes.
(Metes en tinta)
matizas de colores
a todo lo que ha de vivir en la tierra.
Luego queda rota
la orden de Águilas y Tigres:
¡Sólo en tu pintura
hemos venido a vivir aquí en la tierra!

Aun en estrado precioso,
en caja de jade
pueden hallarse ocultos los príncipes:
de modo igual somos, somos mortales,
los hombres, cuatro a cuatro,
todos nos iremos,
todos moriremos en la tierra.

Percibo su secreto,
oh vosotros, príncipes:
De modo igual somos, somos mortales,
los hombres, cuatro a cuatro,
todos nos iremos,
todos moriremos en la tierra.

Nadie esmeralda,
nadie oro se volverá,
ni será en la tierra algo que se guarda:
Todos nos iremos
hacia allá igualmente:
nadie quedará, todos han de desaparecer:
de modo igual iremos a su casa.

Como una pintura
nos iremos borrando,
como una flor
hemos de secarnos
sobre la tierra,
cual ropaje de plumas
del quetzal, del zacuán,
del azulejo, iremos pereciendo.
Iremos a su casa.

Llegó hasta acá,
anda ondulando la tristeza
de los que viven ya en el interior de ella...
No se les llore en vano
a Águilas y Tigres...
¡Aquí iremos desapareciendo:
nadie ha de quedar!

Príncipes, pensadlo,
oh Águilas y Tigres:
pudiera ser jade,
pudiera ser oro,
también allá irán
donde están los descorporizados.
¡Iremos desapareciendo:
nadie ha de quedar!

Ms. Romances de los señores de la Nueva España, f 35 r y v, trad. Garibay, *Poesía náhuatl*, t. I, núm. 53, fragmentos 7-14, pp. 85-87.

DOLOR Y AMISTAD

No hago más que buscar,
no hago más que recordar a nuestros amigos.
¿Vendrán otra vez aquí?,
¿han de volver a vivir?
¡Una sola vez nos perdemos,
una sola vez estamos en la tierra!
No por eso se entristezca el corazón de alguno:
al lado del que está dando la vida.
Pero yo con esto lloro,
me pongo triste; he quedado huérfano en la tierra.
¿Qué dispone tu corazón, Autor de la Vida?
¡Que se vaya la amargura de tu pecho,
que se vaya el hastío del desamparo!
¡Que se pueda alcanzar gloria a tu lado,
oh dios. . . pero tú quieres darme muerte!
Puede ser que no vivamos alegres en la tierra,
pero tus amigos con eso tenemos gozo en la tierra.
Y todos de igual modo padecemos
y todos andamos con angustia unidos aquí.
Dentro del cielo tú forjas tu designio.
Lo decretarás: ¿acaso te hastíes
y aquí nos escondas tu fama y tu gloria
en la tierra?
¿Qué es lo que decretas?
¡Nadie es amigo del que da la vida,
oh amigos míos, Águilas y Tigres!
¿A dónde iremos por fin
los que estamos aquí sufriendo, oh príncipes?
Que no haya infortunio:
Él nos atormenta, él es quien nos mata:
Sed esforzados: todos nos iremos
al Lugar del Misterio.
Que no te desdeñe
aunque ande doliente ante el Dador de la Vida:
él nos va quitando, él nos va arrebatando
su fama y su gloria en la tierra.

Tenedlo entendido:
tendré que dejaros, oh amigos, oh príncipes.
Nadie vale nada ante el Dador de la Vida,
él nos va quitando, él nos va arrebatando
su fama y su gloria en la tierra.
Lo has oído, corazón mío,
tú que estás sufriendo:
atiende a nosotros, míranos bien:
Así vivimos aquí ante el Dador de la Vida.
No por eso mueras, antes vive siempre en la tierra.

Ms. Cantares mexicanos, f 13 r y v, trad. Garibay, *Poesía náhuatl,* t. II, núm. 33, pp. 127-8.

ESTOY EMBRIAGADO, LLORO, ME AFLIJO...

Estoy embriagado, lloro, me aflijo,
pienso, digo,
en mi interior lo encuentro:
si yo nunca muriera,
si nunca desapareciera.
Allá donde no hay muerte,
allá donde ella es conquistada,
que allá vaya yo.
Si yo nunca muriera,
si yo nunca desapareciera.

Ms. Cantares mexicanos, f 14 v, trad. León-Portilla, *Trece poetas del mundo azteca,* p. 50.

DESEO DE PERSISTENCIA

Yo ave del agua floreciente duro en fiesta.
Soy un canto en el ancho cerco del agua,
anda mi corazón en la ribera de los hombres,
voy matizando mis flores,
con ellas se embriagan los príncipes.
Hay engalanamiento.

Estoy desolado, ay, está desolado mi corazón;
yo soy poeta en la Ribera de las Nueve Corrientes,
en la tierra del agua floreciente.
Oh mis amigos, sea ya el amortajamiento.

Me pongo collar de redondos jades,
como soy poeta, éste es mi mérito,
reverberan los jades: yo me jacto de mi canto.
Embriaga mi corazón. ¡Que allá en la tierra florida
sea amortajado!

Cuando canto sufro en la tierra,
yo soy poeta y de dentro me sale la tristeza.
Embriaga mi corazón. ¡Que allá en la tierra florida
sea amortajado!

Dejaré pintada una obra de arte,
soy poeta y mi canto vivirá en la tierra:
con mi canto seré recordado, oh mis oyentes,
me iré, me iré a desaparecer,
seré tendido en estera de amarillas plumas,
y llorarán por mí las ancianas,
escurrirá el llanto mis huesos como florido leño
he de bajar al sepulcro, allá en la ribera de las tórtolas.

Ay, sufro, oyentes míos,
el dosel de plumas, cuando yo sea llevado,
allá en Tlapala se volverá humo.

Me iré, iré a desaparecer,
seré tendido en estera de plumas amarillas
y llorarán por mí las ancianas.

Ms. Cantares mexicanos, f 31 r y v, trad. Garibay, *Poesía náhuatl,* t. III, núm. 11, pp. 21-2.

¡EN BUEN TIEMPO VINIMOS A VIVIR!...

¡En buen tiempo vinimos a vivir,
hemos venido en tiempo primaveral!
¡Instante brevísimo, oh amigos!
¡Aun así tan breve, que se viva!

Yo soy Yoyontzin: aquí se alegran nuestros corazones,
nuestros rostros:
hemos venido a conocer vuestras bellas palabras.
¡Instante brevísimo, oh amigos!
¡Aun así tan breve, que se viva!

Ms. *Cantares mexicanos,* f 69 r, trad. Garibay, *Historia de la literatura náhuatl,* t. II, pp. 389-90.

¿A DÓNDE IREMOS?...

¿A dónde iremos
donde la muerte no existe?
Mas ¿por esto viviré llorando?
Que tu corazón se enderece:
aquí nadie vivirá para siempre.
Aun los príncipes a morir vinieron,
hay incineramiento de gente.
Que tu corazón se enderece:
aquí nadie vivirá para siempre.

Ms. Cantares mexicanos, f 70 r, trad. León-Portilla, *Trece poetas del mundo azteca*, p. 51.

4. Muerte en la guerra

¡ESMERALDAS, ORO!...

¡Esmeraldas, oro
tus flores, oh dios!

Sólo tu riqueza,
oh por quien se vive,
la muerte al filo de obsidiana,
la muerte en guerra.

Con muerte en guerra
os daréis a conocer.

Al borde de la guerra, cerca de la hoguera
os dais a conocer.
Polvo de escudos se tiende,
niebla de dardos se tiende.

¿Acaso en verdad
es lugar a darse a conocer
el sitio del misterio?

Sólo el renombre,
el señorío,
muere en la guerra:
un poco se lleva hacia
el sitio de los descorporizados.

Sólo con trepidantes flores
sale...

Ms. Romances de los señores de la Nueva España, f 36 r y v, trad. Garibay, *Poesía náhuatl,* t. I, núm. 54, pp. 88-9.

MIENTRAS QUE CON ESCUDOS...

Mientras que con escudos
pasan el día los príncipes,
no ahora se asegunde.
(Vuestra riqueza) vuestra dicha
es la guerra.
Ya va Cuauhtecohuatzin,
conoce al dios.

Ms. Romances de los señores de la Nueva España, f 42 r y v, trad. Garibay, *Poesía náhuatl,* t. I, núm. 59, p. 100.

ESMERALDAS, TURQUESAS...

Esmeraldas
turquesas,
son tu greda y tu pluma,
¡oh por quien todo vive!

Ya se sienten felices
los príncipes,
con florida muerte a filo de obsidiana,
con la muerte en la guerra.

Ms. Romances de los señores de la Nueva España, f 42 v, trad. Garibay, *Poesía náhuatl*, t. I, núm. 60, p. 101.

5. Memoria de los nobles

MEMORIA DE LOS REYES

Con lágrimas de flores de tristeza,
con que mi cantar se engalana,
yo cantor hago memoria de los nobles:
los que fueron quebrantados, como un tiesto,
los que fueron sometidos a la fatiga,
allá en el lugar de los Despojados de su Carne.
Ellos vinieron a ser reyes, vinieron a tener mando
sobre la tierra:
plumas finas, se ajaron y palidecieron,
esmeraldas, añicos se hicieron.

¡Sean ya en su presencia,
sean conocidos y vistos, los nobles,
fue vista en la tierra la ciencia del Dueño del Mundo!

Ay, canto tristes cantos,
hago memoria de los nobles.
Si volviera a estar yo junto a ellos,
si lograra asirlos de las manos,
si viniera yo a su encuentro,
¡allá en el Lugar de los Despojados de su Carne!
Vengan por segunda vez a la tierra los nobles,
vengan a dar gloria aún al que nosotros engrandecemos,
ellos también dieron culto al Dador de la Vida.
¡Felices nosotros, oh vasallos, si aprendiéramos
así, lo que por la carencia de ellos nos ha hecho perversos!
Por eso llora mi corazón,
pongo en orden y concierto mi pensamiento,
yo cantor, con llanto, con tristeza hago memoria.
¡Ojalá supiera yo al menos que me oyen;
un hermoso canto para ellos entono,
allá en el Lugar de los Despojados de su Carne!
¡Si yo les diera alegría, con él,
si con él yo aliviara la pena de los nobles!

¿Podré saberlo, acaso? ¿Y cómo?
¿Por mucho que me esfuerce diligente,
en ningún tiempo iré a estar en pos de ellos;
no en vez alguna llegaré a conversar con ellos
como acá en la tierra?

Ms. Cantares mexicanos, f 4 r, trad. Garibay, *Historia de la literatura náhuatl,* t. I, p. 266-7.

POEMA DE REMEMORACIÓN DE HÉROES

Sólo las flores son nuestra mortaja,
el anciano en la tierra sólo con cantos deleita.

¿Es que conmigo va acabar la Confederación?
¿Es que conmigo va a tener fin la Sociedad de Amigos?

¡Me he ido ya, yo Yoyontzin,
a la casa del canto del que hace vivir al mundo!

Tú, Nezahualcóyotl, tú, Motecuzoma,
tened aún placer, dad aún alegría
al que hace vivir al mundo.

¿Nadie sabe que tenemos que irnos?
¡Vamos a su Casa y aquí solamente
hemos venido a vivir en la tierra!

Que ya azules flores, ya flores moradas
sean entretejidas: ésa es tu guirnalda,
sólo con secas flores eres amortajado,
oh tú, rey Nezahualcóyotl.

Sepan vuestros corazones, oh príncipes,
oh Águilas y Tigres: no por siempre aquí seremos amigos,
por muy breve instante aquí
y todos nos iremos a su Casa.

Siento tristeza, sufro amargura,
yo el príncipe Nezahualcóyotl,
con flores y con cantos recuerdo
a aquellos príncipes que se fueron,
Tezozomoctzin y Cuacuauhtzin.

¿Aún se vive allá en el Reino del Misterio?
¡Que vaya yo ya en pos de los príncipes!

¡Lléveles yo nuestras flores,
y póngame yo con los bellos cantos
junto a Tezozomoctzin y Cuacuauhtzin!

Oh príncipe mío, Tezozómoc:
nunca ha de cesar tu renombre,
y con un canto en honor tuyo
vengo a llorar y a afligirme:
¡también tú te has ido a su Casa!

Vengo a ponerme triste,
a sentir angustia: nunca más,
oh, nunca más en tiempo alguno
vendrás a vernos en la tierra:
¡también te has ido a su Casa!

Ms. Cantares mexicanos, f 25 r y v; f 3 v, trad. Garibay, *Poesía náhuatl,*
t. II, núm. 27, pp. 51-52.

CANTO DE NEZAHUALCÓYOTL DE ACOLHUACAN

CON QUE SALUDÓ A MOTEUCZOMA EL GRANDE, CUANDO ESTABA ÉSTE ENFERMO

NEZAHUALCÓYOTL:

Vedme, he llegado acá.
Yo soy la Blanca Flor, soy el Faisán:
está erguido derramando flores.
Vengo de Acolhuacan.

Oídme, por favor, elevaré mi canto
para dar deleite a Moteuczomatzin. . .
Tantalilili papapapa achala achala.
¡Sea para bien, sea para bien!

Donde hay columnas de turquesa erguidas,
donde hay columnas de turquesa en fila,
aquí en México, en donde entre aguas negras
se yerguen los blancos sauces,
aquí te merecieron tus abuelos,
aquel Huitzilíhuitl y aquel Acamapichtli:
Llora por ello, Moteuczoma,
por ellos tienes solio y trono.

Ellos te vieron con compasión,
ellos te reconocieron con amor, Moteuczoma,
y mantienes el solio y el trono de ellos.

CANTOR:

Llora, por ellos, Moteuczoma:
estás contemplando la ciudad, y allí
ya miras a tu amigo enfermo, oh Nezahualcóyotl.

Aquí en las aguas negras,
aquí entre el musgo acuático
haces tu llegada a México.

Has logrado ver, has mirado ya a tu amigo enfermo,
oh Nezahualcóyotl.
Graznando está aquí el Águila,
rugiendo está el Tigre:
éste es México, donde tú reinabas, oh Itzcóatl,
y por él tienes solio y trono.

En donde hay sauces blancos
estás reinando tú, y donde hay blancas cañas,
donde hay blancas juncias,
donde el agua de jade se tiende,
aquí en México reinas.

CORO:

Tú, con preciosos sauces
verdes cual jade y quetzal, engalanas la ciudad:
la niebla se tiende sobre nosotros:
que broten nuevas flores bellas
y estén en vuestras manos entretejidas,
¡será vuestro canto y vuestra palabra!

Estás remeciendo en el aire
tu abanico de plumas de quetzal:
¡Está mirando la Garza, está mirando el Quetzal!

¡Haya enlace de príncipes!

La niebla se tiende sobre nosotros:
que broten nuevas flores bellas
y estén en vuestras manos entretejidas,
¡será vuestro canto y vuestra palabra!

Flores de luz erguidas abren sus corolas
donde se tiende el musgo acuático, aquí en México,
plácidamente están ensanchándose,
y en medio del musgo y de los matices
está tendida la ciudad de Tenochtitlan:

la extiende y la hace florecer el dios:
tiene sus ojos fijos en sitio como éste,
los tiene fijos en medio del lago.

Columnas de turquesa se hicieron aquí,
en el inmenso lago se hicieron columnas.
Es el dios que sustenta la ciudad,
y lleva en sus brazos a Anáhuac en la inmensa laguna.

Flores preciosas hay en vuestras manos,
con sauces de quetzal habéis rociado la ciudad,
y por todo el cerco, y por todo el día.

El inmenso lago matizáis de colores,
la gran ciudad de Anáhuac matizáis de colores,
oh vosotros nobles.

A ti, Nezahualcóyotl, y a ti, Moteuczomatzin,
os ha creado el que da la vida,
os ha creado el dios en medio de la laguna.

Ms. Cantares mexicanos, f 66 v - 67 r, trad. Garibay, *Poesía náhuatl*, t. III, núm. 15, pp. 36-8.

6. Profecías

IDO QUE SEAS DE ESTA PRESENTE VIDA...

Oíd lo que dice el rey Nezahualcoyotzin con sus
lamentaciones sobre las calamidades y persecuciones que han de padecer reinos y señoríos:

Ido que seas de esta presente vida a la otra,
oh rey Yoyontzin,
vendrá tiempo que serán deshechos y destrozados tus vasallos,
quedando todas tus cosas en las tinieblas del olvido:
entonces, de verdad,
no estará en tu mano el señorío y mando
sino en la de Dios.
Y esto digo:
entonces serán las aflicciones, las miserias y persecuciones
que padecerán tus hijos y nietos;
y llorosos se acordarán de ti,
viendo que los dejaste huérfanos
en servicio de otros extraños
en su misma patria, Acolhuacan;
porque en esto vienen a parar los mandos, imperios
    y señoríos
que duran poco y son inestables.
Lo de esta vida es prestado,
que en un instante lo hemos de dejar
como otros lo han dejado;
pues lo señores Zihuapantzin, Acolnahuacatzin
    y Cuauhtzontezoma,
que siempre te acompañaban,
ya no los ves en estos breves gustos.

Trad. Alva Ixtlilxóchitl, *Historia chichimeca, Obras históricas*, t. **II**,
pp. 235-6.

EN TAL AÑO COMO ÉSTE...

En tal año como éste [*Ce ácatl*],
se destruirá este templo que ahora se estrena,
¿quién se hallará presente?,
¿será mi hijo o mi nieto?
Entonces irá a disminución la tierra
y se acabarán los señores
de suerte que el maguey pequeño y sin razón será talado,
los árboles aún pequeños darán frutos
y la tierra defectuosa siempre irá a menos;
entonces la malicia, deleites y sensualidad
estarán en su punto
y se darán a ellos desde su tierna edad hombres y mujeres,
y unos y otros se robarán las haciendas.
Sucederán cosas prodigiosas,
las aves hablarán
y en este tiempo llegará el árbol de la luz
y de la salud y el sustento.
Para librar a vuestros hijos de estos vicios y calamidades,
haced que desde niños se den a la virtud y trabajos.

Trad. Alva Ixtlilxóchitl, *Historia chichimeca, Obras históricas*, t. II,
p. 235.

CANTO A NEZAHUALCÓYOTL

PRELUDIO DE UN POETA:

YA SE disponen aquí nuestros tambores:
ya hago bailar a Águilas y Tigres.

Ya estás aquí en pie, Flor del Canto.
Yo busco cantos: son nuestra dicha.

Oh príncipe mío, Nezahualcóyotl,
ya te fuiste a la región de los muertos,
al lugar de la incierta existencia:
ya para siempre estás allí.

NEZAHUALCÓYOTL:

Al fin allá, al fin allá:
Yo Nezahualcóyotl llorando estoy.
¿Cómo he de irme y de perderme en la región
    de los muertos?
Ya te dejo, mi dios por quien se vive:
tú me lo mandas: he de irme y perderme
en la región de los muertos.

¿Cómo quedará la tierra de Acolhuacan?

¿Alguna vez acaso has de dispersar a tus vasallos?
Ya te dejo, mi dios por quien todo vive:
tú me lo mandas, he de irme y perderme
en la región de los muertos.

CANTO DE OTRO POETA:

Sólo los cantos son nuestro atavío:
destruyen nuestros libros los jefes guerreros:
Haya aquí gozo:

nadie tiene su casa en la tierra:
tenemos que dejar las fragantes y olorosas flores.

Nadie dará término a tu dicha,
oh tú, por quien todo vive.
Mi corazón lo sabe: por breve tiempo
tienes todo prestado, oh Nezahualcoyotzin.
No se viene aquí por dos veces:
nadie tiene su casa en la tierra,
no por segunda vez venimos a la tierra.

Yo cantor lloro al recordar a Nezahualcóyotl.

MONÓLOGO DE NEZAHUALCÓYOTL:

Hay cantos floridos: que se diga
yo bebo flores que embriagan,
ya llegaron las flores que causan vértigo,
ven y serás glorificado.

Ya llegaron aquí las flores en ramillete:
son flores de placer que se esparcen,
llueven y se entrelazan diversas flores.

Ya retumba el tambor: sea el baile:
con bellas flores narcóticas se tiñe mi corazón.

Yo soy cantor: flores para esparcirlas
ya las voy tomando: gozad.

Dentro de mi corazón se quiebra la flor del canto:
ya estoy esparciendo flores.

Con cantos alguna vez me he de amortajar,
con flores mi corazón ha de ser entrelazado:
¡son los príncipes, los reyes!

Por eso lloro a veces y digo:

La fama de mis flores, el renombre de mis cantos,
dejaré abandonados alguna vez:
con flores mi corazón ha de ser entrelazado:
¡son los príncipes, los reyes!

Ms. Cantares mexicanos, f 28 v - 29 r, trad. Garibay, *Poesía náhuatl*,
t. III, núm. 4, pp. 10-11.

ARENGAS
RAZONAMIENTOS
Y ORDENANZAS

Nota preliminar

SIGUIENDO *la costumbre creada por los historiadores de la Antigüedad clásica, que imaginaron los discursos que debieron pronunciar sus héroes para explicar mejor su carácter y sus acciones, los historiadores de nuestra Antigüedad también atribuyeron numerosos discursos a Nezahualcóyotl. De todos ellos se han elegido, y van reproducidas a continuación, las primeras versiones de estos discursos. Mariano Veytia, en* Texcoco en los últimos tiempos de sus antiguos reyes, *incluyó ocho discursos o razonamientos de Nezahualcóyotl que no son sino variantes de diversos pasajes de Alva Ixtlilxóchitl, ya recogidos. Por ello, de Veytia se tomaron sólo dos textos que no constan expresamente en su fuente habitual.*

Cuando estos discursos se han aprovechado ya en la narración biográfica no se repiten aquí.

No se conerva ningún texto náhuatl de estas palabras atribuidas a Nezahualcóyotl. Deben considerarse, por ello, lo que son: ficciones históricas que tratan de rehacer lo que debió decir el señor de Tezcoco en determinadas circunstancias, y que se proponen contribuir a la comprensión de su personalidad. Pero, además, estos textos manifiestan el punto de vista o el partido de cada historiador respecto a nuestro personaje: Durán muestra un Nezahualcóyotl sumiso a Moctezuma, mientras que Alva Ixtlilxóchitl y Veytia lo prefieren altivo y retador frente a los mexicas.

Al fin de esta sección van las Ordenanzas de Nezahualcóyotl, *que Alva Ixtlilxóchitl tradujo de un documento indígena, y, como complemento, la transcripción de un capítulo de la* Historia chichimeca *acerca de las leyes establecidas en Tezcoco.*

ARENGA A SUS SOLDADOS EN EL SITIO
DE AZCAPOTZALCO

Estoy alegre y divertido viéndoos entre tanta tropa adornada
con variedad de trajes siendo sólo vosotros blancos y unifor-
mes. Figúraseme que estoy en un jardín de diversas flores en
que sois los olorosos jazmines que, sin más adorno que su
sencillo candor y blancura, se llevan la primacía entre todas
las rosas. Los adornos exteriores no aumentan el valor del
que los lleva, sino del enemigo, cuya ávida codicia le alienta
a vencer para aprovecharse del despojo. Faltando en vosotros
este estímulo, disminuirá mucho su valor, al paso que se
aumentará el vuestro lisonjeándoos de aprovecharos de sus
ornatos. Éstos en lo general no sirven más que de embarazo
al tiempo de dar la batalla; y así es que entraréis vosotros
en ella con manifiesta ventaja sobre los enemigos, porque
libres de todo estorbo podréis acometer y retiraros con mayor
ligereza, y con mayor destreza jugar las armas. De esta suerte,
soldados, lucirá vuestro valor con vuestros hechos, y conocerá
el enemigo que, sin hacer ostentación de él en los adornos,
consiste solamente la fuerza en el bizarro aliento de vuestros
corazones.

Veytia, *Texcoco en los últimos tiempos de sus antiguos reyes.*

RETO A ITZCÓATL Y RESPUESTA DE ÉSTE

—Aquí me tienes a cumplir la palabra que te he dado, y a vengar mi agravio; pero no puedo negar que me es muy sensible haber de lavarlo con sangre de tus vasallos que en nada me han ofendido; y pues tú solo me has agraviado, si de veras los amas y deseas liberarlos de este estrago, sal a lidiar conmigo cuerpo a cuerpo, que esto es lo que únicamente puede decidir la disputa de cuál de los dos es más valiente, y el que venciere será digno de coronarse por supremo monarca; yo te ofrezco que aunque mis súbditos me vean caer muerto a tus pies no se moverán contra ti ni contra los tuyos, sino que se volverán por el mismo camino que vinieron.

A este bizarro reto respondió Itzcóatl o tímido o prudente:

—Muy amado sobrino: jamás he pensado, ni mucho menos proferido cosa que pueda ofender tu valor, de que tan repetidas veces he sido testigo fiel en tantos y tan ilustres hechos, por los cuales eres muy digno de la corona del imperio que pocos días ha puse yo mismo sobre tu cabeza, aunque no la hubieras heredado de tus mayores; y así lo que conviene es que, dando crédito a mi verdad, depongas tu enojo y entres en paz en tu ciudad de México donde serás respetado, amado y servido como lo fuiste el tiempo que en ella has vivido. . .

—Con las armas en la mano —replicó colérico Nezahualcóyotl— y resuelto a dar al mundo una nueva prueba de mi valor, no admito otro partido que el de pelear, y pues no quieres que entre los dos de cuerpo a cuerpo se decida la cuestión, no me culpes después del estrago que haga en los tuyos.

Y volviéndose a sus soldados les mandó acometer. Puesto en orden su ejército comenzó a marchar, y a su cabeza y a una corta distancia, el mismo Nezahualcóyotl sin permitir que alguno lo acompañase. Iba gallardamente adornado a su usanza, vestido de un sayo de armas primorosamente labrado de colores, que le abría desde el cuello a la cintura, quedándole las mangas más arriba del codo. De la cintura a las rodillas descendía un tonelete curiosamente tejido de rica y vistosa pluma: llevaba por casco la piel curada de la cabeza de un coyote (especie de lobo) por cuya boca descubría el rostro, y entre las orejas naturales de la fiera dos borlas rojas de algodón, insignia de la caballería de *Tecuhtli*. Llevaba también en los brazos y muñecas brazaletes y pulseras de oro guarnecidas de pedrería, y otras semejantes en las corvas y pantorrillas. Las plantas de los catles o sandalias eran de oro macizo, afianzadas con cordones rojos y repartidos en el cuerpo. Por éste y espalda muchas joyas de oro y pedrería. Empuñaba en la mano derecha una macana cortadora, y en la izquierda embrazado un escudo de piel curada guarnecido de plumas y en su centro por divisa, ¡cosa rara!, pintada la parte pudenda de una mujer.

Veytia, *Texcoco en los últimos tiempos de sus antiguos reyes.*

PLÁTICA A LOS SEÑORES DE TEZCOCO, AL SABER LA ELECCIÓN DE MOCTEZUMA ILHUICAMINA

Ruégoos, señores y hermanos, encarecidamente, que miréis cómo tratáis a los mexicanos. Huid de su enemistad y de encontraros con ellos. Tengamos paz perpetua y amistad inviolable con ellos. Ya los conocéis; no es menester declararme más en particular acerca de su condición. Si los topáredes en los caminos y os pidieren de lo que lleváis, partid con ellos, acariciadlos, porque de hacerlo no perdemos nada, y del contrario ninguna cosa se gana si no es guerra e inquietudes, muertes, robos y derramamiento de nuestra sangre y desolación de nuestra provincia. Por tanto, estad en paz y sosiego, lo cual encomendad en todos los pueblos y ciudades de mi reino, en particular a los caminantes y mercaderes, porque éstos son los que siguen y andan los caminos y corren las provincias a buscar su vida. Que yo y vosotros en nuestras casas nos estamos y no tenemos para qué dar pesadumbre a nadie, en particular a los mexicanos, que nunca la dan si no son incitados. Y no es justo que de nosotros salga cosa de ruindad ni poco respeto, porque los *macehuales* son los que mueven las guerras con su ignorancia y poco miramiento.

Durán, *Historia de las Indias de Nueva España,* cap. XV, pp. 125-6.

A MOCTEZUMA OFRECIÉNDOLE PAZ Y SUMISIÓN

Supremo señor y monarca, no desfallezca tu majestad, ni tenga aflicción tu corazón por la nueva carga que te es impuesta; ten ánimo varonil, conforme al valor de tu persona. A lo que soy, señor, venido es a poner delante de tus ojos la miseria y la aflicción de aquella tu provincia de Tezcuco; levántala con favor de tu grandeza, para que con tus mandamientos sea ennoblecida y amparada de todas las naciones.

Has de saber, señor, que todos aquellos tus vasallos, así principales como gente común, se somete debajo de tu sombra, pues estás puesto como árbol de gran sombra, como la sabina, debajo de la cual se quieren meter y amparar para gozar del frescor de tu amistad y de tu amor, especialmente los viejos y las viejas, el huérfano y la viuda, y el pobre, y el mendigo. Los cuales son como plumas de tus alas y de plumajes de tu cabeza. Éstos y los que gatean y están en las cunas, que aún no sienten, ni oyen, ni conocen, ni entienden, ni tienen manos para su defensa, ni pies para huir de la ira de los mexicanos.

Éstos, y yo en su nombre, te venimos a suplicar y a implorar tu suma clemencia que tengas por bien de conservarnos en tu paz y concordia, y que no permitas que en ningún tiempo nos sea hecha guerra de México, porque si yo, sin propósito ni fin ninguno, me rebelase contra México y le hiciese guerra, conozco que la furia de los mexicanos es sin medida ni término; saca la gente de debajo de la tierra, es vengativo e insaciable en herir y matar. Y por tanto, te ruego que los recibas por hijos y por siervos sin guerra, ni contienda, porque ellos te quieren a ti por padre y madre, para su consuelo, y a toda la nación mexicana por amigos.

Durán, *Historia de las Indias de Nueva España*, cap. XV, pp. 126-7.

RESPUESTA DE TLACAÉLEL

Poderoso señor: todos aceptamos la paz y concordia y somos contentos de que se hagan las treguas, pero sean con una condición, de que no perdamos nada de nuestra autoridad y derecho. No piensen las naciones de esta tierra que nosotros, acobardados y temerosos, hemos procurado estas treguas, y quieran todas las ciudades, cercanas y lejanas, cumplir con nosotros con hacer treguas y que nos quedemos sin provecho y autoridad. A mí me parece que, para que entiendan que somos poderosos a vencer a todo el mundo, y las demás provincias, oigan que hemos vencido a la de Tezcuco tan grande y larga, que salgan a nosotros en campo todas las más gentes que pudieren y nosotros saldremos a ellos en el llano de Chicunauhtla o de Chiquiustépec, lugares de la dicha provincia, y echemos fama que nos han desafiado. Y allí, así de una parte como de otra, haremos muestras de combatirnos y a los primeros reencuentros vuelvan las espaldas hacia su ciudad y seguirlos hemos sin herir ni matar a ninguno, fingiendo que los prendemos, siguiéndolos hasta Tecciztlan y de allí llegaremos en su seguimiento solos los capitanes y señores, hasta Totoltzinco. Y allí podrá el rey de Tezcuco pegar fuego a su templo y luego cesaremos. Y quedará nuestra fama y honra sin mácula ninguna, y ellos sin lesión ni enojo y los *macehuales* sujetos a nos servir cuando lo hubiéremos menester, y las demás provincias y ciudades temerosas y asombradas con la fama de haber destruido a Tezcuco y su provincia.

Durán, *Historia de las Indias de Nueva España*, cap. XV, p. 128.

AGRAVIOS DE CHALCO Y RESPUESTA DE ICHAUTLATOATZIN

Ya os es notorio, deudos y vasallos míos, las veces que al cacique Toateuhtli y a los suyos les he perdonado su inobediencia y alzamientos y robos que han hecho y muertes que los suyos han cometido, usando de mi mucha clemencia y por atraerlos a mi servicio con buenos modos, lo cual ha sido causa de darles ánimo a que hayan enviado a decir que no quieren reconocerme por su Rey y Señor natural, ni estarme sujetos ni obedientes a mis órdenes, ni acudir con el reconocimiento que me están obligados a hacer cada año, o otras muchas libertades que no refiero por no encolerizarme demasiado; que estas cosas se han de mirar sin pasión para acertar en su remedio; y pues a todos los presentes, como a mis deudos y vasallos tan leales, os toca tanto el procurar castigar tan grande atrevimiento como el de este viejo cacique y los suyos, os pido por el amor que os tengo y por la obligación que me tenéis, miréis y consideréis este caso y me deis vuestro parecer en caso que tanto importa; que si mi edad y achaques de salud no lo impidieran, yo por mi persona tomara la venganza, o por mejor decir, los castigara, que venganza no es justo la procuren los reyes, sino castigar al que lo mereciere.

Los príncipes, caciques y señores que estaban en la sala, habiendo oído lo por el rey propuesto, estuvieron dando y tomando lo que se debía hacer en tan gran negocio; y estando en esto se levantó el infante Ichautlatoatzin, hijo unigénito del rey, y hincado de rodillas delante del padre, le dijo:

A mí, como a tu hijo, mi padre y señor, es justo que me encomiendes este castigo y venganza de esta casta atrevida y los suyos; que yo te doy mi palabra delante de estos grandes, de no volver a tu presencia ni a la de los presentes, hasta que te traiga a tu presencia muerto o preso al cacique que ha tenido atrevimiento de disgustarte, y dejar la provincia a ti sujeta de una vez, y a la gente de ella tan escarmentada, que se atrevan a pasarles por el pensamiento la locura que agora han acometido.

Alva Ixtlilxóchitl, *Obras históricas. Relaciones,* t. I, pp. 242-3.

RECONOCIMIENTO DEL DIOS NO CONOCIDO

Verdaderamente que los dioses que yo adoro, que son ídolos de piedra que no hablan ni sienten, no pudieron hacer ni formar la hermosura del cielo, el sol, luna y estrellas que lo hermosean y dan luz a la tierra; (ni los) ríos, aguas, fuentes, árboles y plantas que la hermosean; las gentes que la poseen y todo lo creado. Algún dios muy poderoso, oculto y no conocido es el creador de todo el universo, él solo es el que puede consolarme en mi aflicción y socorrerme en tan grande angustia como mi corazón siente; a él quiero por mi ayudador y amparo.

Alva Ixtlilxóchitl, *Obras históricas. Relaciones,* t. I, pp. 247-8.

ACCIÓN DE GRACIAS AL DIOS NO CONOCIDO

Muchas gracias te doy, Dios Todopoderoso y hacedor de todas las cosas, como causa que eres de todas las causas, que bien y verdaderamente creo que estás en los cielos claros y hermosos que alumbran la tierra, y desde allí gobiernas, socorres y haces mercedes a los que te llaman y piden tu favor, como conmigo lo has hecho, y te prometo de reconocerte por mi señor y creador; y de agradecimiento del bien recibido, de hacerte un templo donde seas reverenciado y se te haga ofrenda toda la vida, hasta que tú, señor, te dignes de mostrarte a este tu esclavo y a los demás de mi reino; y de hoy en adelante ordenaré que no se sacrifique en todo él gente humana, porque tengo para mí, que te ofendes de ello.

Y acabado de decir esto se levantó del suelo y él, más alegre que jamás había estado, salió a la sala donde los grandes estaban esperándole, los cuales le dieron el parabién de la victoria del infante, y el rey les dijo:

Este parabién lo recibo como de vasallos que tanto me quieren, pero yo más bien gustaré que deis gracias de tan gran victoria al Dios Todopoderoso hacedor de todas las cosas que dio ánimo y esfuerzo a mi hijo, niño y sin fuerzas como todos sabéis, porque sólo a este Dios estimo y quiero por mi amparador, y de hoy más no ha de haber sacrificios de gente humana, que este señor se ofende de ello; esto haced y castigad a los que lo hicieren; y porque a todo el mundo sea notoria la victoria de mi hijo, salid a recibirle todos con músicas y bailes hasta que lo traigáis a mi presencia, y al cacique le poned en prisión hasta su tiempo.

Los cuales hicieron lo que el rey les mandó; y habiendo llegado al Palacio el dicho infante con tan gran victoria, el rey su padre le recibió en la sala y le abrazó y le besó en el rostro, levantándose del suelo donde estaba hincado de rodillas, besándole las manos, y le llevó a un canto (o extremo) de la sala y le hizo sentar junto a sí y le dijo:

Cuando yo no estuviera cierto eras mi hijo, como lo eres, bastaba el haber visto que sintiendo el dolor que mi alma y corazón recibió con la vista lastimosa de tus hermanos y primos, muertos y afrentados por tan cruel hombre en tan tierna edad, y pospuesto todo temor y riesgo de tu vida, la aventura por vengar su muerte y mi deshonra, cuya determinación atribuyo fue por orden del *Dios no conocido* que, como tan poderoso, fue en tu ayuda y socorro.

Alva Ixtlilxóchitl, *Obras históricas. Relaciones,* t. I, pp. 250-2.

TESTAMENTO Y DESPEDIDA

Bien sabéis y os es notorio, hijos y deudos y vasallos míos, los muchos agravios y afrentas que de aquel cacique de la provincia de Chalco y los suyos hemos recibido en el discurso del tiempo que os he gobernado, que no hemos sido poderosos a satisfacernos y sujetarlos, habiendo sujetado tantas gentes como se incluyen en el sitio y tierra que hay de una mar a otra; y aunque corrido y afrentado por consejo y parecer de los sacerdotes de nuestro templo, hice muchos sacrificios de gente humana, no sólo no tuvo remedio, antes, como habéis visto, prendieron a mis dos hijos y sus dos primos, hijos del rey de México, sacrificándolos y menospreciando sus personas y a la de sus padres; que considerado todo por mí, con gran dolor de mi corazón, puse los ojos en el cielo, consideré su hermosura, su sol, luna y estrellas y todo lo creado, y entre mí dije no ser posible que todo esto fuese hecho por nuestros dioses, y que aquel que lo hizo y creó había sido algún dios muy poderoso que a nosotros era oculto y no conocido. Con esta consideración sentí un nuevo aliento y alegría en mi corazón, y determiné a recogerme en el bosque de Tezcutzinco, donde ayuné cuarenta días a este Dios no conocido, ofreciéndole incienso y copal a diferentes horas; y con la mayor humildad que pude le pedí favor y socorro para mi aflicción y desconsuelo. El efecto y beneficio que se me siguió hoy es notorio, que por no cansaros no lo refiero; y últimamente me dio este príncipe que yo tanto deseaba, teniendo como tenía la reina su madre tanta edad, y al cabo de tanto espacio de tiempo como había pasado sin parir; agora me siento mortal y el consuelo que llevo de esta vida es dejaros un rey como os dejo por el Dios Todopoderoso, en el cual confío que os ha de gobernar en paz y quietud, premiando a los que lo merecieren y castigando a los malos y soberbios. Por tanto, hijos y deudos y vasallos míos, obedecedle y respetadle como a vuestro rey y señor natural, que de ello se sirve el Dios que milagrosamente me lo dio, que es todopoderoso, para que no cumpliendo, como tenéis obligación, a sus mandatos y órdenes, os castigará ejemplarmente como lo hizo a los chalcas y a su cacique, por mano de mi hijo el infante, niño y sin experiencia de la guerra. Y a vos, el príncipe mi hijo, mirad que os encargo y ruego que honréis a vuestros hermanos y a todos vuestros deudos y vasallos, haciéndoles mercedes, que de esta forma se granjean las voluntades y son queridos y respetados los reyes de los suyos y temidos de los enemigos; mirad que fuiste nacido de milagro, que os me dio el Dios no conocido; respetad su templo y hacedle ofrenda como yo he hecho y vos habéis visto; no consintiendo que haya sacrificios de gente humana, que se enoja de ello castigando con rigor a los que lo hicieren; que el dolor que llevo es no tener luz ni conocimiento ni ser merecedor de conocer tan gran dios; el cual tengo por cierto que, ya que los presentes no lo conozcan, ha de venir tiempo en que sea conocido y adorado en esta tierra. Y porque vos mi hijo Acapipioltzin me habéis sido siempre obediente y he conocido vuestra lealtad y amor que me habéis tenido, os nombro y dejo por coadjutor del príncipe mi hijo, para que junto con él gobernéis el reino, como de vos confío.

Alva Ixtlilxóchitl, *Obras históricas. Relaciones*, t. I, pp. 253-5.

ÚLTIMAS DISPOSICIONES Y MUERTE
(Variante)

Veis aquí a vuestro príncipe señor natural, aunque niño, sabio y prudente, el cual os mantendrá en paz y justicia, conservándoos en vuestras dignidades y señoríos; a quien obedeceréis como leales vasallos, sin exceder un punto de sus mandatos y de su voluntad; yo me hallo muy cercano a la muerte, y fallecido que sea, en lugar de tristes lamentaciones cantaréis alegres cantos, mostrando en vuestros ánimos valor y esfuerzo, para que las naciones que hemos sujetado y puesto debajo de nuestro imperio, por mi muerte no hallen flaqueza de ánimo en vuestras personas, sino que entiendan que cualquiera de vosotros es solo bastante para tenerlos sujetos.

Habiendo dicho otras muchas razones, y encargado al niño de la manera que había de gobernar y regir a sus súbditos y vasallos, guardando en todo y por todo las leyes que tenía establecidas, habló con el infante Acapipioltzin y le dijo:

Desde hoy en adelante harás el oficio de padre que yo tuve con el príncipe tu señor a quien doctrinarás, para que siempre viva como debe, y debajo de tu consejo gobierne el imperio, asistiendo en su lugar y puesto, hasta que por sí mismo pueda regir y gobernar.

Y habiéndole encargado otras cosas que en semejantes casos se requieren, por la mucha satisfacción que de Acapipioltzin tenía de lealtad, sagacidad y maduro consejo, le dejó en este puesto; y con lágrimas en sus ojos se despidió de todos sus hijos y privados, mandándoles salir de allí, y a los porteros que no dejasen entrar persona alguna. Dentro de pocas horas se le agravó la enfermedad, y falleció en el año que fue llamado *Chiquace técpatl* que fue en el mil cuatrocientos setenta y dos. De esta manera acabó la vida de Nezahualcoyotzin, que fue el más poderoso, valeroso, sabio y venturoso príncipe y capitán que ha habido en este nuevo mundo; porque contadas y consideradas bien las excelencias, gracias y habilidades, el ánimo invencible, el esfuerzo incomparable, las victorias y batallas que venció y naciones que sojuzgó, los avisos y ardides de que usó para ello, su magnanimidad, su clemencia y liberalidades, los pensamientos tan altos que tuvo, hallaráse por cierto que en ninguna de las dichas, ni en otras que se podían decir de él le ha hecho ventaja capitán, rey ni emperador alguno de los que hubo en este nuevo mundo; y que él en las más de elias la hizo a todos, y tuvo menos flaquezas que ningún otro de sus mayores; antes las castigó con todo cuidado y diligencia, procurando siempre más el bien común que el suyo particular; y era tan misericordioso con los pobres, que no se había de sentar a comer hasta haberlo remediado, como de ordinario usaba con los de la plaza y mercado, comprándoles a doblado precio de lo que podía valer, la miseria de lo que traían a vender, para darlo a otros; teniendo muy particular cuidado de la viuda, del huérfano y del viejo y demás imposibilitados; y en los años estériles abría sus trojes para dar y repartir a sus súbditos y vasallos el sustento necesario, que para el efecto siempre se guardaba; y alzaba los pechos y derechos que tenían obligación de tributarle en tales tiempos sus vasallos. Tuvo por falsos a todos los dioses que adoraban los de esta tierra, diciendo que no eran sino estatuas de demonios enemigos del género humano; porque fue muy sabio en las cosas morales y el que más vaciló, buscando de donde tomar lumbre para certificarse del verdadero Dios y criador de todas las cosas, como se ha visto en el discurso de su historia, y dan testimonio sus cantos que compuso en razón de esto, como es el decir que había uno sólo, y que éste era el hacedor del cielo y de la tierra, y sustentaba todo lo hecho y criado por él, y que estaba donde no tenía segundo sobre los nueve cielos que él alcanzaba: que jamás se había visto en forma humana ni en otra figura, que con él iban a parar las almas de los virtuosos después de muertos, y que las de los malos iban a otro lugar, que era el más ínfimo de la tierra, de trabajos y penas horribles. Nunca jamás (aunque había muchos ídolos que representaban diferentes dioses), cuando se ofrecía tratar de deidad, los nombraba ni en general ni en particular, sino que decía *Intloque yn Nahuaque,* y *palnemo alani,* que significa lo que está atrás declarado: sólo decía que reconocía al sol por padre y a la tierra por madre, y aun muchas veces solía amonestar a sus hijos en secreto, que no adorasen aquellas figuras de los ídolos, y que aquello que hiciesen fuese sólo por cumplimiento, pues el demonio los traía engañados en aquellas figuras; y aunque no pudo de todo punto quitar el sacrificio de los hombres conforme a los ritos mexicanos, todavía alcanzó con ello que tan solamente sacrificasen a los habidos en guerra, esclavos y cautivos, y no a sus hijos y naturales como solían tener de costumbre.

Alva Ixtlilxóchitl, *Obras históricas, Historia chichimeca,* t. **II,** pp. 242-4.

ORDENANZAS

1ª La primera, que si alguna mujer hacía adulterio a su marido, viéndolo el mismo marido, ella y el adúltero fuesen apedreados en el tianguis; y si el marido no lo viese, sino que por oídas lo supiese, se fuese a quejar, y averiguándolo ser verdad, ella y el adúltero fuesen ahorcados.

2ª La segunda, que si alguna persona forzase a algún muchacho y lo vendiese por esclavo, fuese ahorcado.

3ª La tercera, que si entre dos personas hubiese diferencias sobre tierras, aunque fuesen principales, si entrambos a dos sembrasen a porfía, que el uno y el otro, después de haber nacido el maíz, si lo arrancase, fuese traído a la vergüenza alrededor del tianguis con el maíz que arrancó colgado del pescuezo.

4ª La cuarta, que si alguna persona, aunque fuese principal, tomase de su autoridad alguna tierra, como fuese grande y el dueño se fuese a quejar, averiguándose ser así, que lo ahorcasen por ello.

5ª La quinta, que habiendo guerras entre dos pueblos, si alguna persona viniese a él, otro ninguno lo pudiese acoger en su casa, y si lo acogiese fuese preso y llevado al tianguis, y hecho pedazos todo su cuerpo, y echados los pedazos por todo el tianguis para que los muchachos jugaran con ellos; y que fuesen perdidas sus tierras y hacienda, y fuese dado a sacamano.

6ª La sexta, que si alguna persona matase a otro fuese muerto por ello.

7ª La séptima, que si alguna hija de algún señor o caballero se averiguase ser mala, que muriese por ello.

8ª La octava, que si alguna persona mudase las mojoneras que hubiese en las tierras de los particulares, muriese por ello.

9ª La novena, que si alguna persona echase mala fama o algunas nuevas en el pueblo, que fuese cosa de calidad, y se averiguase ser verdad, que aquel que las dijese muriese por ello.

10ª La décima, que si se averiguase que algunos de los sacerdotes o *tlamacazques,* o de aquellas personas que tenían cargo de los *Cus* (o templos) e ídolos, se amancebase o emborrachase, muriese por ello.

11ª Que ningún caballero, embajador... hombre mancebo o mujer de los de dentro de la casa del señor, si se emborrachase, muriese por ello.

12ª La 12ª que ningún señor se emborrachase so pena de privarle del oficio.

13ª La 13ª que si se averiguase ser algún somético, muriese por ello.

14ª La 14ª que si alguno o alguna alcahuetease a mujer casada, muriese por ello.

15ª La 15ª que si se averiguase ser alguna persona hechicera, haciéndolo con algunos hechizos, o dándolos por palabras, o queriendo matar a alguna persona, muriese por ello, y que sus bienes fuesen dados a sacamano.

16ª Que si algún principal mayorazgo fuese desbaratado o travieso, o si entre dos de estos tales hubiese alguna diferencia sobre tierras u otras cosas, el que no quisiese estarse quedo con la averiguación que entre ellos se hiciese, por ser soberbio y mal mirado, le fuesen quitados sus bienes y el mayorazgo y fuese puesto en depósito en una persona que diese cuenta de ello para el tiempo que le fuese pedida, del cual mayorazgo estuviese desposeído todo el tiempo que la voluntad del señor fuese.

17ª Que si alguna persona fuese casada y la mujer se quejase del marido y quisiese descasarse, que en tal caso los hijos que tuviese en ella el marido, los tomase, y los bienes fuesen partidos por iguales partes, tanto el uno como el otro; entiéndese, siendo culpado el marido.

18ª Que si alguna persona hurtaba en cantidad y se averiguaba, el tal ladrón fuese esclavo de la persona cuyo era lo que hurtó, y si la persona no lo quería, fuese vendido a otra parte para pagarle su robo.

19ª Que si alguna persona se vendiese por su propia autoridad, lo pudiese hacer; y que si se vendiese dos veces, que el primero dueño a quien fue vendido lo llevase, y el segundo perdiese el precio que había dado por él.

20ª Que si alguna persona vendía dos veces alguna tierra, el primer comprador quedase con ella, y el segundo perdiese lo que dio por ella, y el vendedor fuese castigado.

Alva Ixtlilxóchitl, *Obras históricas. Relaciones*, t. I, pp. 237-9.

LAS OCHENTA LEYES QUE ESTABLECIÓ
NEZAHUALCOYOTZIN Y CÓMO
LAS MANDÓ GUARDAR

Puso Nezahualcoyotzin la ciudad de Tetzcuco y todas las demás repúblicas de su reino en grandísimo orden y concierto (que describiendo de ella se entenderá de las demás), la cual la dividió en seis parcialidades, como fueron Mexicapan, Colhuacan, Tepanecapan, Huitznáhuac, Chimalpan y Tlailotlacan, poniendo en ellas por su orden y gobierno los vecinos, y cada género de oficio por sí: los plateros de oro y plata en un barrio, los artífices de plumería en otro, y por esta orden todos los demás, que eran muchos géneros de oficiales. Asimismo hizo edificar muchas casas y palacios para los señores y caballeros que asistían en su corte, cada uno conforme a la calidad y méritos de su persona, las cuales llegaron a ser más de cuatrocientas casas de señores y caballeros de solar conocido.

Y para el buen gobierno, así de su reino como para todo imperio, estableció ochenta leyes que vido ser convenientes a la república en aquel tiempo y sazón, las cuales dividió en cuatro partes, que eran necesarias para cuatro consejos supremos que tenían puestos, como eran el de los pleitos de todos los casos civiles y criminales, en donde se castigaban todos los géneros de delitos y pecados, como era el pecado nefando que se castigaba con grandísimo rigor, pues al agente atado en un palo lo cubrían todos los muchachos de la ciudad con ceniza, de suerte que quedaba en ella sepultado, y al paciente por el sexo le sacaban las entrañas, y asimismo lo sepultaban en la ceniza. Al traidor al rey o república lo hacían pedazos por sus coyunturas, y la casa de su morada la saqueaban, y echaban por el suelo sembrándola de sal, y quedaban sus hijos y los de su casa por esclavos hasta la cuarta generación. El señor que se alzaba contra las tres cabezas, habiendo sido sujetado una vez, si no era vencido y preso en batalla, cuando venía a ser habido le hacían pedazos la cabeza con una porra, y lo mismo hacían al señor o caballero que se ponía las mantas o divisas que pertenecían a los reyes; aunque en México era cortarles una pierna, aunque fuese el príncipe heredero del reino, porque nadie era osado a ataviarse ni componer su persona, ni edificar casas sin orden ni licencia del rey, habiendo hecho hazañas o cosas por donde lo mereciese, porque de otra manera moría por ello.

Al adúltero si le cogía el marido de la mujer en el adulterio con ella, morían ambos apedreados; y si era por indicios o sospechas del marido, y se venía a averiguar la verdad del caso, morían ambos ahorcados, y después los arrastraban hasta un templo que fuera de la ciudad estaba, aunque no los acusase el marido, sino por la nota y mal ejemplo de la vecindad: el mismo castigo se hacía a los que servían de terceros o terceras. Los adúlteros que mataban al adulterado, el varón moría asado vivo, y mientras se iba asando, lo iban rociando con agua y sal hasta que allí perecía; y a la mujer la ahorcaban; y si eran señores o caballeros los que habían adulterado, después de haberles dado garrote, les quemaban los cuerpos, que era su modo de sepultar. Al ladrón si hurtaba en poblado y dentro de las casas, como fuese de poco valor el hurto, era esclavo de quien había hurtado, como no hubiese horadado la casa, porque el que lo hacía moría ahorcado; y lo mismo el que hurtaba cosa de valor y cantidad, o en la plaza o en el campo, aunque no fueran más de siete mazorcas, porque el que hurtaba en el campo lo mataban, dándole con una porra en la cabeza. A los hijos de los señores si malbarataban las riquezas o bienes muebles que sus padres tenían, les daban garrote. Asimismo al borracho, si era plebeyo le trasquilaban la cabeza, la primera vez que caía en este delito, públicamente en la plaza y mercado, y su casa era saqueda y echada por el suelo, porque dice la ley que el que se priva de juicio que no sea digno de tener casa, sino que viva en el campo como bestia; y la segunda vez era castigado con pena de muerte: y al noble desde la primera vez que era cogido en ese delito era castigado luego con pena de muerte. Asimismo en este tribunal se reconocían las leyes, que trataban acerca de los esclavos, y de las contiendas y pleitos de haciendas, tierras y posesiones, y los estados y diferencias de oficios.

En el consejo de músicas y ciencias se guardaban las leyes convenientes a este consejo, en donde se castigaban las supersticiones [1] y los géneros de brujos y hechiceros que había en aquel tiempo, con pena de muerte; sólo la nigromancia se admitía por no ser en daño de persona alguna. En el consejo de guerra había otras leyes, como eran, el soldado que no cumplía con el mandato de su capitán o caía en alguna falta de las de su obligación era degollado: y el que usurpaba cautivo o despojo ajeno era ahorcado; y lo mismo se hacía con el que daba su cautivo a otro. El que era noble y de linaje, si era cautivo y se venía huyendo a su patria, tenía la misma pena, y el plebeyo era premiado; pero si el noble en donde fue cautivo vencía o mataba cuatro soldados que para el efecto se señalaban, cuando le querían sacrificar (que para este fin los cautivaban), habiéndose librado de esta manera, era muy bien recibido y premiado del rey.[2] La misma pena de muerte tenían todos los soldados y capitanes que iban en guarda del rey, cuando personalmente iba a la guerra, si lo dejaban en poder de los enemigos, porque era obligación que estos tales lo habían de volver muerto o vivo; y si era el príncipe como alguno de los hijos del rey, tenían la misma pena los soldados y capitanes que eran sus ayos y maestros. Cuando se había de hacer alguna entrada o guerra contra algún señor de los de las provincias remotas, había de ser por causas bastantes que hubiese para ello, que eran que este tal señor hubiese muerto a los mercaderes que iban a tratar y contratar en su provincia, no consintiendo trato ni comunicación con los de acá (porque estas tres cabezas se fundaban ser señoríos e imperios sobre todas las demás, por el derecho que pretendían sobre toda la tierra, que había sido de los toltecas, cuyos sucesores y herederos eran ellos, y por la población y nueva posesión que de ella tuvo el gran Chichimécatl

[1] Por el contrario, aquellos pueblos eran esencialmente supersticiosos, y todo lo fiaban a los agüeros. En todos los sucesos, desde el nacimiento hasta el matrimonio y aun en los negocios públicos, tenían en cuenta el día en que acaecía y su influencia, para lo cual servía el *Tonalámatl* (A. Chavero).

[2] Aquí se refiere el autor al sacrificio gladiatorio (A. Chavero).

Xólotl su antepasado); para lo cual todos tres en consejo de guerra con sus capitanes y consejeros se juntaban y trataban del orden que se había de tener, y la primera diligencia que se hacía era que iban ciertos mensajeros de los mexicanos que llamaban *Cuacuauhnochtzin,* y éstos les requerían a los de la provincia rebelada, en especial a todos los ancianos, juntando para ello cantidad de viejos y viejas a quienes de parte de las tres cabezas requerían y decían, que ellos como personas que habían de padecer las calamidades y trabajos que causan las guerras si su señor se desvanecía en no admitir la amistad, protección y amparo del imperio, pues tenían experiencia de todo, le fuesen a la mano, y procurasen de que enmendase el avieso y desacato que había tenido contra el imperio, dentro de veinte días que le daban de término; y para que no dijesen en ningún tiempo que violentamente habían sido conquistados y ganados, les daban cierta cantidad de rodelas y macanas; y se ponían estos mensajeros en cierta parte, en donde aguardaban la resolución de la república y de los ancianos de tal provincia, los cuales respondían lo que a ellos les parecía, o dentro del término referido allanaban al señor, y entonces dándole su fe y palabra de nunca ser contrarios al imperio, y dejar entrar y salir, tratar y contratar a los mercaderes y gente de él, enviando cierto presente de oro, pedrería, plumas y mantas, era perdonado y admitido por amigo del imperio: y si no hacía esto cumplidos los veinte días, llegaban a esta sazón otros mensajeros que eran naturales de la ciudad de Tetzcuco de los aculhuas, llamados *Achcacauhtzin* que eran de los de aquellos jueces que en otra parte se dijeron pesquisidores, los cuales daban su embajada al mismo señor de la tal provincia y a todos los naturales y caballeros de su casa y linaje, apercibiéndoles que dentro de otros veinte días que les daban de término se redujesen a paz y concordia con el imperio, con el apercibimiento que si se cumplía el término y no se allanaban, que sería el señor castigado con pena de muerte, conforme a las leyes que disponían hacerle pedazos la cabeza con una porra, si no moría en batalla o cautivo en ella para ser sacrificado a los dioses; y los demás caballeros de su casa y corte asimismo serían castigados conforme a la voluntad de las tres cabezas del imperio: habiendo hecho este apercibimiento al señor y a todos los nobles de su provincia, si dentro de los veinte días se allanaba, quedaban los de su provincia obligados de dar un reconocimiento a las tres cabezas en cada un año, aunque moderado, y el señor perdonado con todos los nobles y admitido en la gracia y amistad de las tres cabezas; y si no quería, luego incontinenti le ungían estos embajadores el brazo derecho y la cabeza con cierto licor que llevaban, que era para esforzarle a que pudiese resistir la furia del ejército de las tres cabezas del imperio, y asimismo le ponían en la cabeza un penacho de plumería que llamaban *tecpílotl,* atado con una correa colorada, y le presentaban muchas rodelas, macanas y otros adherentes de guerra, y luego se juntaban con los otros primeros embajadores, aguardando a que se cumpliese el término de los veinte días: y cumplido, no habiéndose dado de paz, a esta sazón llegaban terceros embajadores, que eran de la ciudad de Tlacopan, de nación tepaneca, y tenían la misma dignidad y oficio que los demás, los cuales daban su embajada de parte de las tres cabezas del imperio a todos los capitanes, soldados y otros hombres de milicia, apercibiéndoles, por último apercibimiento, que como tales personas habían de recibir los golpes y trabajos de la guerra, que procurasen dentro de veinte días dar la obediencia al imperio, que serían perdonados y admitidos en su gracia; donde no, pasado el tiempo, vendrían sobre ellos, y a fuego y sangre asolarían toda su provincia, y se quedarían por esclavos todos los cautivos en ella, y los demás por tributarios vasallos del imperio: los cuales si dentro de este término se rendían, sólo el señor era castigado, y la provincia quedaba sujeta a dar algún más tributo y reconocimiento que en el segundo apercibimiento, y esto había de ser de las rentas pertenecientes al tal señor; y donde no, cumplidos los veinte días, estos embajadores tepanecas daban a los capitanes y hombres militares de aquella provincia rodelas y macanas, y se juntaban con los otros, y luego juntos se despedían del señor de la república y de los hombres de guerra, apercibiéndoles que dentro de otros veinte días estarían las tres cabezas o sus capitanes con ejércitos sobre ellos, y ejecutarían todo lo que les tenían apercibido; y cumplidos luego se daba la batalla, porque ya a esta sazón había venido marchando el ejército; y conquistados y ganados que eran, se ejecutaba todo lo atrás referido, repartiendo las tierras y los tributos entre las tres cabezas: al rey de México y al de Tetzcuco por iguales partes y al de Tlacopan una cierta parte, que era como la quinta; aunque se tenía atención de dar a los herederos de tal señor tierras y vasallos suficientes a la calidad de sus personas, entrando en la sucesión del señorío el heredero y sucesor legítimo de la tal provincia con las obligaciones y reconocimiento referido, y dejándole guarnición de gente del ejército de las tres cabezas,[3] la que era conveniente para la seguridad de aquella provincia, se volvía la demás; y de esta manera sujetaron a toda la tierra. Otras leyes había que se guardaban en el consejo y tribunal de guerra, de menos entidad. En el cuarto y último consejo, que era el de hacienda, se guardaban las leyes convenientes a ella acerca de la cobranza de tributos y distribución de ellos y de los padrones reales.[4] Tenían pena de muerte los cobradores que cobraban más de lo que debían pagar los súbditos y vasallos. Los jueces de estos tribunales no podían recibir ningún cohecho, ni ser parciales a ninguna de las partes, pena

[3] En esto comete un error Ixtlilxóchitl. Nuestros antiguos pueblos no eran colonizadores: así es que sus conquistas se reducían prácticamente a la imposición de tributos. Pero no es cierto que, una vez conquistado un pueblo, dejaban en él guarnición: y precisamente de ahí vino que se alzaran continuamente, cuando se creían fuertes para sacudir el tributo; y esto nos explica por qué vemos en los jeroglíficos varias veces la conquista de un mismo pueblo (A. Chavero).

[4] Se conserva original el *Libro de tributos* en el Museo. Lorenzana lo reprodujo en su edición de las cartas de Cortés, reducido y sin colores. Kingsborough, en el *Códice Mendocino*, también lo reproduce, en su tamaño y con colores; pero hay diferencias en el dibujo de ciertas figuras. El señor Peñafiel ha hecho una reproducción exacta.

El *Mapa Quinatzin* nos da también alguna idea de los tributos. En uno de los departamentos del palacio de Tetzcuco se ven los *chimalli e ichcahuipilli*, rodelas y petos de algodón, que se tributaban para los guerreros. En otro se ven sandalias, mosquiteros, cuerdas y bolsas de cacao. En otro ramos de flores y cañas de tabaco, para los convites. Y en otro mantas labradas y penachos de plumas; en donde los tributarios celebran fiesta, cantando y tocando el *huéhuetl* o gran atambor (A. Chavero).

de la vida; a todos los cuales el rey sustentaba, y cada ochenta días hacía mercedes, dándoles dones y presentes de oro, mantas, plumería, cacao y maíz, conforme a la calidad de sus oficios y méritos, sin que en esto hubiese límite señalado, más de lo que al rey le parecía ser conveniente; y lo mismo hacía con los capitanes y personas valerosas en la guerra y con los criados de su casa y corte.

Alva Ixtlilxóchitl, *Obras históricas. Historia chichimeca*, t. II, cap. XXXVIII, pp. 187-93.

APÉNDICES

I. Paráfrasis y variaciones

Fernando de Alva Ixtlilxóchitl

LIRAS DE NEZAHUALCOYOTL

UN RATO cantar quiero
pues la ocasión y el tiempo se me ofrece:
ser admitido espero,
que mi intento por sí no desmerece;
y comienzo mi canto,
aunque fuera mejor llamarle llanto.

Y tú, querido amigo,
goza la amenidad de aquestas flores;
alégrate conmigo,
desechemos las penas, los temores:
que el gusto trae medida
por ser al fin con fin la mala vida.

Yo tocaré, cantando,
el músico instrumento sonoroso;
tú, las flores gozando,
danza y festeja a Dios que es poderoso;
gocemos hoy tal gloria,
porque la humana vida es transitoria.

De Acolhuacán pusiste
en esta noble corte, asiento tuyo,
tus sillas, y quisiste
vestirlas de oro y perlas, donde arguyo
que con grandeza tanta
el Imperio se aumenta y se levanta.

Oh Yoyontzin prudente,
famoso rey y singular monarca,
goza del bien presente,
que lo presente lo florido abarca,
porque vendrá algún día
que busques este gusto y alegría.

Entonces la fortuna
te ha de quitar el cetro de la mano;

ha de menguar tu luna,
no te verás tan fuerte y tan ufano:
entonces tus criados
de todo bien serán desamparados.

Y en tan triste suceso,
los nobles descendientes de tu nido,
de príncipes el peso,
los que de nobles padres han nacido,
faltando tu cabeza
gustarán amargura de pobreza.

Traerán a la memoria
quién fuiste, en pompa a todos envidiada;
tus triunfos y victoria;
y con la gloria y majestad pasada
cotejando pesares,
de lágrimas harán crecidos mares.

Y estos tus descendientes
que te sirven de pluma y de corona,
de Acolhuacán extrañarán la zona;
y tenidos por tales,
con estas dichas crecerán sus males.

De esta grandeza rara,
digna de mil coronas y blasones,
será la fama avara;
sólo se acordarán en las naciones
lo bien que gobernaron
las tres cabezas que el Imperio honraron.

En México famosa,
Moctezuma, valor de pecho indiano;
a Acolhuacán dichosa,
de Nezahualcoyotl rigió la mano;
a Tlacopan la fuerte,
Totoquihuatzin le salió por suerte.

Ningún olvido temo
de lo bien que tu reino dispusiste,
estando en el supremo
lugar que de la mano recibiste
del gran Señor del Mundo,
factor de aquestas cosas sin segundo.

Goza, pues, muy gustoso,
oh Nezahualcoyotl, lo que ahora tienes;
con flores de este hermoso
jardín, corona tus ilustres sienes;
oye mi canto y lira
que a darte gustos y placeres tira.

Los gustos de esta vida,
sus riquezas y mandos, son prestados;
son substancia fingida,
en apariencia sólo matizados;
y es tan gran verdad ésta,
que a una pregunta me has de dar respuesta.

¿Qué es de Cihuapatzin
y Cuauhtzontecomatzin el valiente
y de Acolnahuacatzin?
¿Qué es de toda esa gente?
¿Sus voces oigo acaso?
Ya están en la otra vida; éste es el caso.

¡Ojalá los que ahora
juntos nos tiene del amor el hilo
que amistad atesora,
viéramos de la muerte el duro filo!
Porque no hay bien seguro:
que siempre trae mudanza lo futuro.

ROMANCE DE NEZAHUALCOYOTL

Tiene el florido verano
su casa, corte y alcázar
adornado de riquezas
con bienes en abundancia.
Con disposición discreta
están puestas y grabadas
ricas plumas, piedras ricas
que al mismo sol se aventajan.
Allí el precioso carbunclo
de sus hermosas entrañas,
sin dar lugar una a otra,
luces de ciencia derrama;
allí el diamante estimado
de fortaleza, se engasta

con aquésta, y con sus visos
vivas centellas levanta;
aquí se ven ofreciendo
las lucidas esmeraldas
del galardón de sus obras
y los topacios se siguen
que a la esmeralda se igualan,
pues el galardón prometen
de la celestial morada.
Aquesto es lo que de reyes,
de príncipes y monarcas,
en pechos y corazones
se imprime, encierra y esmalta,
las amatistas con aire
significando las ansias
del rey para sus vasallos,
de los gustos la templanza.

Todas estas piedras ricas
con sus virtudes tan varias,
oh padre, oh Dios infinito,
adornan tu corte y casa;
y estas piedras que al presente
con mil amorosas trazas
yo, el rey Nezahualcoyotl,
he juntado, aunque prestadas,
son los príncipes famosos:
a uno Axayacatzin llaman,
y otro es, con Chimalpopoca,
Xicomatzin-In-Tlamata.

No poco regocijado
de sus fiestas y palabras,
y de los demás señores
que aquí con ellos se hallan,
sólo siento que por breve
goza de este bien el alma;
pero siempre lo que es gusto
con facilidad se pasa.
La presencia me recrea
de estas águilas lozanas,
de estos tigres y leones
que a mil mundos espantaran.
Éstos, que por su valor
eterna memoria alcanzan,
cuyo nombre y cuyos hechos

eternizará la fama,
sólo agora gozo y veo,
piedras ricas como varias
que me sirvieron de lustre
en mis sangrientas batallas.
Y así, oh príncipes tan nobles,
sombra de la indiana patria,
mi voluntad os festeja
y como puede os alaba.

Parece que respondéis,
del alma con muestras claras,
como vapor que de piedras
preciosísimas se exhala:
—"Oh rey Nezahualcoyotl,
oh Moctezuma monarca!
Con vuestros blandos rocíos
vuestros vasallos se amparan;
pero al fin vendrá algún día
que amaine aquesta pujanza
y todos aquéstos queden
en orfanidad amarga.
Gozad, poderosos reyes,
esa majestad tan alta
que os ha dado el rey del cielo;
con gusto y placer gozadla:
que en esta presente vida
de esta máquina mundana,
no habéis de imperar dos veces;
gozad, porque el bien se acaba.

"Mirad que el futuro tiempo
siempre promete mudanza:
¡tristes de vuestros vasallos
porque tienen de gustarla!
Veis aquí los instrumentos
cercados con las guirnaldas
de mil olorosas flores:
gozad, pues, de su fragancia!
Y pues la paz y concordia
de amistades os enlazan,
unos con otros asidos,
hoy regocijaos con danzas,
para que en un breve rato
de piedras tan estimadas
gocen príncipes y reyes,

goce la nobleza indiana;
que para tanta nobleza
la voluntad os consagra
juntándolos en su casa."

Texto de Alfonso Méndez Plancarte, *Poetas novohispanos. Primer siglo
(1521-1621)*, pp. 142-6.

CANTO DE NEZAHUALCÓYOTL

EN EL BANQUETE QUE DIO EL REY PARA CELEBRAR
LA FUNDACIÓN DE SU PALACIO

*Traducción atribuida a Fernando de Alva
Ixtlilxóchitl.*

Oíd con atención las lamentaciones que yo el rey Nezahualcóyotl
hago sobre el imperio, hablando conmigo mismo, y presentándolo a
otros como ejemplo.

¡Oh rey bullicioso y poco estable! Cuando llegue tu muerte serán
destruidos y deshechos tus vasallos; veránse en oscura confusión, y
entonces ya no estará en tu mano el gobierno de tu reino, sino en
el Dios Creador y Todopoderoso.

Quien vio la casa y corte del anciano Tezozómoc, y lo florido y
poderoso que estaba su tiránico imperio, y ahora lo ve tan marchito
y seco, sin duda creyera que siempre se mantendría en su ser y esplendor, siendo burla y engaño lo que el mundo ofrece, pues todo
se ha de consumir y acabar.

Lastimosa cosa es considerar la prosperidad que hubo durante el
gobierno de aquel viejo y caduco monarca, que semejante al saúz,
animado de codicia y ambición, se levantó y enseñoreó sobre los
débiles y humildes. Prados y flores le ofreció en los campos la primavera por mucho tiempo que gozó de ellos; mas al fin carcomido
y seco, vino el huracán de la muerte, y arrancándolo de raíz lo rindió
y hecho pedazos cayó al suelo. Ni fue menos lo que sucedió a aquel
antiguo rey Cotzaztli, pues ni quedó memoria de su casa y linaje.

Con estas reflexiones y triste canto que traigo a la memoria, doy
vivo ejemplo de lo que en la florida primavera pasa, y el fin que
tuvo Tezozómoc por mucho tiempo que gozó de ella. ¿Quién, pues,
habrá, por duro que sea, que notando esto no se derrita en lágrimas,

puesto que la abundancia de las ricas y variadas recreaciones son como ramilletes de flores, que pasan de mano en mano, mas al fin todas se deshojan y marchitan en la presente vida?

¡Hijos de los reyes y grandes señores, considerad lo que en mi triste y lastimoso canto os manifiesto cuando refiero lo que pasa en la florida primavera, y el fin y término del poderoso rey Tezozómoc! ¿Quién, repito, viendo esto será tan duro e insensible que no se derrita en lágrimas, pues la abundancia de diversas flores y bellas recreaciones son ramilletes que se marchitan y acaban en la presente vida?

Gocen por ahora de la abundancia y belleza del florido verano, con la melodía de las parleras aves, y liben las mariposas el néctar dulce de las fragantes flores... Todo es como ramilletes que pasan de mano en mano, que al fin se marchitan y acaban en la presente vida.

Carlos María de Bustamante, *Mañanas de la Alameda de México,* 1835-36. Texto de José María Vigil, "Nezahualcóyotl", *Estudios críticos,* pp. 108-9.

CANTO DE NEZAHUALCOYOTL

Son las caducas pompas del mundo como los verdes sauces, que por mucho que anhelen a la duración, al fin de un inopinado fuego los consume, una cortante hacha los destroza, un cierzo los derriba, y la avanzada edad y decrepitud los agobia y entristece.

Siguen las púrpuras las propiedades de las rosas en el color y la suerte: dura la hermosura de éstas en tanto que sus castos botones avaros recogen y conservan aquellas porciones que cuaja en ricas perlas la Aurora, y económica deshace y derrite en líquidos rocíos; pero apenas el Padre de los vivientes dirige sobre ellas el más ligero rayo de sus luces, les despoja su belleza y lozanía, haciendo que pierdan, por marchitas, la encendida y purpúrea color con que agradablemente ufanas se vestían.

En breves períodos cuentan las deleitosas repúblicas de las flores sus reinados; porque las que por la mañana ostentan soberbiamente engreídas la vanidad y el poder, por la tarde lloran la triste cadencia de su trono, y los repetidos parasismos que las impelen al desmayo, la aridez, la muerte y el sepulcro. Todas las cosas de la tierra tienen término, porque en la más festiva carrera de sus engreimientos y bizarrías calman sus alientos, caen y se despeñan para el hoyo.

Toda la redondez de la tierra es un sepulcro; no hay cosa que sustente, que con título de piedad no la esconda y la entierre. Corren los ríos, los arroyos, las fuentes y las aguas, y ningunas retroceden para sus alegres nacimientos: aceléranse con ansia para los vastos dominios de Tluloca (que es Neptuno), y cuando más se arriman a sus dilatadas márgenes, tanto más van labrando las melancólicas urnas para sepultarse. Lo que fue ayer no es hoy, ni lo de hoy se afianza que será mañana.

Llenas están las bóvedas de pestilentes polvos que antes eran huesos, cadáveres y cuerpos con alma, ocupando éstos los tronos, autorizando los doseles, presidiendo las asambleas, gobernando ejércitos, conquistando provincias, poseyendo tesoros, arrastrando cultos, lisonjeándose con el fausto, la majestad, la fortuna, el poder y la admiración. Pasan estas glorias, como el pavoroso humo que vomita y sale del infernal fuego del Popocatépec, sin otros monumentos que acuerden sus existencias que las toscas pieles en que se escriben.

¡Ah! ¡Ah!, y si yo os introdujera a los oscuros senos de esos panteones, y os preguntara, que ¿cuáles eran los huesos del poderoso Achalchiuhtlanetzin, primer caudillo de los antiguos tultecas; de Necaxécmitl, reverente cultor de los dioses? Si os preguntara ¿dónde está la incomparable belleza de la gloriosa emperatriz Xiúhtzal; y por el pacífico Topiltzin, último monarca del infeliz reino tulteca? Si os preguntara que ¿cuáles eran las sagradas cenizas de nuestro primer padre Xólotl; las del munificentísimo Nópal; las del generoso Tlotzin, y aun por los calientes carbones de mi glorioso, inmortal, aunque infeliz y desventurado padre Ixtlilxóchitl? Si así os fuera preguntando por todos nuestros augustos progenitores, ¿qué me responderíais? Lo mismo que yo respondiera: *Indipohdi, indipohdi:* nada sé, nada sé, porque los primeros y últimos están confundidos con el barro. Lo que fue de ellos ha de ser de nosotros y de los que nos sucedieren.

Anhelemos, invictísimos príncipes, capitanes esforzados, fieles amigos y leales vasallos; aspiremos al cielo, que allí todo es eterno y nada se corrompe. El horror del sepulcro es lisonjera cuna para el sol, y las funestas sombras, brillantes luces para los astros. No hay quien tenga poder para inmutar esas celestes láminas porque, como inmediatamente sirven a la inmensa grandeza del Autor, hacen que hoy vean nuestros ojos lo mismo que registró la preterición y registrará nuestra posteridad.

Fray Josef de Granados y Gálvez, *Tardes americanas,* 1778, pp. 90-4. Texto de José María Vigil, "Nezahualcóyotl", *Estudios críticos*, pp. 109-11.

José Joaquín Pesado

CANTOS DE NEZAHUALCÓYOTL, REY DE TEZCOCO*

I

LAMENTA SUS DESGRACIAS, CUANDO HUÍA PERSEGUIDO
DEL REY DE AZCAPOTZALCO

No bien había nacido
y entrado a esta morada de dolores,
cuando sentí mi corazón herido
del pesar con los dardos pasadores.

Crecí en afán prolijo,
y al verme solo prorrumpió mi labio:
¿Qué hace en la tierra desvalido el hijo,
si no lo sabe guiar consejo sabio?

Vive el hombre en el mundo,
y vive condenado al sentimiento:
llena su corazón tedio profundo;
apenas hay lugar para el contento.

Era mi vida pura,
y mi conducta a todos manifiesta:
obraba, a lo que entiendo, con cordura:
humilde era mi voz, mi faz modesta.

Hoy, inundado en lloro,
donde quiera que paso causo pena:
me abandona el amigo con desdoro:
el supremo Hacedor así lo ordena.

Nunca semblante esquivo
opuse a tus decretos soberanos:
yo soy ¡oh Dios! tu hechura y tu cautivo,
y recibo la muerte de tus manos.

Si ya mi ser declina,
y tu brazo del mundo me destierra,
cúmplase en mí tu voluntad divina,
y baje yo a los centros de la tierra.

---

* Floreció en el siglo XV de la era vulgar.

Mas préstame tu aliento
y ten piedad del corazón herido:
me ocultaré del triunfador violento,
porque huérfano soy y desvalido.

Es condición muy dura
perder la gloria y adquirido imperio;
pero ¡cuánto se aumenta la amargura
si amenaza al vencido el cautiverio!

En tan tristes azares
buscado he con afán los deudos míos,
mas no oyeron la voz de mis pesares,
helados ¡ay! en los sepulcros fríos.

Nunca a la luz perdida
se elevará otra vez su polvo yerto:
todos se han ausentado de la vida:
mi corazón ¡oh Dios! a ti convierto.

II

EXHORTA A GOZAR DE LOS PLACERES ANTES QUE ACABE LA VIDA

De turbación exento,
mientras haya ocasión las dichas goza:
fugitivo el contento
jamás fija su asiento,
ni tampoco el pesar que nos destroza.

Coronado de flores,
galas de la temprana primavera,
a Dios tributa honores:
mas no por esto ignores
que es la gloria de aquí perecedera.

La estación agradable
concédate sin tasa cuanto esperes:
vendrá con paso instable
la edad inexorable,
y en vano llorarás por los placeres.

Cuando el cetro potente
a tu mano arrebate muerte dura,

tu querellosa gente,
tu familia doliente,
las heces beberán de la amargura.

Sólo del hombre justo
la memoria no olvidan las naciones;
su proceder augusto
domeña el odio injusto
y enfrena el huracán de las pasiones.

¿Qué es la vida fugace?
¿Qué son la juventud y la belleza?
Nieve que el sol deshace:
sombra que huye falace
y que corre a su fin con ligereza.

Coge, pues, hoy las flores
que los jardines brindan a tu frente:
antes que triste llores
engaños y dolores,
disfruta los placeres de presente.

III

VICISITUDES HUMANAS

Cuando los cambios de la vida sigo
acá, en mi retirado pensamiento,
lleno de amargos desengaños digo:

¡Desacordado rey!, sin fundamento
fías en tu poder: la muerte dura
derrocará tu solio en un momento.

Vendrá sobre tu frente niebla oscura,
llanto sobre tu casa, y desolado
tu pueblo gemirá con amargura.

Caído el cetro de tu helada mano,
la vida entregarás con el imperio
al Dios omnipotente y soberano.

¿Qué se hizo el triunfador de este hemisferio,
anciano rey, *Tezozomoc* temido?
Yace olvidado en triste cementerio

Yo vi su trono espléndido y erguido,
que en duración al tiempo desafiaba,
postrado por el suelo y abatido.

Así la regia autoridad acaba.
Aquel monarca próspero y dichoso,
a quien la pompa militar ornaba,

se levantó cual árbol poderoso,
que domina la selva y la pradera
y es de las aves plácido reposo:

Brindóle el cielo lluvia placentera,
sus aguas el arroyo cristalino,
y sus flores también la primavera:

Cuando he aquí que de pronto a tierra vino
arrebatado de furioso viento,
en negro y polvoroso remolino.

Así cayó también de su alto asiento
Cosastli ilustre, sin que antigua historia
recuerde su linaje y noble aliento.

Y si hoy le ofrece fúnebre memoria
con débil voz mi cítara doliente,
también aquesta voz es transitoria.

¿Quién no graba en el alma, quién no siente,
con este de dolor ejemplo vivo,
cuán rápida es del tiempo la corriente,
cuán instable el poder, cuán fugitivo?

Son las horas de la vida
gozo vano, bien incierto,
flores que en ameno huerto
deshoja el aire sutil.

¿Quién al mirar su inconstancia
y breve curso no llora?
Apenas brilla su aurora,
cuando se acerca su fin.

Reyes, que regís la tierra,
guerreros, conquistadores,
ved que señalan las flores
vuestra duración fugaz;

y conservad en la mente
esta canción lastimera:
"Cual pasa la primavera
nuestra vida pasará."

Gozad de la vida breve
mientras durare su encanto:
Las aves alcen su canto,
tienda el prado su matiz.

No evitaréis que el sepulcro
sea vuestra mansión postrera:
tiene fin la primavera,
y el hombre tiene su fin.

IV

PENSAMIENTOS TRISTES

Flores del jardín hermosas
ciñan con placer tu frente
descansada:
Goza entre apacibles rosas
de la vida, dulcemente
descuidada.
¿Qué es en duración la vida?
Flor que nace y ya es cogida;
breve llama
que a su fin se exhala y vuelve:
Si en Dios tu ser se resuelve,
a Dios ama.

Él concede la corona,
el mérito y excelencia
en el mundo:
Sus hechuras no abandona,
ni deja caer la existencia
al profundo.
Cual luce la flor vistosa,
así la vida preciosa
luce y brilla:
De sus bondades la fuente
brota con indeficiente
maravilla.

De su tallo separada
pierde la flor sus colores,
ya marchita.

La vida más dilatada
la duración de las flores
triste imita.
Cubrí en señal de tristeza
con ceniza mi cabeza
yo mezquino,
viendo cuál la vida pasa,
y corrí de casa en casa
peregrino.

Goce otro flores y canto
y junte de plata y oro
rica suma:
Al fin cesará su encanto,
y acabará su tesoro,
cual la espuma.
Ignominias nos afrentan,
dolores nos atormentan,
perdurables:
De desterrados amigos
somos al pesar testigos
miserables.

Siervos sin placer vivimos
en esta tierra, prestada
brevemente:
Los monarcas que antes vimos
de rica diadema ornada
la alta frente;
los grandes y los pequeños,
los esclavos y los dueños,
fuertes hombres,
a oscura huesa bajaron,
y de ellos ¡ay! no quedaron
ni los nombres.

Entre llantos y pesares
voy caminando a la triste
sepultura:
Me sorprenden los azares,
y a mi lado siempre asiste
la tristura.
Soy un frágil ser humano,
que la adulación en vano
diviniza:

La aflicción me cupo en suerte,
y hora cobra ya la muerte
mi ceniza.

V

VANIDAD DE LA GLORIA HUMANA

Son del mundo las glorias y la fama
como los verdes sauces de los ríos,
a quienes quema repentina llama,
o los despojan los inviernos fríos:
la hacha del leñador los precipita,
o la vejez caduca los marchita.

Del monarca la púrpura preciosa
las injurias del tiempo no resiste;
es en su duración como la rosa
alegre al alba y en la noche triste:
ambas tienen en horas diferentes
las mismas propiedades y accidentes.

¿Pero qué digo yo? Graciosas flores
hay que la aurora baña de rocío,
muertas con los primeros resplandores
que el sol derrama por el aire umbrío.
Pasa en un punto su belleza vana,
y así pasa también la pompa humana.

¿Cuán breve y fugitivo es el reinado
que las flores ejercen, cuando imperan!
¡No es menos el honor alto y preciado
que en sí los hombres perpetuar esperan!
Cada blasón que adquieren se convierte
en sus manos en símbolo de muerte.

No llegar a su fin, nadie lo espere:
La más alegre y dilatada vida
en yerto polvo convertida muere.
¿Ves la tierra tan ancha y extendida?
Pues no es más que sepulcro dilatado,
que oculta cuanto fue, cuanto ha pasado.

Pasan los claros ríos, pasan las fuentes,
y pasan los arroyos bullidores:

Nunca a su origen vuelven las corrientes,
do entre guijas nacieron y entre flores:
con incesante afán y con presura
buscan allá en el mar su sepultura.

La hora que ya pasó rauda se aleja
para nunca volver, cual sombra vana;
y la que hora gozamos nada deja
de su impalpable ser para mañana.
Llena los cementerios polvo inmundo
de reyes, que mandaron en el mundo.

Y su centro de horror también encierra
sabios en el consejo, ya olvidados
héroes famosos, hijos de la guerra,
grandes conquistadores esforzados,
que dictando su ley a las naciones
se hicieron tributar adoraciones.

Mas su poder quedó desvanecido,
como el humo que aspira la garganta
de este volcán de México encendido,
cuando al cielo sus llamas adelanta.
No queda más recuerdo a tanta gloria
que una confusa página en la historia.

¿Dónde está el poderoso, dónde el fuerte?
¿Dó la doncella púdica y gallarda?
El césped que los cubre nos advierte
la condición que a todos nos aguarda,
murieron nuestros padres: moriremos:
la muerte a nuestros hijos legaremos.

Volvamos ya la vista a esos panteones,
morada de pavor, lugar sombrío:
¿Dónde están los clarísimos varones
que extendieron su inmenso señorío
por la vasta extensión de este hemisferio,
con leyes justas y sagrado imperio?

¿Dónde yace el guerrero poderoso
que los tultecas gobernó el primero?
¿Dónde *Necax*, adorador piadoso
de las deidades, con amor sincero?
¿Dónde la reina *Xiul*, bella y amada?
¿Dó el postrer rey de Tula desdichada?

Nada bajo los cielos hay estable.
¿En qué sitio los restos se reservan
de *Xólotl,* tronco nuestro venerable?
¿Dó los de tantos reyes se conservan?
De mi padre la vívida ceniza
¿qué lugar la distingue y eterniza?

En vano busco yo, caros amigos,
los restos de mis claros ascendientes:
De mi inútil afán me sois testigos:
A mis preguntas tristes y dolientes
sólo me respondéis: nada sabemos,
mas que en polvo también nos tornaremos.

¿Quién es el que esto advierte y no suspira
por gozar de otra vida, allá en la altura,
donde sin corrupción libre respira
y en eterna quietud el alma dura?
Desprendida del cuerpo, tiende el vuelo
y vive con los astros en el cielo.

Es el sepulcro helado nueva cuna
para nacer del sol a los fulgores,
y su tiniebla, lóbrega, importuna,
brillo para los astros superiores.
En polvo la criatura convertida,
goza con las estrellas nueva vida.

No hay poder que trastorne de esa esfera
los muros y los quicios diamantinos:
Allí el Criador su imagen reverbera:
En ellos imprimió nuestros destinos;
y en ellos el mortal mira seguro
con ojos penetrantes lo futuro.

VI

HACE RECUERDOS DE UN HIJO
AL RECIBIR DE ÉL UN RAMO DE FLORES

Sobre lecho florido
me hallaba blandamente recostado,
repasando en mi oído
tu canto concertado,
hijo de las entrañas, muy amado.

¡Ay, Dios, y cómo siente
el corazón ausente!

En un ramo de flores
envíasme relación de tu firmeza,
pintando en sus colores
tu valor y nobleza,
y renovando en mí dulce tristeza.

¡Ay, Dios, y cómo siente
el corazón ausente!

Rodeadas del cuello
otras flores templaban mi gemido,
cuando tu ramo bello
a mi mano ha venido;
y las aves cantaban en el nido.

¡Ay, Dios, y cómo siente
el corazón ausente!

¡Ramo lleno de encanto,
tú inundabas de luz el claro día!
Se oyó sonoro canto,
y al punto cesó el llanto
de la turba fiel que me servía.

¡Ay, Dios, y cómo siente
el corazón ausente!

El Ser que anima el mundo
sabe calmar la dolorosa herida
del pecho moribundo:
Viniste, flor querida,
y animaste benéfica mi vida.

¡Ay, Dios, y cómo siente
el corazón ausente!

Antes en la floresta
mi canción entregando al aire vano,
pasaba yo la siesta,
y la flor del verano
calmaba mi tormento y lloro insano.

¡Ay, Dios, y cómo siente
el corazón ausente!

Cual siento la armonía,
y conozco la flor, que amante adoro,
tal siento el alma mía.
¿Hay algún bien que ignoro?
¿Reside en este mundo mi tesoro?

¡Ay, Dios, y cómo siente
el corazón ausente!

Si Dios penas impuso
al que anda de la vida los caminos,
por su bien lo dispuso;
él en su diestra puso
el corazón del hombre y sus destinos.

¡Ay, Dios, y cómo siente
el corazón ausente!

Sujetos a vaivenes,
sin alcanzar las causas y razones
de males y de bienes,
¿podrán los corazones
tristes vivir sin los celestes dones?

¡Ay, Dios, y cómo siente
el corazón ausente!

¿Quién hay que no reciba
fuerza de ti? ¿Qué ser hay animado,
¡oh Dios!, que en ti no viva?
Repartes tu cuidado
con el monarca y con la flor del prado.

¡Ay, Dios, y cómo siente
el corazón ausente!

No nacerá la hiedra
sin que tú quieras, ni obtendrá su brillo
la peregrina piedra.
Tú del mortal sencillo
eres padre amoroso, eres caudillo.

¡Ay, Dios, y cómo siente
el corazón ausente!

Cual luce la esmeralda,
y como brilla la purpúrea rosa
por la tendida falda

de la montaña hermosa,
así brilla tu gloria portentosa.

¡Ay, Dios, y cómo siente
el corazón ausente!

¿El hombre a sí se ha criado?
¿Acaso despertó como de un sueño,
viviente y animado?
Jamás; yo tengo empeño
en confesar mi soberano dueño.

¡Ay, Dios, y cómo siente
el corazón ausente!

Amigos, compañeros,
que pasáis por la tierra peregrinos,
todos somos viajeros
que por breves senderos
llegamos a los cielos cristalinos.

¡Ay Dios, y cómo siente
el corazón ausente!

VII

FIESTA RELIGIOSA DOMÉSTICA

En los verdes cañizares,
junto a los sauces sombríos
de mis apartados lares,
entono humildes cantares
unido a los hijos míos.

A ti mi acento levanto,
Dios del empíreo sereno;
a ti, que supremo y santo,
eres por esencia bueno
y oyes del mortal el canto.

Elevad, prendas queridas,
los corazones al cielo:
Vuestras voces son oídas:
Os llenará de consuelo,
y alargará vuestras vidas.

Mas yo triste, desvalido,
¿cómo me aduermo entre flores?
¡Qué!, ¿no he sido perseguido?
¿Nunca el viento ha conducido
el eco de mis dolores?

Todo mi bien está en ti,
Ser eterno y soberano,
y tus bondades en mí:
¿Existirá un ser humano
que no lo conozca así?

En todas partes te miro
tu providencia mostrando:
Del céfiro en el suspiro,
en el arroyuelo blando,
en el callado retiro.

Son en la estación hermosa
dones que feliz empleas
el lirio azul y la rosa,
con que con diestra amorosa
a tus hechuras recreas.

El tierno arbusto florido
que resplandece a lo lejos
del sol refulgente herido,
de las nieves los reflejos,
de la paloma el gemido:

El árbol que allá en la falda
del monte, muestra distinto
pajizas hojas de gualda,
y el que en ramos de esmeralda
lleva flores de jacinto:

El aura que la laguna
con blanco soplo acaricia,
el resplandor de la luna,
y la estrella que propicia
al sol precede en su cuna:

Todo tu poder pregona,
todo tu excelencia muestra,
y tus bondades abona:
El ser que al ser se eslabona
tu eternidad nos demuestra.

A los pájaros canoros
unamos, hijos queridos,
las voces de nuestros coros,
y lleguen a los oídos
de Dios, los ecos sonoros.

Tú, que en la voz, peregrino
raudal de tonos produces,
y por el sacro camino
ante el altar nos conduces,
alza tu canto divino.

¿Quién me diera, madre mía,
que a mis hijos enlazada
vivieras en este día,
gozando en esta morada
de religiosa alegría?

Yo, en triste vejez inculta,
que mal el gozo concilia
y los placeres sepulta,
venero con mi familia
de Dios la deidad oculta.

En la senda de la vida
está el sepulcro encubierto
bajo enramada florida:
Ya que el término es tan cierto,
sea alegre nuestra partida.

¿Viviremos desterrados?
¿Tendremos asiento fijo?
Lo ignoro. —Regocijados
cantemos himnos sagrados,
ajenos de afán prolijo.

Con nuevos ramos de flores
engalanemos la frente:
Llénese el aire de olores;
y resuenen dulcemente
las voces de los cantores.

¿Aun vivís, amigos míos?
¿Respiráis, pechos amados?
Dejad cuidados sombríos,
y de flores coronados
seguid los cantares píos.

José Joaquín Pesado, *Poesías*, 1886, pp. 204-21.

Juan de Dios Villalón

CANTO DE NEZAHUALCÓYOTL

EN SUS BODAS

[Paráfrasis]

Caducas son las pompas de este mundo
como los verdes sauces de la fuente
que en este suelo sin rival fecundo
sombra y frescura dan; mas de repente
el fuego los devora furibundo,
o del hacha al poder doblan la frente,
o bien cuando ya añosos languidecen
barridos por el cierzo desparecen.

La púrpura del trono es cual la rosa
que luce su hermosura por un día,
mientras guarda la savia sustanciosa
el avaro botón; mas luego impía
de Tonatiuh la llama rigorosa
agosta su belleza y lozanía,
y cual doliente virgen engañada
pierde el color marchita y desolada.

Es muy breve el reinado de las flores
como el reinado del humano mismo;
la que hoy al alba muestra sus primores
yace a la tarde en flébil parasismo;
todo tiene su fin, gloria y honores
ruedan con el mortal hasta el abismo;
es un inmenso panteón la tierra
que cuanto alimentó piadosa encierra.

Los ríos, los arroyos y las fuentes
corriendo van, pero jamás alcanzan
volver a do nacieron las corrientes;
y corren más, y mientras más se avanzan
más ahondan sus tumbas, y dolientes
al mar se arrojan y por fin descansan...
Tal es el curso de la vida humana:
ayer no es hoy, ni hoy será mañana.
Llena la fosa está de tristes restos
que, ayer de vida y de salud gozando,

fueron guerreros, jóvenes apuestos,
sabios y nobles con riqueza y mando;
mas poder y riqueza y altos puestos,
al soplo fiero del destino infando,
pasaron como el humo pestilente
que el Popocatepetl vomita hirviente.

Rasgad las sombras de la cripta hueca
y registrad los senos del olvido. . .
¿Dó está Chalchiutlanetl el chichimeca?
¿Mitl, el cultor de dioses, dó se ha ido?
De Topiltzin el último tolteca
y Xóchitl la gentil, decid ¿qué ha sido?
¿Dónde Xólotl está, rey fortunado?
¿Dó Ixtlilxóchitl mi padre desdichado?

¡Ah!, necio afán, inútil diligencia:
¿Quién más sabrá que Él que lo sabe todo?
Del lodo les sacó su Omnipotencia,
y yacen confundidos en el lodo.
Tal suerte correrá nuestra existencia,
y nuestros nietos ¡ay! no de otro modo,
después de haber rendido la jornada,
irán también al polvo de la nada.

Aspiremos, oh nobles texcucanos,
a la vida inmortal del alto cielo:
la materia perece entre gusanos,
pero el alma hacia Dios levanta el vuelo:
del Eterno en los campos soberanos,
todo es gloria y amor, paz y consuelo;
y esos astros que tanto nos deslumbran
lámparas son que su palacio alumbran.

Texto de Rubén M. Campos, *La producción literaria de los aztecas*, pp. 209-11.

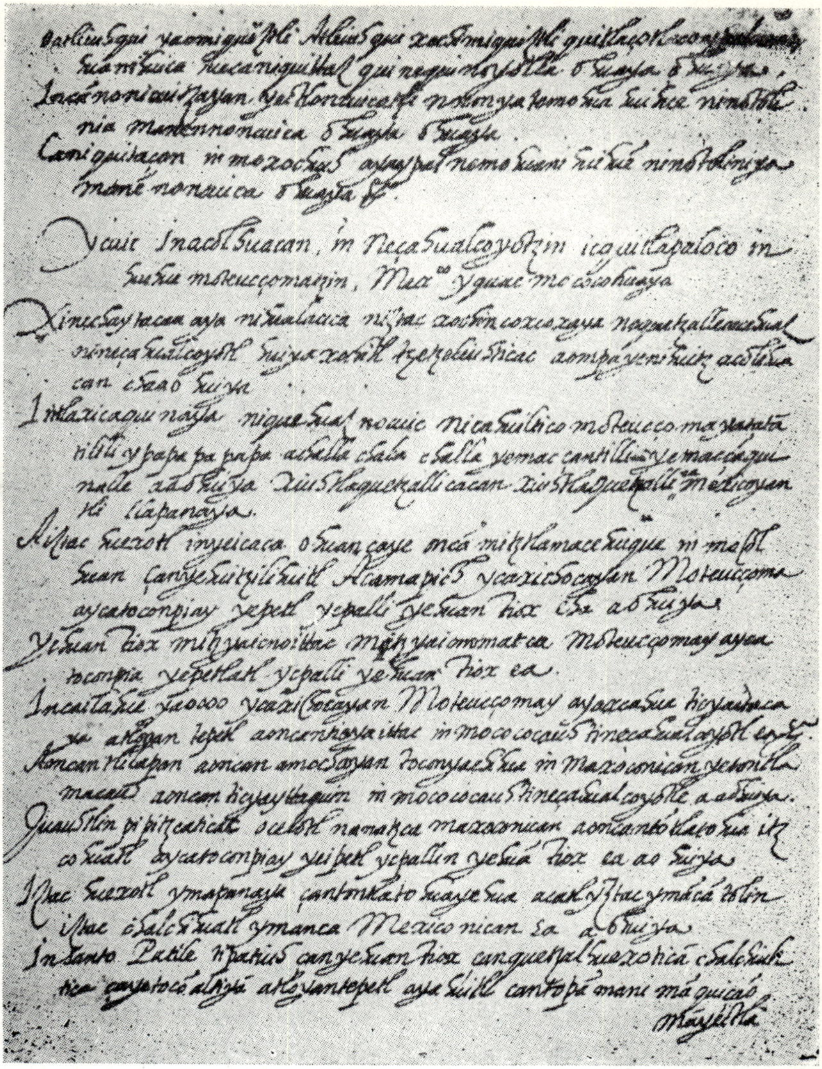

Página del manuscrito *Cantares mexicanos.*

Nezahualcóyotl y sus padres *(Códice Xólotl).*

Nezahualcóyotl presencia la muerte de su padre *(Códice Xólotl).*

Músicos y poetas *(Códice Florentino).*

Nezahualcóyotl, la princesa Azcalxochitzin y dos escultores de Texcoco
(Códice Tloltzin).

Nezahualcóyotl y Coyohua juegan a la pelota *(Códice Xólotl).*

Un maestro con sus alumnos *(Códice Florentino).*

Danza azteca *(Códice Florentino).*

Centros de educación (*Códice Mendocino*).

Tecayehuatzin y Nezahualcóyotl.

Glifo de Texcoco.

El Valle de México (dibujo de V.M. Castillo).

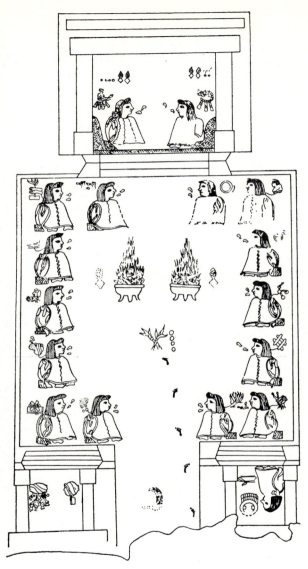

La Corte de Texcoco *(Códice Quinatzin)*.

tepetlaoztoc

chiauhtla

chicuhnauhtla

tezoyohcan

teotihuacan

tepechpan

otompan

acolman

Tributarios de Texcoco (*Códice Xólotl*).

II. Primeras traducciones

YO SÓLO TE CUBRIRÉ DE FLORES...

Yo sólo te cubriré de flores; mío sólo es el canto que humilla nuestra queja ante Dios en su morada.

Verdad es que mis posesiones perecerán, lo mismo que mis amigos, sus lares y sus palacios; por eso yo, oh Yoyontzin, elevo cantos al Dispensador de la vida.

Tú, supremo señor, tú, Nezahualcóyotl, mientras que te cubrimos de flores, deja que el verde *quéchol,* que el *tzinitzcan* entretejan guirnaldas para nosotros, compuestas únicamente de flores moribundas y marchitas.

Ojalá que vosotros, jóvenes, y vosotros, esforzados depositarios de la sabiduría, podáis ser nuestros únicos amigos, mientras que aquí disfrutamos por un momento de esta morada.

Porque tu fama perecerá, Nopiltzin, y tú, Tezozómoc, ¿qué se hicieron tus cantos? No volveré a dar curso a mis quejas, sino que quedaré tranquilo de que os hayáis ausentado a vuestra mansión.

Vosotros, por quienes he llorado, no os volveré a ver más, no os conoceré; yo estoy triste aquí en la tierra que vosotros habéis dejado por vuestra mansión.

Ms. Cantares mexicanos, f 25 r y v, trad. Daniel G. Brinton-José María Vigil, *Estudios críticos,* pp. 125-6. Dice al frente: "V. Otro canto sencillo de los mexicanos."

RESUENE NUESTRO TAMBOR...

Totoco, totoco, tico, totoco totoco y termina con *tico, titico, titico, tico.*

Resuene nuestro tambor a fin de mostrar el poder y la grandeza en que te apoyas, halagado con flores de canto: yo busco un canto para enaltecerte.

Oh tú, mi Señor; tú, Nezahualcóyotl, tú te dirigirás al reino de la muerte, de cierto modo y en un tiempo fijo antes de mucho.

Por esto, por esto lloro yo, Nezahualcóyotl, puesto que tengo que ausentarme, que tengo que perderme en el océano de la muerte, y es necesario que te deje. ¡Oh Dios mío, Dispensador de la vida!, tú me ordenas que vaya y que me pierda en el océano de la muerte. ¡Ay de mí!

¿Cómo quedará la región de Acolhuacán? ¡Ay de mí! ¿Cómo podremos nosotros, tus servidores, divulgar tu fama en el mundo? Yo tengo necesidad de abandonarte. ¡Oh Dios mío, Dispensador de la vida!, tú me ordenas que vaya y que me pierda en el océano de la muerte. ¡Ay de mí!

Aun este canto en tu alabanza perecerá; este canto que hemos escrito para nuestros hijos no durará largo tiempo aquí en la tierra, cuando todos nosotros hayamos dejado estas fragantes flores.

¡Ay de mí! Tus riquezas acabarán. El Dispensador de la vida me enseña que sólo por breve plazo gozaremos del príncipe Nezahualcóyotl; que él no volverá segunda vez a su casa sobre la tierra; pero yo, el cantor, no pondré límite a mis lamentos al evocar la memoria de Nezahualcóyotl.

Busquemos aquí al Dios, al Dispensador de la vida, mientras que, sin poner límite a mis lamentos, evoco la memoria de Nezahualcóyotl.

Ms. Cantares mexicanos, f 28 v-29 r, trad. Daniel G. Brinton-José María Vigil, *Estudios críticos,* pp. 126-7. Dice al frente: "XXIII. Cantos del príncipe Nezahualcóyotl".

SOLAMENTE LAS FLORES SON NUESTRO ABRIGO...

Solamente las flores son nuestro abrigo. Y solamente los cantos caen en el seno de Dios, Señor de tu morada.

Pues qué, ¿esa estancia se perderá por mí? Y qué, ¿la amistad también por mí se perderá? Allí reposa en su trono el *Ipalnemoani,* donde se allegan todos los cantares.

Que la preciada rosa cautivada por el *tzinizcan* es la única que se seca y muere.

He aquí mis ideas desarrolladas para Vos, gran señor Nezahualcóyotl.

¡Cuántas veces habréis presentido, y vosotros que sois los hijos nobles, elevados, y siempre amigos nuestros, el no haber cosa mejor que transportarnos todos nosotros a esa morada común!

Pues que no se pierda tu renombre, hijo mío Tezozomoctli, porque tus mismos cantos, al recordarlos, me harán derramar lágrimas de compasión, al ver que tú no vas a la morada del Señor.

De manera que mi compasión me melancoliza, y más aún, porque ya nunca jamás en el mundo os veré; mas pronto iréis vosotros a la mansión del Señor.

Ms. Cantares mexicanos, f 25 r y v, trad. Mariano Jacobo Rojas, *La producción literaria de los aztecas,* p. 107-8. Dice al frente: "V. Canto mexicano original".

CANTO ACOLHUA DE NEZAHUALCÓYOTL

AL VISITAR AL ANCIANO MOCTEZUMA EN MÉXICO
CUANDO SE HALLABA ENFERMO

Estimabilísima y augusta sombra, mirad cómo he llegado yo, Nezahualcóyotl, macilento cual amarillenta flor. Vengo de Acolhuacán, donde se fecundan preciadas flores.

Escuchad aquestos mis cantares con los cuales vengo a recrearos, oh soberano Moctezuma, vigoroso y joyante con mi regio penacho de plumaje verde esmeralda, a la sobresaliente usanza mexicana.

Allí donde se encuentra enhiesto el albo saúz, os otorgaron grandes mercedes vuestros ascendientes Acamapichtli y Huitzilíhuitl. Llorad, Moctezuma, y así lograréis reposar en la regia mansión de Téotl.

¡Oh Moctezuma!, que Dios os tenga compasión, mostrándose clemente con vos; porque, cuán difícil es allegarse ante su trono real.

Anegaos en llanto ¡ay, ay, ay!, oh Moctezuma, llorad, llorad; porque ya no es posible volver a contemplar las montañas de Atloyan, donde mirabais de continuo a vuestro siervo Nezahualcóyotl.

Acudid a ese templo de Tlilapa,* a esa estancia de escrituras bellas, donde yo, Nezahualcóyotl, impartí beneficios tantos, y aprovechando aquellas dádivas que allí se donan, conoceréis perfectamente los sinsabores que me abruman.

El águila grazna y el tigre maya. No despreciéis la voz de Izcóatl, que así lograréis reposar en el sitial de Téotl.

Vuestra voz es escuchada en torno del albo saúz, de las argentadas espadañas y del blanquecino carrizal, que pródigamente se explayaba en aqueste México.

Sólo Dios, sólo Él que es nuestro santo padre, os amparará. Tomad los deliciosos baños de los floridos saucedales de las montañas de Atloyan, de donde se desprenden las nieblas que se esparcen sobre nosotros; y allegad a vuestras manos las preciadas flores que allí se encuentran en continuo brote, que así tendréis el complemento de vuestra historia.

Tendréis agradable sombra y seréis abanicado con las alas del quetzal preciado, donde la nobleza se congrega y la niebla se extiende sobre nosotros. Y allí al tener en vuestras manos las bellas flores que se hallan en continuo brote, escucharéis el relato de vuestras hazañas, en dulces y armoniosos cantos.

Allí brotan las lúcidas flores anotadas en las escrituras. Oh, y también allí crecía la calurosa estación.

Todo lo que se relaciona con las montañas de Atloyan y Tenochtitlán, escrito está en los *amoxtles*** que nuestros padres, desenrollán-

* 11⁹ Edificio del gran Teocalli. Remi Simeón. (Trad.)
** *Amoxtles,* códices. (Trad.)

dolos, tan presto dirigen la vista al cielo, como los miran, les dan vueltas y revueltas y atentos los vuelven a mirar.

He aquí esa techumbre celestial, techumbre de zafiros bellos, obra de Dios; ante quien todo está sujeto, y que gobierna como dueño y señor de cielo y tierra.

Allí portaréis en vuestras manos ramos de fragantes flores y de laurel odorante. Mientras tanto, ahora en este mundo, dirigid vuestras miradas cada día hacia aquella montaña de Atloyan, mansión adonde todos van.

Los nobles escribían sobre las cosas relativas a la tierra de Anáhuac, y ahora vosotros escribís lo relativo al cielo.

Yo, Nezahualcóyotl, y vos, Moctezumatzin, criaturas somos de Aquel que da la vida, criaturas somos de Dios nuestro padre que en el cielo está.

Ms. Cantares mexicanos, f 66 v-67 r, trad. Mariano Jacobo Rojas, *La producción literaria de los aztecas*, pp. 204-5.

CANTO A NEZAHUALCÓYOTL

Totoco totoco tico totoco, y al fin de cada verso: *tico títico tico...*
(Ritmo del teponaztli)

Vengo a preparar nuestro tremolante tamboril que haga danzar a los
Caballeros Águilas y Tigres, a los cuales te unirás con selectos cantos,
mientras tanto yo busco cantares que sean nuestro abrigo.

Hijo mío Nezahualcóyotl, tú has partido ya a *Mictlan,* a la mansión
de los muertos.

Y sin embargo, sin embargo, yo he llorado a Nezahualcóyotl.

¡Ay! ¿Cómo será mi partida al dejarte, mortífero lugar, al desapa-
recerme de ti? Dios mío, Dador de la Vida, Tú me anuncias que ya
voy a desaparecer.

¿Cómo estará el país de Acolhuacan? ¿Estarán como siempre en
continua revuelta esos tus siervos que te han abandonado? ¡Dios mío!

Ciertamente que los cantos son nuestros abrigos, que hemos escrito
para los nobles. Que se goce aquí en el mundo supuesto que es una
morada que a nadie pertenece y que tenemos que dejar con las agra-
dables flores.

Ninguno podrá extinguir tus glorias, Dispensador de la vida. Yo
bien comprendo, en verdad, que todo lo tenemos como prestado
solamente. Señor Nezahualcóyotl, al mundo no se vuelve, es habitación que a nadie pertenece y que ninguno de los mundanos habitará
otra vez.

Hasta aquí ha llegado Dios, el Dador de la Vida. ¡Oh! ¡Cuánto
he llorado al acordarme de ti, Nezahualcóyotl!

Quititi, quititi, quiti, toco, to, toco ti; toco tocoti toco totocoti.

Esto se repite al fin de cada verso.

Llegaré al lugar donde se recogen flores, y ofrezco en verdad cor-
tar las que enajenan, que han extendido su fragancia hasta llegar acá,
trayéndonos la felicidad.

Llegaron las flores venidas de diversos jardines que mezcladas se
agitan; son flores diversas a no dudarlo; pues que resuenen los tam-
boriles y que se comience a bailar.

Regocijaos con esa bella *poyoma** que se encuentra en continuo
movimiento, que en otras ocasiones habéis poseído; mientras tanto, yo
cantor, siento que el canto de las flores que remuevo en los jardines
destroza mi corazón.

Yo al partir me cubriré con mis ricos aderezos y, floreando mi
corazón, me presentaré ante los nobles soberanos.

* *Poyoma,* cierta flor llamada así. (Trad.)

Prorrumpo en llanto siempre que me pongo a relatar las consideraciones que hago sobre la floridez de mis cantares, ideando la manera de no dejar ocultar la mezcla de flores que hago en dichas meditaciones.

Ms. Cantares mexicanos, f 28 v-29 r, trad. Mariano Jacobo Rojas, *La producción literaria de los aztecas,* pp. 157-8.

NOTAS

OBRAS MÁS FRECUENTEMENTE CITADAS

AI : Alva Ixtlilxóchitl, Fernando de, *Obras históricas,* t. I, *Relaciones;* t. II, *Historia chichimeca.*

Pomar : Pomar, Juan Bautista, *Relación de Tezcoco.* Las cifras se refieren a los párrafos de la edición de Garibay.

Tezozómoc : Tezozómoc, Fernando Alvarado, *Crónica mexicana.*

Torquemada : Torquemada, Fray Juan de, *Los 21 libros rituales y Monarquía indiana.*

I. SU VIDA Y SU TIEMPO

1. EL PRÍNCIPE PERSEGUIDO

1 *Referencias sincrónicas.* A pesar de tratarse de mundos que entonces se ignoraban entre sí, es interesante señalar algunos acontecimientos universales sincrónicos de la vida de Nezahualcóyotl.

Aún dentro del ámbito de Mesoamérica, en la cultura maya durante este período dominan las influencias tolteca y azteca, Chichén Itzá es el centro religioso más importante, florecen los señoríos Quiché y Cakchiquel y en 1441 se disuelve la Liga de Mayapán. En otras zonas del México antiguo, durante la segunda mitad del siglo xv existen, en la costa del Golfo, las culturas llamadas Pánuco VI, Cempoala e Isla de Sacrificios; en Oaxaca, Monte Albán V o Zachila, Mitla y Las Pilitas; y en el Occidente, Chila y Tzintzuntzan en Michoacán, Periquillo en Colima, Tolimán en Jalisco y La Quinta en Sinaloa.

En el resto del continente americano, durante la segunda mitad del siglo xv florece la cultura incaica cuya capital es Cuzco. A mediados del siglo gobierna el imperio Pachacutec, noveno inca, al que sucede en 1471 Tupac Yupanqui.

Cuando Nezahualcóyotl nace en 1402 Tamerlán vence al sultán Bayasid en A'nkara y saquea luego Alepo y Damasco; en la India escribe el poeta Kabir; gobierna en China la dinastía Ming y muere el emperador Kouei-ti, mientras en Japón impera Go-Komatsu. En España comienza el reinado de Juan II de Castilla, la persecución de judíos y musulmanes y la construcción de la catedral de Sevilla. En Italia se concluye la cartuja de Pavía, son papas a la vez Bonifacio IX y Benito XIII y se construye el balcón central del Palacio de los Dogos en Venecia. En Francia es rey Carlos VI. En Inglaterra reina Enrique IV. En Flandes Pierre Feré realiza las tapicerías de la catedral de Tournai y se inicia la edificación del Hotel de Ville en Bruselas. En Bohemia, donde reina Wenceslao, comienza la herejía de Juan Huss, rector de la Universidad de Praga.

Cuando Nezahualcóyotl muere en 1472 Mamluk Kaitbay es sultán de Egipto. Cristóbal Colón, que trata de organizar sus viajes, va a Portugal, y Juan II de Castilla se reconcilia con los catalanes. En la Italia renacentista es papa Sixto IV, Carlo Crivelli pinta *La virgen coronada*, Gentile Bellini el retrato del cardenal Bessarion (1474) y nace Miguel Ángel (1475). Muere Carlos de Francia, Luis XI ocupa Guyena y Pasquier Grenier compone los tapices del ciclo de *La guerra de Troya*. Ladislao Jagellon es rey de Bohemia que, junto con Hungría, se separa del gobierno germánico de Federico III. Christian I es rey de Suecia. Eduardo IV es rey de Inglaterra y en 1470 aparece la *Mort d'Arthur* de Thomas Malory. Se construye la catedral de San Bavon en Harlem, Dieric Bouts pinta *La justicia de Othón* y muere Petrus Christus.

Dentro del transcurso que va de 1402 a 1472 en Francia viven Juana de Arco y François Villon y pinta Jean Fouquet. En Italia pintan Fra Filippo Lippi y Piero della Francesca, inician su obra Leonardo da Vinci y Sandro Botticelli, y escriben sus tratados Marsilio Ficinio y Policiano. En España escriben el Marqués de Santillana, Juan de Mena y Gómez Manrique. En Flandes pintan Rogier Van der Weyden y Hans Memlinc.

Se difunde en Europa el uso de la imprenta y en 1455 aparece el primer libro impreso, la Biblia de Mayence. En 1453 termina la Guerra de Cien Años, los turcos toman Constantinopla y termina el imperio de Bizancio y, desde 1461, los turcos dominan Grecia. En Persia se organiza el texto de *Las mil y una noches.*

2 AI, t. II, p. 82; Vetancurt, *Teatro,* cap. XIII, p. 24.

3 Chichimecas, en su propia lengua, según Alva Ixtlilxóchitl, quiere decir las águilas, y no los mamones o chupadores (AI, t. II, p. 37). En cuanto a Acolhuacan, nombre de su señorío, Pomar explica que se les llamó así "porque eran gente más dispuesta y alta de los hombros arriba que los colhuaque. Porque *acol* quiere decir 'hombro', de manera que por acolhuaque se interpreta 'hombrudos'." Y luego precisa que, a pesar que "de colhuaque a acolhuaque hay mucha semejanza y no se tome lo uno por lo otro y por esto haya error, se advierte que, como se ha dicho, los acolhuaque son chichimecas hombrudos, y colhuaque son los advenedizos del género mexicano, tomando la denominación de su nombre Colhuacan, pueblo de donde vinieron de la parte del poniente" (Pomar, 25). Motolinía concide con Pomar en la etimología de Acolhuacan y añade otra información interesante:

Los de Tetzcoco, que en antigüedad y señorío no son menos que los mexicanos, se llaman hoy día acolhuas y toda su provincia junta se llama Acolhuacan, y este nombre les quedó de un valiente capitán que tuvieron, natural de la misma provincia, que se llamó por nombre Aculi, que así se llama aquel hueso que va desde el codo hasta el hombro y del mismo hueso llaman al hombro *aculi.* Este capitán Aculi era como otro Saúl, valiente y alto de cuerpo, tanto que de los hombros arriba sobrepujaba a todo el pueblo, y no había otro a él semejante. Este Aculi fue tan animoso y esforzado y nombrado en la guerra, que de él se llamó la provincia de Tezcuco Acolhuacan. Motolinía, "Epístola proemial", *Historia de los indios de la Nueva España,* pp. 7-8.

El nombre de Tezcoco, en fin, que significa "en las varas duras y resistentes", era una corrupción del nombre chichimeca Tétzcotl, que era el del cerro en cuya falda se asentaron, y al que más tarde llamaron con el diminutivo de Tetzcotzinco (Pomar, 20-21). Así pues, debería escribirse Tetzcoco, o Tezcoco simplificando la pronunciación, pero no Texcoco.

4 AI, t. I, p. 153 y t. II, pp. 82, 143 y 239.

5 Sahagún, *Historia,* lib. IV, caps. III y XXXVIII.

6 Pomar, 109, 111.

7 AI, t. II, p. 82.

8 AI, t. I, pp. 153-4 y t. II, p. 85.

9 AI, t. II, pp. 96-7; Chimalpahin, *Relaciones,* p. 189.

10 *Anales de Cuauhtitlan,* 150.

11 *Anales de Cuauhtitlan,* 151.

12 *Anales de Cuauhtitlan,* 152, trad. Garibay, *Historia de la literatura náhuatl,* t. I, pp. 489-490.

13 AI, t. II, p. 100.

14 Torquemada, t. I, p. 114; AI, t. II, p. 100.

15 AI, t. I, p. 184 y t. II, p. 100; Torquemada, t. I, p. 117.

16 AI, t. II, pp. 101-2.

17 AI, t. II, p. 104.

18 AI, t. II, pp. 104-5.

19 *Ms. Romances de los señores de la Nueva España*, f 21 r-22 v, Fragmentos, trad. León-Portilla.
20 *Anales de Cuauhtitlan*, 153, trad. Garibay, *Historia de la literatura náhuatl*, t. I, p. 490; el mismo sueño, con variantes en AI, t. II, p. 105.
21 *Anales de Cuauhtitlan*, pp. 153-4.
22 Vetancurt, *Teatro*, cap. XIII, p. 25.
23 AI, t. II, p. 105; Torquemada, t. I, p. 117.
24 AI, t. II, pp. 107-9.
25 AI, t. II, pp. 113-5.
26 *Anales mexicanos. México-Atzcapotzalco; Anales de Cuauhtitlan*, 143; Torquemada, t. I, p. 126; AI, t. II, pp. 119-120.
27 *Anales de Cuauhtitlan*, 161; Chimalpahin, *Relaciones*, p. 190; AI, t. II, p. 120.
28 AI, t. II, p. 122.
29 Torquemada, t. I, pp. 126-7.
30 AI, t. II, pp. 122-6; Torquemada, t. I, pp. 129-130.
31 AI, t. II, p. 137.
32 AI, t. II, pp. 127-134.

2. RECONQUISTA Y CORONACIÓN

1 Torquemada, t. I, pp. 132-3.
2 De aquellas alianzas, la amistad con los tlaxcaltecas y huexotzincas va a ser duradera. Unos "Cantos principescos de Huexotzinco", compuestos probablemente en ocasión de una visita de Itzcóatl y Nezahualcóyotl, los elogia junto con los príncipes de aquel señorío:

> Itzcóatl en Tenochtitlan,
> Nezahualcóyotl.
> Flor de maíz tostado,
> flor de cacao,
> enlazaos,
> entretejeos,
> oh príncipes, en Huexotzinco,
> Xayacamachan y Temayahuitzin.

> *Ms. Romances de los señores de la Nueva España*,
> f 10 r, trad. Garibay, *Poesía náhuatl*, t. I, p. 28.

3 AI, t. II, pp. 133-144.
4 Precisar con objetividad cuál fue la intervención de los mexicas y cuál la de los tezcocanos en esta lucha contra los tepanecas de Azcapotzalco —como en cualquier otra acción en que hayan participado conjuntamente— es tarea que ha vuelto imposible el partidarismo de los historiadores antiguos. Puesto que el presente es un estudio acerca de Nezahualcóyotl, se siguen de manera principal a los historiadores que de él se ocuparon, y en primer lugar por ser el más rico en informaciones a Alva Ixtlilxóchitl, aunque confrontando siempre que ello es posible sus versiones con las otras fuentes disponibles. Sin embargo, en algunos casos, la discrepancia es radical, como cuando se comparan las versiones de fray Diego Durán con las de Fernando de Alva Ixtlilxóchitl a propósito de la

lucha contra los tepanecas. En efecto, frente a la versión de este último, para quien aquella guerra fue movida por Nezahualcóyotl para vengar la muerte de su padre y para reconquistar su señorío, Durán, en cambio, hace a los mexicas autores únicos de la derrota de Azcapotzalco y a Tlacaélel, el poderoso y sagaz consejero de Itzcóatl, Moctezuma y Axayácatl, el artífice de esta victoria, que será la base del poderío azteca (Durán, *Historia,* caps. IX a XI). De una tribu que está a punto de entregarse en esclavitud a los tepanecas, Tlacaélel hace un pueblo victorioso que luego dominará la mayor parte del México antiguo. Tlacaélel, escribe Durán, "era tenido casi por redentor de México, como Josef en Egipto, pues él había puesto espíritu y calor a los que ya estaban determinados a darse y de sujetarse a los de Atzcaputzalco" (*Historia,* cap. XI, 19).

El hecho es que Durán se concentra casi exclusivamente en la historia de la "nación mexicana", es decir, de los aztecas; se apoya en informantes, documentos y códices mexicanos también. y se deja ganar por la admiración, y acaso por la parcialidad, a la "grandeza y autoridad, ánimo y fuerzas" (*Historia,* cap. III, 6) de aquel pueblo, amenguando consciente o inconscientemente la significación de otros. Y haciendo el mismo juego, cada uno de los historiadores vinculados a otros pueblos se esforzará por enaltecer su propia historia en detrimento de los demás. Sólo en algunos casos, el peso de varios testimonios y de acontecimientos conexos nos permiten columbrar la verdad; pero en muchos otros, es preciso reconocer discrepancias irreconciliables o verdades parciales en ambos bandos.

5 Torquemada, t. I, pp. 135-8.
6 Tezozómoc, pp. 285, 431, 447, 457, 477 *ss.;* AI, t. II, p. 163.
7 AI, t. II, pp. 150-1; Torquemada, t. I, p. 142.
8 *Anales de Cuauhtitlan,* 162; *Anales mexicanos. México-Atzcapotzalco,* p. 62.
9 AI, t. I, p. 317.
10 *Anales de Tlatelolco,* 262; AI, t. I, p. 317.
11 Torquemada, t. I, pp. 145-6.
12 Pomar, 137-8.
13 Sahagún, *Historia,* lib. VI, cap. IX.
14 Sahagún, *Historia,* lib. VI, cap. X.
15 Pomar, 140-5.
16 *Anales de Cuauhtitlan,* p. 177.
17 AI, t. II, pp. 157-9.

3. ORGANIZACIÓN DEL SEÑORÍO

1 Pomar, 10.
2 AI, t. II, pp. 167-8; Torquemada, t. I, p. 147.
Motolinía, en un pasaje de sus *Memoriales* en que parece ir trascribiendo un antiguo códice, da una lista de catorce pueblos, que coinciden con los de estos señoríos, y dice que "cada pueblo tenía señor después que se casaron con hija del señor de Tezcuco, y por eso están aquí estas mujeres pintadas: todas fueron hijas de un gran señor de Tezcuco, llamado Nezahualcoyocin, el cual con sus hijas daba a sus maridos el señorío" (Moto-

linía, *Memoriales,* cap. 28, IV, p. 394). El cronista no da los nombres de estas catorce hijas de Nezahualcóyotl. El dato es al parecer infundado. Por otros informes, sólo consta que Quetzalmamalitzin, señor de Teotihuacan, casó con Tzinquetzalpoztectzin, hija de Nezahualcóyotl (véase *supra:* "Familia, amores y penitencia"). En cambio, sabemos que los dos señores de Tepechpan, Tencoyotzin y Cuacuauhtzin, no pudieron casar con hijas suyas, y que para el señorío de Chiautla Nezahualcóyotl designó a uno de sus hijos menores. Así pues, la interpretación que hace Motolinía del documento indígena que sigue es imprecisa.

3 Según Alva Ixtlilxóchitl, la provisión para cada día era de veinte *tlacopintlis* de maíz o sean treinta y una fanegas y tres almudes, tres *tlacopintlis* de frijoles, cuatrocientas mil tortillas hechas, cuatro *xiquipiles* de cacao —treinta y dos mil granos—, cien gallos, veinte panes de sal, veinte cestones de chile ancho y veinte de chile menudo, diez de tomates y diez de pepitas. AI, t. II, p. 168.

Torquemada, asimismo, da una información sorprendente acerca del enorme consumo anual de provisiones en los palacios de Tezcoco. "Se gastaban —escribe— cada año, de sólo maíz 4 900 300 fanegas (número por cierto excesivo y aun increíble si para haberlo de escribir no tuviera en mi poder la cuenta cierta de esta verdad, escrita en los libros de su gasto y autorizada por un nieto suyo que después de cristiano se llamó D. Antonio Pimentel). De cacao, que es la almendra que se bebe, se gastaban 2 744 000. De gallinas y gallos, que en Castilla se llaman pavos de Indias, de siete a ocho mil, sin otras muchas carnes de venados, conejos, liebres, codornices y otras aves y animales que comían. 3 200 fanegas de chile y tomate, que es la especie con que guisan la comida. De otro chile más pequeño, muy picante, llamado *chiltecpin,* 240 fanegas; 1 600 panes de sal, que son del tamaño de una hogaza de pan de Castilla. Chía, frijol y otras muchas legumbres en tanta abundancia que parece patraña y mentira; pero al que lo leyere certifico que no es de las que en común lenguaje llaman de las Indias." Torquemada, t. I, p. 167.

Vetancurt, que escribió a fines del siglo XVII y pudo leer el pasaje de Torquemada, se refiere también a la misma fuente de información: "D. Antonio Pimentel, que fue hijo de Nezahualpilli", pero reduce considerablemente las cantidades: "sólo de maíz cada año eran novecientas mil fanegas, y de gallinas y gallos de la tierra pasaban de ocho mil y de solo chile tres mil fanegas..." *Teatro,* cap. XVI, p. 34.

4 AI, t. II, p.169; Pomar, pp. 36-40.

5 AI, t. II, p. 170; Piña Chan, *Una visión del México prehispánico,* p. 244.

6 Torquemada, t. I, p. 147.

7 AI, t. II, p. 187.

8 Torquemada, t. I, p. 165.

9 Motolinía, *Memoriales,* p. 322.

10 Pomar, 130.

11 Torquemada, t. I, p. 146; AI, t. I, p. 326.

12 Torquemada, t. I, pp. 146-7.

13 El castigo de las supersticiones le parece a Alfredo Chavero inverosímil en pueblos para los que contaban tanto agüeros y abusiones, que regían los sucesos de su vida y estaban sistematizados en el *Tonalámatl.* Nota en AI, t. II, p. 189.

14 AI, t. I, p. 326.
15 AI, t. I, p. 326 y t. II, pp. 187-193; Torquemada, t. I, p. 147. Véase el texto de las *Ordenanzas* en el presente volumen, pp. 245 *ss.*
16 Motolinía, *Memoriales*, 2ª parte, cap. 15, pp. 352-5; AI, t. I, p. 236 menciona también los escribas-pintores de los juzgados.
17 AI, t. II, pp. 183-4.
18 Pomar, 178-9.
19 Pomar, 181-4.
20 Pomar, 232.
21 Pomar, 234 *ss.*
22 Pomar, 185.
23 Durán, *Historia*, cap. II, p. 12.
24 Muñoz Camargo, *Historia de Tlaxcala*, México, 1892.
25 Lorenzo Boturini Benaducci, *Idea de una nueva historia general de la América Septentrional*, Madrid, 1746, p. 142.
26 Prescott, *Historia de la conquista de México*, lib. I, cap. VI. p. 82.

4. PALACIOS, JARDINES Y ESCUELAS

1 *Quema de los archivos de Tezcoco.* Joaquín García Icazbalceta, en el extenso y erudito capítulo de su obra sobre el primer obispo Zumárraga, intitulado "Destrucción de antigüedades atribuida al señor Zumárraga y a los primeros misioneros" (*Biografía de don Fray Juan de Zumárraga, primer obispo y arzobispo de Méjico*, t. II, cap. XXII), informa muy ampliamente de cuanto se escribió al respecto, transcribiendo y discutiendo los párrafos alusivos de treinta y tres historiadores.

Por lo que se refiere concretamente a la destrucción del archivo de Tezcoco, discute la intervención que en ella haya tenido el obispo Zumárraga. Para García Icazbalceta la acusación más violenta y directa procede de fray Servando Teresa de Mier:

"Ya era tiempo de que los señores obispos hubieran escarmentado de su juicio precipitado sobre ellas (las pinturas mexicanas). Al primer obispo de México se le antojó que todos los manuscritos simbólicos de los indios eran figuras mágicas, hechicerías y demonios y se hizo un deber religioso de exterminarlos por sí y por medio de los misioneros, entregando a las llamas todas las librerías de los aztecas, de las cuales sólo la de Tezcuco, que era su Atenas, se levantaba tan alta como una montaña, cuando de orden de Zumárraga la sacaron a quemar. Y como los indios rehacían sus manuscritos o los escondían para conservar la historia de su nación, se valían los misioneros de niños cristianos, a quienes investían de su errado celo para que los robasen a sus padres, y de aquí vino la muerte de los siete niños tlaxcaltecas, reputados mártires. Así causó este obispo a la nación y a la república literaria una pérdida tan irreparable como inmensa." *Apología* (1817), ed. J. Eleuterio González, Monterrey, 1876, p. 39. (Respecto a la alusión a los niños tlaxcaltecas mártires, véase: Motolinía, *Historia de los indios de la Nueva España*, Tratado III, cap. XIV, y del mismo Motolinía hay un opúsculo que dedicó a este asunto. Asimismo, véase: Mendieta, *Historia eclesiástica indiana*, p. 236.)

Los testimonios más antiguos que se refieren a la destrucción de los archivos de Tezcoco proceden de Juan Bautista Pomar y Fernando de Alva Ixtlilxóchitl, los dos historiadores mestizos y descendientes de la casa real de Tezcoco. Con su ponderación característica, Pomar escribió lo siguiente:

"Y los que sabían las cosas más importantes, que eran los sacerdotes de los ídolos y los hijos de Nezahualpitzintli, rey que fue de esta ciudad y su provincia, son ya muertos.

"Y demás de esto, faltan sus pinturas en que tenían sus historias, porque al tiempo que el Marqués del Valle don Hernando Cortés, con los demás conquistadores, entraron la primera vez en ella, que habrá sesenta y cuatro años, poco más o menos, se las quemaron en las casas reales de Nezahualpitzintli, en un gran aposento que era el archivo general de sus papeles, en que estaban pintadas todas sus cosas antiguas, que hoy día lloran sus descendientes con mucho sentimiento, por haber quedado como a escuras, sin noticia ni memoria de los hechos de sus pasados.

"Y los que habían quedado en poder de algunos principales, unos de una cosa y otros de otra, los quemaron de temor de don Fray Juan de Zumárraga, primer arzobispo de México, porque no los atribuyese a cosas de idolatría, porque en aquella sazón estaba acusado por idólatra, después de ser bautizado, don Carlos Ometochtzin, hijo de Nezahualpitzintli." *Relación* (1582), 4-6.

En cinco pasajes de sus escritos, Fernando de Alva Ixtlilxóchitl lamentó también aquella destrucción aunque con versiones aparentemente contradictorias. En efecto, la quema de los archivos de Tezcoco la achaca una vez a "orden de los primeros religiosos"; otra, concretamente, "al primer arzobispo que fue de México", y en fin, a "los tlaxcaltecas y otros amigos que Cortés traía", según consta en los pasajes relativos que se transcriben a continuación:

"No tan solamente no se prosiguió lo que era bueno y no contrario a nuestra santa fe católica, sino que lo más de ello se quemó inadvertida e inconsideradamente por orden de los primeros religiosos, que fue uno de los primeros daños que tuvo esta Nueva España; porque en la ciudad de Tezcuco estaban los Archivos Reales de todas las cosas referidas, por haber sido la metrópoli de todas las ciencias, usos y buenas costumbres, porque los reyes que fueron de ella se preciaban de esto y fueron los legisladores de este Nuevo Mundo; y de lo que escapó de los incendios y calamidades referidas, que guardaron mis mayores, vino a mis manos, de donde he sacado y traducido la historia que prometo..." "Prólogo al lector", *Obras históricas, Historia Chichimeca*, t. II, p. 18.

"los sabios tultecas, así astrólogos como de más artes... trataron de muchas cosas, así de sucesos y calamidades que tuvieron, y movimientos de los cielos desde la creación del mundo, como de otras muchas cosas, que por haberles quemado sus historias no se ha podido saber ni alcanzar más de lo que aquí se ha escrito... por excusar prolijidad, no se ponen según en sus historias y pinturas parece, principalmente de la original, digo de las cosas que se les halla pintura e historia, que todo es cifras en comparación de las historias que mandó quemar el primer arzobispo que fue de México". "Primera relación", *Obras históricas*, t. I, pp. 14-5.

"yo pongo de lo que ello fue de las mil partes las novecientas, por lo que tengo dicho, por excusar volumen, y porque son tan extrañas las cosas, y tan peregrinas y nunca oídas, sepultadas y perdidas de la memoria de los naturales, y lo otro por haberles quemado al principio sus historias, que ésta ha sido la principal causa de su olvido". "Quinta relación", *Obras históricas*, t. I, p. 60.

"Ixtlilxóchitl le detuvo [a Cortés] y fue a la mano, rogándole que mirase y se condoliese de la gente mísera y sin culpa; y por mucho que hizo, todavía los tlaxcaltecas y otros amigos que Cortés traía saquearon algunas de las casas principales de la ciudad, y dieron fuego a lo más principal de los palacios del rey Nezahualpiltzintli, de tal manera que se quemaron todos los archivos reales de toda la Nueva España, que fue una de las mayores pérdidas que tuvo esta tierra, porque con esto toda la memoria de sus antiguallas y otras cosas que eran como escrituras y recuerdos, perecieron desde este tiempo". *Obras históricas, Historia Chichimeca*, t. II, p. 414.

"Y asimismo nadie se acuerda de los aculhuas texcucanos, y los señores y capitanes, aunque es todo una misma casa, si no es de los tlaxcaltecas, los cuales, según todos los historiadores dicen, que más a aínas venían a robar que a ayudar, como claro parece, que aun en la ciudad de Texcoco y otras partes, que eran amigos y de la parte de los cristianos, robaron las casas y especialmente los palacios de Nezahualpiltzintli y quemaron los mejores cuartos que había dentro de ellos y parte de los Archivos Reales, que fueron los primeros destruidores de las historias de esta tierra." "Relación Décima Tercera. De la venida de los españoles y principio de la ley evangélica", *Obras históricas*, t. I, p. 362.

García Icazbalceta hace mofa del partidarismo tezcocano de Alva Ixtlilxóchitl y de las desproporciones con que suele ponderar la importancia política de Nezahualcóyotl frente al poderío de los mexicanos (*Op. cit*, t. II, p. 138), para poder acorralarlo luego en la contradicción de sus tres versiones y pretender librar a Zumárraga del cargo de incendiario de los archivos indios. Dice así don Joaquín:

"Si no damos crédito a Ixtlilxóchitl en cuanto a la existencia de esos preciosos archivos, excusado es pasar adelante, porque no pudo ser destruido lo que no existió. Si se la damos, también debemos dársela cuando afirma (y en dos diversos lugares) que entrando los tlaxcaltecas a Texcoco, en compañía de Cortés, pusieron fuego a 'lo más principal de los palacios del rey Nezahualpilli, de manera que se quemaron *todos*

los archivos reales de *toda* la Nueva España y la memoria de sus antiguallas pereció *desde ese tiempo.'* La entrada se verificó el último día
del año de 1520; ocho años después llegaba a México el señor Zumárraga. ¿Qué archivos de Texcoco quemó, si ya habían perecido *todos?*
¿Acaso puso otra vez fuego a las cenizas de los papeles quemados antes
por los tlaxcaltecas?" *Op. cit.,* t. II, pp. 138-9.

La argumentación de García Icazbalceta parece contundente si bien es
notoria en ella su decisión de librar de culpa no sólo a Zumárraga sino
también a Cortés, tan responsable como los tlaxcaltecas de la primera que-
mazón. Y si prescindimos de la deplorable inclinación de Alva Ixtlilxóchitl a las exageraciones, sus aparentes contradicciones pueden enlazarse
satisfactoriamente, con lo cual volvemos a la sobria versión de Pomar, que
debió ser la inicial en esta como en otras materias. En diciembre de 1520
Cortés y los tlaxcaltecas quemaron y saquearon los archivos de Tezcoco
—acaso la mayor copia de documentos indígenas que se encontraban reu-
nidos—; los que habían quedado en poder de algunos principales fueron
quemados, en su mayor parte, después de 1528, por orden de Zumárraga
o por temor a él, como dice Pomar.

El que haya sido de una u otra manera, importa para la historia pero
no nos los devuelve. De los 74 códices indígenas existentes, 52 son pro-
bables copias poscortesianas de textos antiguos o códices hechos después de
la Conquista. Entre los 22 códices que pueden considerarse prehispánicos,
sólo hay 9 nahuas. Cf. Miguel León-Portilla, *Los antiguos mexicanos,* p. 61.

2 Francisco Hernández estuvo en México de 1571 a 1577. De su *Historia natural de Nueva España* hay edición en las *Obras completas,* Universidad Nacional Autónoma de México, México, vols. II y III, 1959. Cf.
Francisco Javier Clavijero, *Historia antigua de México.* lib, IV, cap. 15,
t. I, pp. 296-7, y William H. Prescott, *Historia de la conquista de México,*
nota p. 85.

3 El historiador norteamericano William H. Prescott, en cuya *Historia
de la conquista de México* hay páginas llenas de admiración por Nezahualcóyotl que habitualmente siguen con fidelidad a Alva Ixtlilxóchitl, a
propósito del Consejo de Música y Ciencias, fantaseó en ocasiones con de-
masiada imaginación.

El pasaje relativo dice así:

"Finalmente, había un tribunal extraordinario, llamado consejo de música; pero que difiriendo de lo que expresaba su nombre, estaba consa-
grado al fomento de las ciencias y de las artes, siendo preciso someter
a su juicio las obras de astronomía, cronología, historia u otra cualquiera ciencia antes de publicarse. Tal poder censorial era de alguna
importancia, al menos con respecto al ramo de historia, en el cual la
espontánea mutación de la verdad era un crimen capital, según el san-
guinario código de Nezahualcóyotl. Y sin embargo, debía ser muy tor-
pe el autor tezcocano que no pudiera eludir la convicción bajo el um-
broso velo de los jeroglíficos. Este cuerpo se formaba de las personas
más instruidas del reino, teniéndose al nombrarlas poca consideración
a su rango; sobrevigilaba todas las producciones del arte y las más
hermosas manufacturas; decidía sobre la aptitud de los profesores en
las varias ramas de ciencias, sobre la fidelidad de la enseñanza que
recibían los discípulos, cuya falta era castigada severamente, y estable-

ció los exámenes de estos últimos; en una palabra, era un consejo general para dirigir la educación del país. Ciertos y determinados días recitaban los autores delante de esta corporación sus composiciones históricas y los poemas que trataban de la moral o de asuntos tradicionales. Había asientos destinados para las tres testas coronadas del imperio, quienes deliberaban con los otros miembros sobre el mérito de las piezas, y distribuían valiosos premios a los competidores que los habían merecido." William H. Prescott, *Historia de la conquista de México*, lib. I, cap. VI, pp. 81-2.

Las únicas informaciones "antiguas" acerca de este Consejo de Música y Ciencias son las muy escasas de Alva Ixtlilxóchitl antes recogidas, y que se encuentran en sus *Obras históricas*, t. I, p. 326 y t. II, p. 178. Ahora bien, como fuentes del pasaje de Prescott, el muy competente anotador Alamán menciona, además de Alva Ixtlilxóchitl, a Francisco Javier Clavijero (*Historia antigua de México*, lib. IV, cap. 4, t. I, p. 271) y a Mariano Veytia (*Historia antigua de México*, México, 1836, lib. III, cap. 7). Efectivamente, los pasajes correspondientes de ambos historiadores —y el muy semejante que escribió posteriormente Manuel Orozco y Berra en su *Historia antigua y de la conquista de México*, t. III, p. 22— han esbozado el que pudo ser el funcionamiento de aquel consejo, aunque Prescott, haciendo una especie de demostración de lo que puede hacer un historiador elocuente a base de una información escueta, llegó a escribir un contrasentido como el de decir que las obras históricas o científicas debían someterse a la censura del consejo "antes de publicarse" (*before they could made public*, escribió). Lo único que podemos colegir acerca de los libros o códices indígenas antiguos es que eran textos sacerdotales, de carácter litúrgico, adivinatorio o de fórmulas herméticas, o encargos específicos de los gobernantes para fijar la historia de sus dinastías o establecer dominios y tributos. Y, por otra parte, estos textos nunca se "publicaban" y eran accesibles a todos, ya que debieron estar reservados sólo a sacerdotes, sabios y príncipes, esto es, a los *tlamatinime*, capaces de interpretarlos y de transmitir su conocimiento a través del *calmécac*.

4 AI, t. II, pp. 174-181.

Destrucción y supervivencias de los palacios de Tezcoco. Para preparar el asedio a la ciudad de México, Hernán Cortés llegó con sus soldados a Tezcoco en diciembre de 1520, y relató a Carlos V que aquella ciudad "es una de las mayores y más hermosas que hay en todas estas partes". Le refiere a continuación que se aposentaron "en una casa grande que había sido de su padre [Nezahualpilli] de Guanacasin [Coanacochtzin] señor de dicha ciudad", la cual casa era tan grande "que aunque fuésemos doblados los españoles, nos pudiéramos aposentar bien a placer en ella". "Tercera relación", 15 de mayo de 1522, *Cartas de relación*, pp. 91-2.

Bernal Díaz, asimismo, cuenta que al llegar a Tezcoco se alojaron en "unos grandes aposentos y salas" y que no se le permitió a los soldados salir a "unos patios grandes que allí había". *Historia verdadera...*, cap. CXXXVII.

Ellos fueron los últimos testigos de aquellas obras, orgullo del mundo indígena, que convertirían pronto en ruinas monumentales. Refiere Alva Ixtlilxóchitl que, cuando se construían los palacios, a Nezahualcóyotl le preocupaba ya la ulterior utilidad que pudieran tener algunos de los materiales de construcción y dispuso que no se cortaran los extremos de las grandes vigas, conservando en sus perforaciones las cuerdas con que habían sido movidas. AI, t. II, pp. 180-1. Su previsión se cumplió y aquellos maderos y otros materiales siguieron aprovechándose en las construcciones coloniales, como pudo verlo el mismo historiador. Torquemada dice haber sido también testigo de su grandeza y destrucción: "Como que yo las vide —exclamaba— antes de que comenzaran a derribarlas los españoles para aprovecharse de los materiales en el edificio de sus casas." Torquemada, t. I, cap. 45, p. 156.

Vetancurt refiere que Tezcoco "fue la primera ciudad donde los dos primeros religiosos Fr. Juan de Ayora y Fr. Pedro de Gante predicaron, por estar la ciudad de México con la conquista destrozada" y añade que "en ella está un convento de todo porte". *Chrónica*, p. 51; Cf. Robert Ricard, *Conquête spirituelle du Mexique*, París, 1933, cap. 2.

Motolinía, que residió en varias ocasiones en el convento franciscano que se instaló en uno de los palacios (Cf. Edmundo O'Gorman, "Noticias biográficas sobre Motolinía", *Historia de los indios de la Nueva España*, pp. XXIV ss.), parece haber conocido bien lo que aún quedaba del antiguo Tezcoco, en el primer tercio del siglo XVI.

"Esta ciudad de Tetzcoco —escribe— era la segunda cosa principal de la tierra, y asimismo el señor de ella era el segundo señor de la tierra: sujetaba debajo de sí quince provincias hasta la provincia de Tuzapan [Tuxpan], que está a la costa del Mar del Norte, y así había en Tezcoco muy grandes edificios de templos del demonio, y muy gentiles casas y aposentos de señores; entre los cuales fue cosa muy de ver la casa del señor principal, así la vieja con su huerta cercada de más de mil cedros muy grandes y muy hermosos, de los cuales hoy día están los más en pie, aunque la casa está asolada; otra casa tenía que se podrá aposentar en ella un ejército, con muchos jardines, y un muy grande estanque, que por debajo de tierra sabían entrar a él con barcas. Es tan grande la población de Tetzcoco que toma más de una legua en ancho, y más de seis en largo, en la cual hay muchas parroquias e innumerables moradores." Fray Toribio de Motolinía, *Historia...*, Tratado III, cap. 7.

Cuando visitó México el naturalista español doctor Francisco Hernández, en el último tercio del siglo XVI, aún pudo ver algo de los palacios de Nezahualcóyotl y de las ampliaciones y nuevas construcciones que había añadido Nezahualpilli. En uno de los palacios se alojó y escribió el doctor Hernández y refiere que:

Aún quedaba "un añoso abeto en medio de uno de los patios, verde aún después de setecientos años y que apenas pueden rodear siete hombres con los brazos extendidos; además de los laberintos inextricables de las calles superiores y de las encrucijadas subterráneas en las que el rey, cuando le venía en mente o juzgaba que convenía, se escondía y ocultaba o remaba en chalupas por ciertas galerías y túneles ocultos, sin que nadie lo pudiera ver, hasta el lago mexicano, distante casi una milla de la ciudad; además del número increíble de huertos y vergeles y de la variedad de aviarios de muchas clases, jaulas de fieras, piscinas, bóvedas de piedra; además de multiformes canales cuya escultura en piedra podían envidiarlas el oro y la plata y aun las mismas gemas; además de las construcciones y mamposterías de piedras y guijarros toscos y desiguales, acomodados con artificio admirable, divididos y separados, pero de tal manera unidos con sábulo y cal, con ligeras depresiones, aplanados y grietas de la mezcla, gratas a la vista, que presentaban un espectáculo firme y al mismo tiempo hermoso a los ojos de los transeúntes, además, digo, de todas estas cosas y de otras que apenas pueden alabarse dignamente, se ve algo admirable: veinte o más piedras de grandísimo tamaño, de las cuales muchas son del grosor de cuatro bueyes, embutidas en el piso y estoy suficientemente persuadido de que para levantar una de ellas, apenas bastarían cincuenta mil hombres con tanta penuria de maquinaria. Y no eran para otro uso más que para que las avecillas que acostumbraban espontáneamente revolotear por los palacios y huertos reales, tuvieran licor preparado para saciar libremente su sed, bebiendo las lluvias recogidas, o para acogerse a algunas pequeñas fosas cavadas por la propia naturaleza de las piedras y así halagaran con sus gratísimos cantos los oídos de los presentes". Francisco Hernández, *Antigüedades de la Nueva España*, pp. 115-6.

Asimismo, el historiador Pedro Mártir de Anglería, aunque no llegó a venir a México, se refiere a una enorme viga usada en la construcción de los palacios de Tezcoco que tenía más de 36 metros de largo y 2.5 de diámetro. Y añade que sólo puede dar crédito a ésta y a otras cosas admirables porque se apoyan en testimonios irrefragables. *Décadas del Nuevo Mundo*, Década 5, cap. 10.

También Fray Agustín Dávila Padilla, a fines del siglo XVI, cuenta haber visto, entre las ruinas de los palacios, piezas enteras de cedro de más de 27 metros de largo y uno de diámetro, y observó que algunos de los macizos portales estaban labrados en una sola piedra. *Historia de la provincia de Santiago de la Nueva España*, lib. II, cap. 81.

Aquellos despojos monumentales aún existían a principios del siglo XIX. El viajero inglés William Bullock refiere que:

"Algunos de los terrados en que se levantaba [el palacio] están todavía enteros y cubiertos con mezcla muy dura e igual en hermosura a la que se encontró en los edificios de la antigua Roma... La espaciosa iglesia erigida a muy poca distancia está casi enteramente edificada con materiales tomados del palacio, muchos de ellos de piedras esculpidas que pueden verse en los muros, aunque los más de los adornos están vueltos para la parte interior. Nuestro guía —añade Bullock— nos informó que cualquiera que edificaba una casa en Tezcoco convertía las ruinas del palacio en cantera propia." *Six month's residence and travels in México*, J. Murray, Londres, 1824, cap. 26.

5 Además de los palacios de Tezcoco y del bosque de Tetzcotzinco, tenía los viejos palacios de Cillan, que había sido de su padre Ixtlilxóchitl, y los de su abuelo Techotlala; los baños de Tzinacanóztoc; las casas de recreo de Acatelelco y Tepetzinco, al borde del lago; los bosques de Cozcacuauhco y Cuetlachatitlan y las grutas de Cuauhyácac. AI, t. II, p. 209; Pomar 254.

6 Dávila Padilla, *Historia de la provincia de Santiago de la Nueva España*, lib. II, cap. 81.

7 AI, t. II, pp. 209-211.

El arzobispo dominico Dávila Padilla, a pesar de haber nacido en México menos de un siglo después de la muerte de Nezahualcóyotl, ya habla de él con completa ignorancia, pero parece haber conocido bien el lugar y da detalles precisos de esta destrucción:

"A una legua del pueblo se ve hoy con extraña majestad el puesto que tenía el demonio tiranizado para su honra. Es un cerro que se llama Tezcucingo, donde el gran poder de los reyes de Tezcoco se había singularizado en servicio del demonio. En lo más alto de este cerro estaba el famoso ídolo que llamaban Zaualcóitl y todo el cerro estaba sembrado en contorno de vistosas arboledas y preciosos frutales... En lo más alto de todo el cerro estaba labrado en peña viva un Cóyotl que llaman en esta tierra y es un género de lobos menos feroz que los de Europa... Esta figura representaba a un indio grande ayunador, a quien tuvieron por santo; y fingiendo luego el demonio figura de este animal, se les apareció diciendo que era el ayunador y así le dieron el nombre, que significa lo uno y lo otro. Este ídolo destruyeron el santo obispo de México fray Juan Zumárraga y el bienaventurado padre fray Domingo de Betanzos, y mandaron picar y deshacer toda la figura del Cóyotl." *Historia de la provincia de Santiago de la Nueva España*, lib. II, cap. 81.

8 Estos baños, que la ignorancia popular llamaba los "baños de Moctezuma" a mediados del siglo xix: Cf. William H. Prescott, *Historia de la conquista de México*, lib. I, cap. VI, p. 87, llamaron mucho la atención a varios viajeros anglosajones de principios del siglo xix que los describieron en sus obras: Cf. William Bullock, *Six month's residence and travels in México*, J. Murray, Londres, 1824, cap. 26; H. G. Ward *Mexico in 1827*, Londres, 1828, t. II, p. 296; C. J. Latrobe, *The Rambler in Mexico*, Harper and Brothers, Nueva York, 1836, carta 7.

9 AI, t. II, pp. 211-2.
Los vestigios de los jardines de Tetzcotzinco. Al igual que de los palacios de Tezcoco, de estos jardines de la colina de Tetzcotzinco se conservaron algunos rastros. El doctor Francisco Hernández escribió a fines del siglo xvi que aún "quedan hoy vestigios" de dichos jardines, de ·los que describió la gradería tallada en la roca, la colección de plantas y el acueducto (Francisco Hernández, *Antigüedades de la Nueva España*, cap. XIII, pp. 114-5).

Además, cuenta Hernández que pudo ver también varios objetos pertenecientes a Nezahualcóyotl, que al parecer se conservaban entonces:

"su estatua, su escudo, banderas, trompetas, flautas, armas y otros ornamentos que acostumbraba usar tanto en la guerra como en los bailes públicos y que encontramos preservados con grandísimo respeto religioso, con el atabal con el que daba la señal de la acometida cuantas veces había que arrojarse sobre el enemigo o tocaba a retirada, he tenido cuidado de que fueran pintados." (*Ibidem*, p. 115. Estas estampas sobre las costumbres y antigüedades de los indios, diferentes a las de la *Historia Natural*, "probablemente perecieron en el incendio del Escorial de 7 a 8 de junio de 1671"; Joaquín García Pimentel, nota 104, en Hernández, *Opus cit.*, p. 261).

Volviendo a los jardines de Tezcotzinco, Francisco Javier Clavijero, a mediados del siglo XVIII, dice que aún podían verse "algunos restos del antiguo acueducto por donde se conducía el agua a los jardines de aquellos reyes" (Clavijero, *Historia antigua de México*, lib. VII, cap. 54, t. II, p. 308) y escribe, asimismo, que Nezahualcóyotl "formó nuevos jardines y bosques que en parte subsistieron muchos años después de la Conquista y hasta hoy se observan algunos vestigios de aquella magnificencia" (*Opus cit.*, lib. IV, cap. 4, t. I, pp. 271-2).

También Prescot, a principios del siglo XIX, describió con entusiasmo los palacios y jardines de Nezahualcóyotl y en especial la casa del bosque de Tetzcotzinco:

> "Hacia la base de la colina, en medio de gigantescos cedros cuyas umbrosas y robustas ramas esparcían un fresco agradable sobre el verde césped en la estación más calurosa del año, se levantaba la regia quinta con sus ligeras bóvedas y ventilados salones, absorbiendo el suave perfume de los jardines. Aquí se retiraba frecuentemente el monarca a descansar del peso del gobierno, y a entretener su fatigado espíritu con la sociedad de sus mujeres favoritas, reposando durante los calores del medio día bajo las agradables sombras de su paraíso, o recreándose con el fresco de la tarde en sus festivos juegos y danzas. Aquí convidaba a sus imperiales hermanos los soberanos de México y de Tlacopan, y ejercitaba los activos placeres de la caza en las grandes selvas, que se extendían por millas enteras alrededor de la quinta, floreciendo con toda su majestad primitiva. Aquí también se retiraba frecuentemente en los últimos días de su vida, cuando la edad había moderado la ambición y templado el ardor de su sangre, a cultivar en la soledad el estudio de la filosofía y adquirir la sabiduría por medio de la meditación". *Historia de la conquista de México*, lib. I, cap. VI, p. 87.

Y añade en seguida que las extraordinarias descripciones de la magnificencia de la arquitectura tezcocana "están confirmadas en lo principal por las ruinas que aún cubren la colina de Tetzcotzinco o que están medio sepultadas bajo de su superficie". (*Ibidem.*)

Ya en nuestro siglo, Miguel Othón de Mendizábal dio constancia de que aquellos palacios y jardines quedaron abandonados en absoluto:

> "salvo los acueductos que conservan con minucioso cuidado los indígenas de las cercanías, pues los utilizan aún para el riego, y alguno que otro fragmento de muro que nos muestra el sistema de las desaparecidas estructuras, lo único que se ha conservado hasta hoy de la mansión regia es lo que no pudo destruir la acción de los elementos ni la incuria de los hombres: los baños cavados en el pórfido rojo del cerro y los sillares de cantería que olvidó la codicia de los constructores del rumbo".

Y mencionó asimismo, un dato curioso respecto a unas figuras femeninas de barro encontradas en el lugar de los jardines de Tetzcotzinco:

> "El Museo Nacional posee una importante colección que compré al señor Olivares, de San Miguel Tlaixpan, de figurillas de barro de

mujeres desnudas, admirablemente modeladas y sin ningún atributo teogónico, lo cual nos permite suponer que eran representativas de personas, con toda probabilidad de las concubinas del erótico monarca, pues fueron encontradas en los terrenos de los desaparecidos jardines." "El jardín de Nezahualcóyotl en el cerro de Tezcotzinco", *Obras completas*, México, 1946, t. II, pp. 443-51.

10 Torquemada, t. I, p. 147.
11 AI, t. II, pp. 183 y 185.
12 Pomar, 111-5.
13 AI, t. II, p. 183.
14 AI, t. II, p. 185.
15 Pomar, 124.

5. TEMPLOS, ALIANZAS Y GUERRA

1 A. Chavero, nota en AI, t. II, p. 185.
2 AI, t. II, pp. 184-5; Pomar, 55.
3 Pomar, 57-8.
4 Pomar, 57-9; Vetancurt, *Chrónica*, p. 4, refiere que "el día de año nuevo de 35 (1535) en Tezcuco, donde había templos hermosos y torreados, quemaron los templos y las vestiduras gentílicas que usaban".
5 Cf. Caso, *La religión de los aztecas*, pp. 10-11; León-Portilla, *La filosofía náhuatl*, pp. 252-7.
6 Tezozómoc, pp. 284 *ss.*
7 Torquemada, t. I, p. 174.
8 Torquemada, t. I, p. 188.
9 AI, t. II, pp. 205-8.
10 Pomar, 189-193; AI, t. II, pp. 207-8.
11 AI, t. II, pp. 153-5.
12 Texto náhuatl en AI, t. II, p. 155, trad. Garibay, *Historia de la literatura náhuatl*, t. I, p. 253.
13 Motolinía, *Memoriales*, pp. 394-6.
14 AI, T. II, p. 154.
15 Torquemada, t. I, p. 146.
16 Motolinía, *Memoriales*, p. 337; AI, t. II, p. 154 y nota de A. Chavero.
17 Torquemada, t. I, p. 155.
18 Torquemada, t. I, p. 155.
19 Tezozómoc, pp. 373 y 411.
20 Durán, *Historia*, cap. XI, 5-12.
21 *Libro de los ritos*, cap. XI, p. 11.
22 *Ms. Cantares mexicanos*, f 20 r, trad. Garibay, *Poesía náhuatl*, t. II, p. 23.
23 *Historia tolteca-chichimeca*, pp. 215-8.
24 Muñoz Camargo, *Historia de Tlaxcala*, pp. 45 *ss.*
25 *Ms. Cantares mexicanos*, f 36 v, trad. Garibay, *Poesía náhuatl*, t. III, pp. 25-6.

26 Durán, *Libro de los ritos*, cap. XI, pp. 13-4.

27 *Ibidem*, cap. XI, p. 20.

28 Durán, *Historia*, cap. XXIII, 13-5.

29 Torquemada, t. I, p. 175.

30 Tezozómoc, pp. 282 y 287-8.

31 AI, t. II, pp. 161-5; nota de A. Chavero en t. II, p. 164 y Durán, *Historia*, cap. XV, pp. 17-31.

32 Durán, *Historia*, cap. XV, 10 ss.; Vetancurt, *Teatro*, cap. XVI, p. 33, dice que "Era el rey de Tezcoco igual con el de México sin reconocimiento de menor o mayor", opinión en la que parece seguir el partidarismo de Alva Ixtlilxóchitl.

33 Cf. Garibay, "Relaciones internacionales en los pueblos de Anáhuac", *Estudios de Cultura Náhuatl*, UNAM, México, 1962, vol. III, p. 15.

34 AI, t. II, p. 195.

35 AI, t. II, pp. 195-9; Motolinía, *Memoriales*, p. 396, para Cuauhnáhuac.

36 AI, t. II, pp. 201-3.

37 AI, t. I, p. 320.

38 Como en el caso de la guerra contra los tepanecas de Azcapotzalco, estas guerras de conquista de la Triple Alianza, según Durán (*Historia*, caps. XII a XXV), fueron obra exclusiva de los aztecas.

6. FAMILIA, AMORES Y PENITENCIA

1 AI, t. I, pp. 140-1.

2 Durán, *Historia*, cap. VII, 19; Torquemada, t. I, p. 103.

3 *Anales de Cuauhtitlan*, 138; Chimalpahin, *Relaciones*, p. 184; Durán, *Historia*, cap VIII, 26 y cap. X, 22; AI, t. 1, pp. 203 y 409; Torquemada, t. 1, p. 104.

4 AI, t. I, p. 153 y t. II, pp. 82, 143 y 239.

5 *Anales de Cuauhtitlan*, 150; AI, t. II, pp. 130 y 134, llama a Tzontecochatzin sobrino del príncipe, por lo que puede suponerse que ambos llevaran el mismo nombre.

6 Torquemada, t. I, p. 146; AI, t. II, pp. 123, 134 y 213.

7 AI, t. II, p. 216.

8 AI, t. II, pp. 79-80.

9 AI, t. I, pp. 155, 164-5 y 178.

10 AI, t. II, pp. 82 y 112.

11 AI, t. II, p. 137.

12 AI, t. II, p. 147.

13 AI, t. I, p. 203.

14 AI, t. I, p. 178.

15 AI, t. II, p. 215.

16 Pomar, 101.

17 Pomar, 123.

18 Sin embargo, Francisco Hernández recoge un dato tan desaforado que es sólo pintoresco y revelador de las leyendas que han rodeado siempre a Nezahualcóyotl: "Tuvo cuatrocientas concubinas, de las cuales, según he

oído, recibió trescientos cincuenta y cinco hijos." *Antigüedades de la Nueva España*, lib. II, cap. XIV, p. 117.

19 AI, t. II, pp. 222 y 241.
20 AI, t. II, p. 222.
21 *Anales de Cuauhtitlan*, 144.
22 AI, t. II, pp. 167-8.
23 AI, t. II, p. 220.
24 AI, t. II, pp. 202 y 225.
25 Torquemada, t. I, p. 147.
26 AI, t. II, p. 202.
27 AI, t. II, p. 225.
28 AI, t. II, p. 242
29 Torquemada, t. I, p. 163.
30 AI, t. II, p. 223.
31 Torquemada, t. I, p. 147; AI, t. II, p. 242.
32 Pomar, 130.
33 Pomar, 133; AI, t. I, p. 182 y t. II, pp. 219-221.
34 *Anales de Cuauhtitlan*, 192; Chimalpahin, *Relaciones*, p. 205, AI, t. I, pp. 253-5 y t. II, p. 229.
35 AI, t. I, p. 248.
36 Torquemada, t. I, p. 188; León-Portilla, *Trece poetas del mundo azteca*, pp. 89 ss.
37 AI, t. II, p. 260.
38 Primo Feliciano Velázquez, "Introducción", *Códice Chimalpopoca*. *Anales de Cuauhtitlan y Leyenda de los soles*, pp. viii-ix; Manuel Gamio, *La población del valle de Teotihuacan*, México, 1922, t. II, pp. 546-7.
39 AI, t. II, p. 306; Torquemada, t. I, p. 147.
40 AI, t. II, pp. 213-4.
41 El doctor Agustín Rivera encontraba un gran paralelismo entre las vidas de David y de Nezahualcóyotl. Ambos cometieron graves faltas y tuvieron duros arrepentimientos, despreciaron los ídolos, hicieron penitencias y cantaron al dios verdadero o desconocido. *Compendio de la historia de México*, t. I, p. 125.
42 Jeroglífico del *Mapa de Tepechpan* que dice en náhuatl: "A la hija de Temictzin de México la hace su mujer Cuacuauhtzin". Cf. León-Portilla, *Trece poetas del mundo azteca*, p. 79.
43 AI, t. II, p. 214.
44 Torquemada, t. I, p. 154.
45 AI, t. II, p. 215.
46 Cf. León-Portilla, *Ibidem*, pp. 80-1.
47 Garibay, "Romántico náhuatl", *Estudios de Cultura Náhuatl*, 1965, Vol. V, pp. 10-4.
48 Los poemas de Cuacuauhtzin, en traducción de Garibay, se encuentran: los textos del *Ms. Cantares mexicanos*, de f 26 r y v, repetidos en f 49 v - 50 r, en *Poesía náhuatl*, t. II, pp. 57-8, cuatro fragmentos; y los textos de los *Romances de los señores de la Nueva España*, de f 26 r - 28 v, en *Poesía náhuatl*, t. I, pp. 69-75, los mismos cuatro fragmentos anteriores, con algunas variantes, más otro poema formado por ocho fragmentos. El primero de estos últimos textos —los cuatro fragmentos o poemas breves— ha sido traducido también por León-Portilla, en *Trece poetas del mundo azteca*, pp. 84-87, con un estudio de la personalidad de Cuacuauhtzin. Ésta es la traducción reproducida.

49 Alva Ixtlilxóchitl, que es el testimonio original por el que conocemos estos acontecimientos, los narra, además del pasaje transcrito (t. II, pp. 215-7), en otra parte (t. I, pp. 492-3) con una variante importante: la de cambiar el nombre de la esposa por Tenancacihuatzi, y luego por Tenancacitatzi (t. I, p. 497). Ella, en verdad, parece no haber sido muy afortunada con los antiguos cronistas. El mismo Alva Ixtlilxóchitl en otra mención ocasional (t. I, p. 327), la llama Matlacihuatzin, nombre que también le dieron Torquemada (t. I, pp. 154-5) y Vetancurt (*Teatro*, cap. XV, p. 29), repitiendo sucesivamente el error, cuando en realidad éste era el nombre de la madre de Nezahualcóyotl. Estos dos últimos historiadores, además, convirtieron a Cuacuauhtzin en Temictzin. Finalmente, en las *Relaciones* de Chimalpahin, p. 205, se le conserva su padre Temictzin, pero ella se vuelve Huitziloxochitzin.

50 Pomar 102-3

51 Torquemada, t. I, p. 156; Vetancurt, *Ibidem*, p. 30.

No conservamos el canto a que se refiere Torquemada, pero sí otros que expresan sentimientos semejantes, como en "Los cantos son nuestro atavío":

Con cantos nos alegramos,
nos ataviamos con flores aquí.
¿En verdad lo comprende nuestro corazón?
¡Eso hemos de dejarlo al irnos:
por eso lloro, me pongo triste!
Si es verdad que nadie
ha de agotar su riqueza,
tus flores, oh Árbitro Sumo...

(Texto completo en la sección de *Cantos*.)

Alva Ixtlilxóchitl se refiere a otro poema compuesto en el estreno de los palacios:

"entre los cantos que compuso el rey Nezahualcoyotzin, donde más a la clara dijo algunas sentencias, que a modo de profecías, que muy a la clara en nuestros tiempos se han cumplido y visto, fueron los que se intitulan *Xopancuícatl* que significa canto de primavera, los cuales se cantaron en la fiesta y convites del estreno de sus grandes palacios, que empieza el uno así: *Tlacxoconcaquican hami Nezahualcoyotzin,* etc." AI, t. II, 235-6.

y transcribe en seguida el poema que comienza:

Ido que seas de esta presente vida a la otra,
oh rey Yoyontzin,
vendrá tiempo que serán deshechos y destrozados tus vasallos,
quedando todas las cosas en las tinieblas del olvido...

(Texto completo en la sección de *Cantos*.)

52 Chimalpahin, *Relaciones,* p. 199.
53 Chimalpahin, *Relaciones,* p. 200; los *Anales de Cuauhtitlan*, 188,

dan fechas diversas para los mismos acontecimientos: 11 *ácatl*, 1451, para la nevada; en 1 *tochtli*, 1454, "todo se aconejó", cesó la guerra de los chalcas y siguieron tres años de hambre; en 2 *ácatl*, 1455, "se ataron los años".

54 AI. t. II, pp. 205-6.
55 AI, t. II, p. 219.
56 AI, t. II, pp. 207-8.

7. OBRAS Y LEYENDA

1 Pomar, 246 y 248.
2 AI, t. I, p. 317.
3 "Albarrada de los indios", *Diccionario Porrúa. Historia, biografía y geografía de México*, p. 45; Torquemada, t. I, pp. 157-8; Tezozómoc, *Crónica mexicayotl*, 249-250; Vetancurt, *Teatro*, cap. XV, p. 30.
4 Chimalpahin, *Relaciones*, p. 201.
5 Chimalpahin, *Relaciones*, p. 206.
6 *Anales de Cuauhtitlan*, 192- 3.
A mediados del siglo XVIII Clavijero describió con precisión esta obra de Nezahualcóyotl:

"Hacían los mexicanos —escribe—, para comodidad de las poblaciones, muy buenos acueductos. Los de México para conducir el agua de Chapultépec, distante como dos millas de la ciudad, eran dos canales paralelas de piedra y argamasa, altas casi dos varas y anchas dos pasos, que corrían por una calzada formada sobre el lago y llegaban hasta la entrada de la ciudad, desde donde se repartía el agua a diversas fuentes, especialmente a las de los reales palacios. Aunque eran dos los acueductos no corría el agua sino por uno, y entretanto limpiaban el otro para que siempre fuese el agua limpia". *Historia antigua de México*, lib. VII, cap. 54, t. II, pp. 307-8.

Aprovechando probablemente el trazo y los basamentos de este viejo acueducto indio, se construyó hacia el siglo XVII el acueducto colonial cuya arquería y caja fue luego rehecha por el virrey Bucareli en 1779. Este último acueducto que recorría la antigua calzada de Belén, hoy Avenida Chapultepec, y terminaba en la fuente del Salto del Agua, sobre la hoy Avenida de San Juan de Letrán, constaba de 904 arcos y recorría casi cuatro kilómetros. La arquería fue destruida y se conservan algunos arcos. Cf. Manuel Romero de Terreros, *Los acueductos de México*, México, 1949.

7 Torquemada, t. I, p. 304.
8 Torquemada, t. I, pp. 167-8.
9 Torquemada, t. I, p. 166.
10 AI, t. II, pp. 233-4.
11 AI, t. II, pp. 230-3.
12 *Documentación de Sahagún. Códice de Florencia*, f 178 r y *ss.*, trad. Garibay, *La literatura de los aztecas*, pp. 127-8.

8. LA BÚSQUEDA DEL DIOS DESCONOCIDO

1 Chimalpahin, *Relaciones*, p. 201.
He aquí la explicación de Sahagún respecto a la Atadura de los Años:

"Acabada la dicha rueda de los años [el ciclo de cincuenta y dos años], al principio del nuevo que se decía *Ome ácatl* [2 Caña] solían hacer los de México y de toda la comarca, una fiesta o ceremonia grande que llamaban *toxiuhmolpilia*, y es casi atadura de los años, y esta ceremonia se hacía de cincuenta y dos en cincuenta y dos años; es a saber, después de que cada una de las cuatro señales había regido trece veces a los años; decíase aquella fiesta *toxiuhmolpilia* que quiere decir átanse nuestros años, y porque era principio de otros cincuenta y dos. Decían también *xiutzitzquilo* que quiere decir 'se torna el año nuevo', y en señal de esto, cada uno tocaba las yerbas, para dar a entender que ya se comenzaba la cuenta de otros cincuenta y dos años, para que se cumplan también nueva lumbre". Sahagún, *Historia*, lib. VII, cap. IX.

2 Chimalpahin, *Relaciones*, p. 199.
3 Torquemada, t. I, p. 163; AI, t. II, p. 223; Vetancurt, *Teatro*, Parte 2ª, cap. XV, p. 29.
4 AI, t. II, p. 224.
5 AI, t. II, pp. 224-5.
6 AI, t. II, pp. 226-7 y 229.
7 Chimalpahin, *Relaciones*, pp. 204-5.
8 Que era el mismo que había puesto en una jaula al joven Nezahual-cóyotl para darle muerte, en castigo por el crimen de la pulquera chalca. Véase *supra* cap. 1.
9 Durán, asimismo relata la conquista de Chalco como obra exclusiva de los aztecas; cuenta un caso semejante al de los príncipes aztecas y tezcocanos, como sucedido a tres hermanos de Moctezuma, y aun la haza-ña de Axoquentzin la atribuye a Tlacaélel. Durán, *Historia*, cap. XVII.
10 *Ms. Cantares mexicanos*, f 32 r, trad. Garibay, *Poesía náhuatl*, t. II, p. 63.
11 AI, t. II, pp. 229-230.
12 Pomar, 97.
13 Pomar 98-9.
14 AI, t. II, pp. 244-5.
15 He aquí lo que, además de sus referencias a la actitud de Neza-hualcóyotl frente a los sacrificios humanos, que ya se han recogido, escribió Torquemada respecto a las ideas religiosas del rey de Tezcoco.

"Los indios tuvieron un dios llamado Tlalocatecuhtli que quiere decir señor del paraíso o lugar de los deleites, al cual reverenciaba mucho Nezahualcóyotl padre de Nezahualpilli, y le hizo su imagen grande y suntuosa colocándola en el templo mayor de su ciudad con los dioses que eran Huixilupuchtli y Tlacahuepan" (*Monarquía indiana*, t. II, pp. 45-6) y "Algunos reyes como Nezahualcoyotzin y Nezahualpiltzintli dudaban de que fueran verdaderos los dioses que adoraban". (*Ibidem*, t. II, p. 80.)

Fray Gerónimo de Mendieta, a fines del siglo xvi, había escrito también que ambos reyes de Tezcoco, y para él sobre todo Nezahualpilli, dudaban de los dioses que adoraban. *Historia eclesiástica indiana*, pp. 83 y 181-2.

A fines del siglo xvii, Fray Agustín de Vetancurt escribió:

"Dícese de este rey Nezahualcóyotl que fue en las cosas morales entendido; decía muchas veces que los dioses no lo eran sino maderos, y que era cosa de herejía el adorarlos, y así aconsejaba a sus hijos que no idolatrasen, tenía al sol por padre y a la tierra por madre, nunca mandó que se sacrificasen hombres porque tenía por brutalidad el derramar sangre humana." *Teatro,* cap. XVI, p. 33.

16 AI, t. I, p. 321.

17 Alfredo Chavero, editor de las *Obras históricas* de Alva Ixtlilxóchitl, notando que este pasaje discrepa en los dos manuscritos de la obra, pidió que lo revisara Faustino Chimalpopoca Galicia, profesor de náhuatl, quien propuso esta otra lectura: *Ipan in chiconauhtlamanpan metztica in Tloque Nahuaque ipalnemoani te yocoyani iceltéotl oquiyócox in íxquich quéxquich mitta ihuan motta.*

18 AI, t. I, pp. 323-4.

19 AI, t. II, pp. 227-8.

20 Dante, *El convivio*, II, ii.

21 AI, t. II, p. 65.

22 *Historia tolteca-chichimeca*, 188.

23 Soustelle, *La vida cotidiana de los aztecas*, p. 220.

24 Caso, *La religión de los aztecas*, p. 8.

25 Sahagún, *Historia*, lib. VI, cap. XXXII.

26 *Textos de los indígenas informantes de Sahagún*, vol. VIII, f 175 v.

27 *Historia de los mexicanos por sus pinturas*, p. 228.

28 León-Portilla, *La filosofía náhuatl*, p. 161.

29 León-Portilla, *Ibidem*, pp. 162 *ss.* Estos resúmenes de León-Portilla son el resultado de un admirable análisis de varios pasajes y cantos de antiguos documentos indígenas, principalmente de los siguientes: Sahagún, *Textos de los indígenas informantes*, ed. Del Paso y Troncoso, vol. VIII, f 175 v; *Historia tolteca-chichimeca*, ed. facs. E. Mengin, p. 33; o Versión de Heinrich Berlin y Silvia Rendón, Robredo, México, 1947, 195; Sahagún, *Historia*, lib. VI, cap. XXXII, además de los lugares ya citados.

30 Cf. León-Portilla, *La filosofía náhuatl*, p. 205

31 Sahagún, *Historia*, *Apéndice* al lib. III, cap. III.

32 Sahagún, *Historia*, lib. VI, cap. XXIX.

33 Sahagún, *Historia*, Apéndice al lib. III, cap. III.

34 León-Portilla, *La filosofía náhuatl*, pp. 206-7.

35 *Anales de Cuauhtitlan*, 38.

36 *Ibidem*, 59.

37 *Ibidem*, 50.

38 Clavijero, *Historia antigua de México*, lib. VI, cap. 1.

39 AI, t. I, p. 321.

40 AI, t. II, p. 244.

41 "Si ésta no es una actitud francamente monoteísta, porque se admite todavía la existencia y el culto a otros dioses, sí nos indica que en las mentalidades excepcionales del pueblo azteca, había nacido ya el afán

filosófico de la unidad, y que se buscaba una causa única, de la que dependieran las otras y un dios único que estuviera por encima de los dioses, como estos están por encima de los hombres.

"Naturalmente, este dios único de Nezahualcóyotl no tenía mucho culto ni intervenía en la vida religiosa del pueblo. Nunca han tenido gran popularidad los dioses de los filósofos, que responden a una necesidad lógica de explicación del mundo, pues lo que el pueblo necesita, es contar con dioses menos abstractos y que respondan a su necesidad sentimental de amor y protección." Caso, *La religión de los aztecas,* p. 8.

42 Pomar, 98.

43 AI, t. I, p. 321.

44 Cf. León-Portilla, *La filosofía náhuatl,* p. 207.

45 Laurette Séjourné ha hecho un análisis muy severo de la actitud de los aztecas que, carentes de una concepción religiosa propia, se apoderan de la herencia espiritual tolteca o doctrina de Quetzalcóatl y, traicionándola, la convierten en arma de dominación. "Es indiscutible —escribe— que *la necesidad cósmica del sacrificio humano* constituyó un *slogan* ideal, porque en su nombre se realizaron las infinitamente numerosas hazañas guerreras que forman su historia y se consolidó su régimen de terror." (pp. 37-8.)

El choque de estas dos corrientes de pensamiento: la doctrina moral de Quetzalcóatl y el "misticismo degradado" azteca, crea graves conflictos en aquella sociedad y una de sus primeras manifestaciones se produce en la persona de Nezahualcóyotl:

"Como surge de su biografía —escribe Séjourné—, Nezahualcóyotl, al mismo tiempo que parece haber sido iniciado en la doctrina de Quetzalcóatl, era un individuo plenamente identificado con una época poseída de una desenfrenada voluntad de poder temporal. Es así que mientras construye templos, forma su incomparable biblioteca y mantiene una corte brillante, lo vemos sostener despiadadas guerras de conquista, suministrar a Tenochtitlan millares de hombres para el sacrificio o intervenir para imponer un tributo de sangre a una ciudad vencida.

"Pero, dada su singular fuerza interior, este rey poeta sufre con la sospechosa armonía de dos concepciones irreconciliables —de un lado el poder terrestre como fin de la existencia, del otro la nostalgia de sobrepasar la condición humana—, e intentará en algún momento adaptar sus actos a la religión que profesa. Esta tentativa, de corta duración y que no parece haber modificado en nada las costumbres oficiales, descubre, sin embargo, la maravillosa potencia de un principio espiritual que los bárbaros habían creído poder impunemente traicionar. Es evidente que Nezahualcóyotl no hace más que expresar una actitud ampliamente difundida, actitud que determinará la historia del Imperio durante los cincuenta años que le restan de vida." *Pensamiento y religión en el México antiguo,* p. 46.

9. EL FIN DE SU TIEMPO

1 *Anales de Cuauhtitlan,* 194.

2 AI, t. II, p. 236.

3 En un pasaje de las *Relaciones,* que se refiere a la "venida de los españoles" escribió Alva Ixtlilxóchitl la siguiente confirmación de la profecía de Nezahualcóyotl:

"En el año *Ce ácatl,* Caña núm. 1, y a la nuestra 1519, que es el que señaló Nezahualcoyotzin que se había de destruir el imperio chichimeca, envió Teopili (o Teuhtlile) gobernador de Moctezuma, que era de Cotozta (Cotaxtla) o Cuetlachtlan sus mensajeros por la posta, y en un día y una noche trajeron una pintura con el aviso de la venida de los españoles, y cómo querían verle, que venían por embajadores del emperador Carlos nuestro Señor; y en la pintura venían pintados los trajes y la traza de los hombres, y la cantidad de ellos, armas y caballos y navíos, con todo lo demás que traían..." AI, t. I, p. 336.

4 Durán, *Historia,* cap. XXXI, 20.

5 *Ms. Cantares mexicanos,* f 66 v - 67 r, fragmento, trad. Garibay.

6 *Anales de Cuauhtitlan,* 196: Durán, *Ibidem;* AI, t. II, p. 230.

7 Durán, *Historia,* cap. XXXII, 4-8.

8 Durán, *Historia,* cap. XXXI.

9 AI, t. II p. 237.

10 *Ibidem.*

11 AI, t. II, p. 242.

12 Torquemada, t. I, p. 174, Vetancurt, *Teatro,* cap. XVI, p. 33.

13 AI, t. II, pp. 241-3.

14 *Anales de Cuauhtitlan,* 196; Chimalpahin, *Relaciones,* p. 208; Torquemada, t. I, p. 174; Durán, *Historia,* cap. XXXVIII, 37; AI, t. II, p. 243; Vetancurt, *Ibidem.*

15 Vetancurt, *Ibidem.*

16 *Ms. Cantares mexicanos,* f 19 r, trad. Garibay, *Historia de la literatura náhuatl,* t. I, p. 101.

17 AI, t. II, p. 248; Vetancurt, *Ibidem,* p. 32.

18 Torquemada, t. I, p. 174.

19 AI, t. II, p. 97.

20 AI, t. II, p. 248.

21 Sahagún, *Historia,* Apéndice al lib. III, cap. I. Es curioso señalar que la misma costumbre, aunque con significado diferente, existía en la antigua China. Cuando un noble moría se le tapaba la boca, así como todas las aberturas del cuerpo, con trozos de jade, para evitar que otra alma pudiera penetrar como un vampiro en aquel cuerpo obturado herméticamente, así como para que el jade, gracias a sus virtudes, impidiera una putrefacción demasiado rápida. *Li Ki,* Couvreur, II, 202 y I, 175; Marcel Granet, *La civilisation chinoise,* París, 1929, lib. III, cap. IV, 2.

22 Pomar, 156-8.

23 Torquemada, *Ibidem.*

24 *Ms. Cantares mexicanos,* f 30 r, trad. Garibay, *Poesía náhuatl,* t. III, p. 16.
25 Pomar, 160-2.
26 AI, t. II, pp. 248-250.
27 AI, t. I, p. 320.

II. LA OBRA

1. EL POETA EN SU MUNDO

1 *Informantes de Sahagún. Códice matritense de la Academia de la Historia,* f 180 v, trad. León-Portilla, *Trece poetas del mundo azteca,* p. 31.

2 Durán, *Libro de los ritos,* cap. XXI, 14.

3 Durán, *Ibidem,* 8.

4 Motolinía, *Memoriales,* p. 383.

5 Sahagún, *Historia,* lib. VIII, cap. XIV, 7.

6 Sahagún, *Historia,* ap. lib. III, cap. VIII.

7 Véase *supra: Vida,* caps. 3 y 4.

8 Durán, *Libro de los ritos,* cap. XXI, 36 y 37.

9 Motolinía, *Memoriales,* p. 382.

10 Pomar, 168.

11 Garibay, *Historia de la literatura náhuatl,* t. I, p. 162.

12 Garibay, *Poesía náhuatl,* t. II, pp. xix y cxxvi.

13 Motolinía, *Memoriales,* pp. 386-7.

14 Garibay, *Historia de la literatura náhuatl,* t. II, pp. 373-396.

15 *Ms. Cantares mexicanos,* f 69 r, trad. Garibay, *Poesía náhuatl,* t. III, pp. 43-7.

16 León-Portilla, *Los antiguos mexicanos,* pp. 126-137.

17 Sahagún, *Historia,* lib. III, ap. VII.

18 Sahagún, *Historia,* lib. II, ap. VI.

19 Durán, *Libro de los ritos,* cap. XXI, 39.

20 *Texto de los indígenas informantes de Sahagún,* vol. VIII, f 172 r y v y 176 r, trad. León-Portilla, *La filosofía náhuatl,* pp. 260-1.

21 *Códice matritense,* f 129, trad. León-Portilla, *Trece poetas del mundo azteca,* p. 30.

22 Durán, *Libro de los ritos,* cap. XXI, 26.

23 *Ms. Cantares mexicanos,* f 72 r - 73 v, trad. Garibay, *Poesía náhuatl,* t. III, pp. 55-60.

24 *Ms. Romances de los señores de la Nueva España,* f 34 r, trad. León-Portilla, *Trece poetas del mundo azteca,* p. 40.

25 Cuando se citan, como en este caso y en los siguientes, fragmentos de las mismas traducciones publicadas completas en la sección de *Cantos* del presente volumen, no se repiten indicaciones de fuente ni de traductor.

26 AI, t. II, pp. 235-6. Otras referencias a estos cantos en la sección I, cap. 9 y en el *Apéndice documental,* cap. 1 del presente estudio.

27 AI, t. II, p. 225.

28 Durán, *Libro de los ritos,* cap. XXI, 28-9.

29 Pomar, 146.

30 Motolinía, *Memoriales,* p. 383.

31 *Ibidem,* p. 385. El poeta español Juan de la Cueva, que estuvo en México de 1574 a 1577, hizo una descripción burlona pero muy precisa de estos *areitos* y de los asuntos de los poemas que en ellos se cantaban:

Dos mil indios (¡oh extraña maravilla!)
bailan por un compás a un tamborino,
sin mudar voz, aunque es cansancio oílla;

en sus cantos, endechan al destino
de Moctezuma, la prisión y muerte,
maldiciendo a *Malinche* y su camino;

al gran Marqués del Valle llaman fuerte,
que los venció; llorando desto, cuentan
toda la guerra y su contraria suerte.

Otras veces se quejan y lamentan
de Amor, que aun entre bárbaros el fiero
quiere que su rigor y fuego sientan.

("Epístola al Lic. Sánchez de Obregón...")

32 Motolinía, *Memoriales*, p. 387.
33 AI, t. II, p. 18.
34 Sahagún, *Historia*, ap. lib. III, cap. VIII.
35 *Códice Florentino*, ed. Carles E. Dibble y Arthur J. O. Anderson, Santa Fe, Nuevo México, 1950-57, lib. III, p. 65, trad. León-Portilla, *Los antiguos mexicanos* pp. 64-5.
36 León-Portilla, *Ibidem*, p. 65.

2. LA VISIÓN DEL MUNDO

1 Garibay, *Veinte himnos sacros de los nahuas*, p. 68.
2 Véase *supra:* "La antigua doctrina tolteca". *Su vida y su tiempo,* cap. 8.
3 Luis G. Urbina, *La vida literaria de México*, p. 14.
4 Garibay, "Introducción general", *Poesía náhuatl*, t. II, p. xxi.
5 AI, t. II, p. 321.

3. LA INVENCIÓN POÉTICA

1 *Ms. Cantares mexicanos*, f 34 v, trad. León-Portilla, *La filosofía náhuatl*, pp. 142-3; el poema completo en: Garibay, *Poesía náhuatl*, t. II p. 77.
2 *Ms. Romances de los señores de la Nueva España*, f 19 v, trad. León-Portilla, *Trece poetas del mundo azteca*, p. 52.
3 *Informantes de Sahagún, Códice de Florencia*, f 72 r, trad. Garibay, *Poesía náhuatl*, t. II, p. ix.
4 Pomar, 180.
5 Torquemada, t. I, p. 165.
6 Carlos María de Bustamante, nota en: Echeverría y Veytia, *Texcoco en los últimos tiempos de los antiguos reyes*, México, 1826.

7 Durán, *Libro de los ritos,* cap. II.

8 Cf. M. I. Finley. *The world of Odysseus,* Penguin Books, 1967, pp. 33 *ss.*

9 Jorge Luis Borges, "Noticia de los Kenningar", *Sur,* Buenos Aires, 1932, núm. 6, pp. 202-8.

10 *Ms. Cantares mexicanos,* f 19 r y v, trad. Garibay, *Poesía náhuatl,* t. II, pp. 15-7 y nota p. 1xxx.

11 Paul Westheim, *Ideas fundamentales del arte prehispánico en México,* pp. 22 y 27.

12 *Textos de los indígenas informantes de Sahagún,* vol. VIII, f 192; Garibay, *Historia de la literatura náhuatl,* t. I, p. 23; León-Portilla, *La filosofía náhuatl,* pp. 251-2.

III. APÉNDICE DOCUMENTAL

LA BÚSQUEDA DE LOS CANTOS

1. LAS OBRAS HISTÓRICAS DE IXTLILXÓCHITL Y SUS TRADUCCIONES DE NEZAHUALCÓYOTL

1 Garibay, *Historia de la literatura náhuatl*, t. II, pp. 308-13, reunió algunos de estos datos. La biografía la ha compilado y precisado Edmundo O'Gorman en el Estudio introductorio a su notable edición de las *Obras históricas* de Alva Ixtlilxóchitl (UNAM, Instituto de Investigaciones Históricas, México, 1975, 2 vols., t. I, pp. 17-36).

2 AI, t. II, p. 15.

3 Primo Feliciano Velázquez, "Introducción", *Códice Chimalpopoca*, pp. vii-viii.

4 AI, t. I, pp. 459-67.

5 *Ibidem*, p. 461.

6 Alfredo Chavero, "Introducción"; AI, t. II, p. 8.

7 Garibay, *Opus cit.*, p. 311.

8 AI, t. II, p. 225.

9 AI, t. II, pp. 244-5.

10 AI, t. II, pp. 235-6.

11 *Ibidem*.

12 *Ibidem*.

13 Garibay, *Historia de la literatura náhuatl*, t. II, p. 381.

14 León-Portilla, *La filosofía náhuatl*, p. 138.

15 Alfonso Méndez Plancarte, "Introducción", *Poetas novohispanos*, primer siglo (1521-1621), pp. xxxvii-xxxviii.

Los lugares de las fuentes citadas por Méndez Plancarte son los siguientes:

Vicente García Torres, *Documentos para la historia de México*, serie 3, t. 1, 1856, pp. 286-293 (imprimió los textos de un antiguo Ms.).

Cesáreo Fernández Duro, "Los Cantares", *La Ilustración Española y Americana*, Madrid, enero de 1885, año 29, núm. 1 (tomó los textos de Alva Ixtlilxóchitl-Nezahualcóyotl de un Ms. que se encuentra en la Academia de Historia de Madrid).

Este Ms. de España quizás lo habían aprovechado: H. Ternaux-Compans, *Voyages, relations et mémoires originaux pour servir à l'Histoire de la découverte d'Amérique*, París, 1837-41, 20 vols., y Pedro Mascaró (uruguayo), *Nezahualcóyotl como poeta elegiaco*, Madrid, 1870.

16 José María Vigil, "Nezahualcóyotl" (1874), *Estudios críticos*, s. f., c. 1906, pp. 111-116.

Antonio Peñafiel, *Colección de documentos para la historia mexicana*, México, 1903, pp. 32 *ss*.

Rubén M. Campos, *La producción literaria de los aztecas*, México, 1936 (sólo las "Liras").

Alfonso Méndez Plancarte, *Ibidem*.

17 Garibay, *Historia de la literatura náhuatl*, t. I, pp. 253-5. La traducción de Garibay del poema del *Ms. Cantares mexicanos* en *Poesía náhuatl*, t. II, pp. 51-2 y recogida en la sección de *Cantos* del presente volumen.

2. LOS "CANTOS DE NEZAHUALCÓYOTL" EN PROSA PUBLICADOS POR GRANADOS Y GÁLVEZ Y BUSTAMANTE

1 Fray Josef de Granados y Gálvez, *Tardes americanas*, México, 1778, pp. 90-4: un "Canto de Nezahualcóyotl", en prosa española, con texto original en otomí.

Carlos María de Bustamante, *Mañanas de la Alameda de México;* publícalas para facilitar a las señoritas el estudio de la historia de su país... México, 1835-36: otro "Canto de Nezahualcóyotl" en prosa que comienza: "Oíd con atención las lamentaciones..." José María Vigil explicó al respecto: "Se encuentra en un manuscrito atribuido a Ixtlilxóchitl y que hace parte de la colección formada por el padre Vega en tiempo del Virrey Revillagigedo, de donde lo tomó para publicarlo por primera vez D. Carlos María Bustamante", "Nezahualcóyotl", *Estudios críticos*, p. 108.

Ambos cantares en prosa fueron reproducidos por Vigil (*opus cit.*, pp. 108-111), y por Rubén M. Campos (*La producción literaria de los aztecas*, pp. 201-4). Sólo el texto de Granados y Gálvez lo incluyeron: H. Ternaux-Compans en un apéndice a su versión francesa de la *Histoire chichimeque*, París 1840, y Antonio Peñafiel en su *Colección de documentos para la historia mexicana*, México, 1903. Parte del texto de Bustamante fue citado por José María Roa Bárcena en su *Ensayo de una historia anecdótica de México en los tiempos anteriores a la conquista española*, Imprenta Literaria, México, 1862, pp. 333-4, para dar una muestra de la poesía de Nezahualcóyotl, de quien escribió que le "cupo la suerte de ser a un tiempo mismo el Virgilio y el Augusto de su imperio" y en cuyo supuesto poema encuentra "algo parecido a las imágenes bíblicas y a los rasgos de tristeza y energía del libro de Job". Roa Bárcena, además, relató la vida y hechos de Nezahualcóyotl siguiendo principalmente a los historiadores Francisco Javier Clavijero y Mariano Veytia.

2 Garibay, *Historia de la literatura náhuatl*, t. I, p. 248.

3 Alfonso Méndez Plancarte, *Poetas novohispanos*. Primer siglo, pp. xxxvii-xxxviii.

4 Méndez Plancarte, *Ibidem*.

3. LOS "CANTOS DE NEZAHUALCÓYOTL" DE PESADO Y UNA PARÁFRASIS DE VILLALÓN

1 José Joaquín Pesado, *Poesías*, 3ª ed., Imprenta de Ignacio Escalante, México, 1886, pp. 204-221.

2 Ignacio Montes de Oca y Obregón, "Poesías de Pesado", Prólogo a la edición de 1886, pp. x-xi.

3 Cf. Garibay, "Introducción", *Poesía náhuatl*, t. I, p. viii.

4 Véanse traducciones de Garibay en *Poesía náhuatl*, t. I. pp. 56-8, y de León-Portilla, en *Trece poetas del mundo azteca*, pp. 59-61, recogida esta última en la sección de *Cantos* del presente volumen.

5 El poema de Villalón fue reproducido por Rubén M. Campos, *La producción literaria de los aztecas*, pp. 209-211.

6 Gustavo E. Campa compuso una ópera, *El rey poeta*, cuyo argumento es de Alberto Michel, basada en la figura de Nezahualcóyotl. Se estrenó el 9 de noviembre de 1901 en el Teatro Principal dirigida por Carlos J. Meneses: Ni la partitura ni el libreto parecen haberse publicado.

4. LAS PRIMERAS TRADUCCIONES DEL "MS. CANTARES MEXICANOS"

1 Marco Antonio Canini, "La poesía erótica de los pueblos hispano-americanos", *Revista Nacional de Ciencias y Letras*, México, 1889, t. I.

2 José María Vigil, "Cantares mexicanos", *Revista Nacional de Ciencias y Letras*, México, 1889, t. I, p. 361.

3 Daniel G. Brinton, *Ancient nahuatl poetry, containing the nahuatl text of XXVII ancient mexican poems, with a translation, introduction, notes and vocabulary by...*, Filadelfia, 1887.

Por otra parte, el mismo Brinton en su obra *Rig Veda americanus*, vol. VIII de Library of Aboriginal American Literature, Filadelfia, publicó el texto náhuatl y la traducción al inglés de los veinte himnos rituales, que recogió Sahagún y figuran en los llamados *Mss. Matritenses*, traducción de la que Garibay dice que "poco sirve para captar el sentido de la remota poemática, pero es un laudable esfuerzo". Garibay, *Veinte himnos sacros de los nahuas*, p. 23.

Asimismo, el alemán Eduard Seler publicó en 1904 el texto original y una versión alemana de estos himnos nahuas: *Die religiösen Gesenge der Alter Mexikaner*, Gesammelte Abhandlungen, Berlín, a la que Garibay considera "el trabajo más serio que se ha hecho de estos poemas". *Ibidem*, p. 24. Esta versión alemana de Seler sirvió de base para la retraducción castellana que se incluyó en la edición Robredo, de 1938, de la *Historia de Sahagún* —"versión pésima como pocas y descuidada como ninguna", Garibay, *Historia de la literatura náhuatl*, t. I, p. 46—. Finalmente, el padre Garibay publicó en 1958 el texto náhuatl y una versión directa, acompañada de excelentes estudios y notas, antes citada, de estos *Veinte himnos sacros de los nahuas*.

4 José María Vigil incluyó este estudio sobre Nezahualcóyotl —que apareció inicialmente en *Hombres ilustres mexicanos*, Gallo editor, México, 1874— en la colección de sus *Estudios críticos* cuya impresión quedó incompleta, junto con su también inconclusa *Reseña histórica de la literatura mexicana*.

5 Garibay, *Poesía náhuatl*, t. II, pp. 51-2.

6 Garibay, *Poesía náhuatl*, t. III, pp. 10-11.

7 Recuérdese que Alfonso Reyes, en su *Visión de Anáhuac* (1519), de 1917, ejemplificaba "los viejos cantares nahoas" con la versión Brinton-Vigil de "Ninoyolnonotza", el primero de los cantos del manuscrito.

8 Garibay, *Historia de la literatura náhuatl*, t. I, p. 45. El mismo Garibay informa que el P. Darío J. Caballero hacia 1895 había vertido al español todos los cantares del manuscrito de la Biblioteca Nacional, pero que no pudo conocer esa traducción. *Ibidem*, p. 47.

9 Francisco del Paso y Troncoso, que realizaría tan importantes investigaciones de documentos de la antigua cultura mexicana en los archivos españoles, fue profesor de náhuatl en la Escuela Preparatoria hacia 1890.

10 Rubén M. Campos, *La producción literaria de los aztecas*, Talleres Gráficos del Museo Nacional de Arqueología, Historia y Etnografía, México, 1936.

11 Garibay, *Historia de la literatura náhuatl*, t. I, p. 47.

12 Garibay, *Poesía náhuatl*, t. II, pp. 51-2.
13 Garibay, *Poesía náhuatl*, t. III, pp. 10-11.
14 Garibay, *Poesía náhuatl*, t. III, pp. 36-8.

6. ESTUDIOS Y TRADUCCIONES DE GARIBAY Y LEÓN-PORTILLA

1 León-Portilla, "Preliminar", *Poesía náhuatl*, t. III, p. v.

2 En *Poesía náhuatl*, t. II, Garibay tradujo poemas líricos de tres secciones: de la Triple Alianza, de Chalco y de Huexotzinco, que comprenden los folios 16 a 26, 31 a 36 y 7 a 15 del manuscrito. En *Poesía náhuatl*, t. III, tradujo los "poemas mímicos" del *Ms. Cantares mexicanos* de los folios 26 a 31, 36, 55 y 65 a 79. Ya que el manuscrito tiene 85 folios quedan por traducir del 1 al 6, del 37 al 54, del 56 al 64 y del 80 al 85, esto es, unos 25 folios. Sin embargo, como lo indicó Garibay, debe considerarse que algunos de los poemas se encuentran repetidos y que hay en la colección, junto a la mayoría de poemas prehispánicos, algunos poshispánicos aunque también en náhuatl. Además, algunos de los poemas que dejó el padre Garibay fuera de estas traducciones sistemáticas de la poesía náhuatl, ya los había traducido en *Poesía indígena de la Altiplanicie* —por ejemplo el espléndido "Principio de los cantos" del folio 1— o los había citado como ejemplos en su *Historia de la literatura náhuatl*.

Otros trabajos importantes del padre Garibay fueron sus ediciones de la *Historia general de las cosas de Nueva España* de fray Bernardino de Sahagún (Editorial Porrúa, México, 1956, 4 vols.) y de la *Historia de las Indias de Nueva España* de fray Diego Durán (Editorial Porrúa, México, 1967, 2 vols.), y sus estudios que van al frente de la *Historia antigua y de la conquista de México* de Manuel Orozco y Berra (Editorial Porrúa, México, 1960, 4 vols., con biografía y bibliografías de Miguel León-Portilla) y de la *Relación de las cosas de Yucatán* de fray Diego de Landa (9ª ed., Editorial Porrúa, México, 1966).

4 De estos dos poemas que no tradujo, no se conserva el original náhuatl. Son los que dio en versión española Alva Ixtlilxóchitl en su *Historia chichimeca*.

5 F 25 r y v, repetido en 3 v.

6 F 28 v - 29 r.

7 F 25 r y v, repetido en 3 v; y f 66 v - 67 r.

8 Otros trabajos importantes de León-Portilla son los siguientes:
Ritos, sacerdotes y atavíos de los dioses, Introducción, paleografía, versión y notas de ..., Textos de los Informantes de Sahagún, 1, Universidad Nacional Autónoma de México, Instituto de Historia, Seminario de Cultura Náhuatl, México 1958.
—*Las literaturas precolombinas de México*, Editorial Pormaca, México, 1964.
—*El reverso de la conquista*. Relaciones aztecas, mayas e incas, Editorial Joaquín Mortiz, México, 1964.
—*Quetzalcóatl*, Fondo de Cultura Económica, México, 1968.

7. LOS POEMAS DE NEZAHUALCÓYOTL Y SUS FUENTES

1 Garibay, "Cantares Mexicanos", *Poesía náhuatl,* t. II, pp. lvii-lxix.

2 Las atribuciones, en ésta como en las demás fuentes, se apoyan en la mayoría de los casos en las indicaciones que llevan al principio o dentro de su texto los mismos poemas, o bien en las deducciones que, apoyados en su inclusión dentro de las secciones que reúnen los poemas de Tezcoco, o en elementos de tema o estilo han hecho Garibay y León-Portilla. Los lugares de sus obras en que Garibay se refiere a atribuciones de poemas a Nezahualcóyotl son los siguientes: *Historia de la literatura náhuatl,* t. I, p. 266, y t. II, pp. 381 y 389; *Poesía náhuatl,* t. I, pp. xii, xiv, xv, xxxix, 105, 109, 116, 126, 134, 140 y 143; t. II, pp. lxxi, lxxix y xciii, y t. III, pp. xxvi y xxxvi. León-Portilla no ha explicado algunas nuevas atribuciones que hace. No se ha hecho ninguna nueva atribución además de las de Garibay y León-Portilla.

En la Introducción a *Trece poetas del mundo azteca,* p. 22, León-Portilla traduce como "atribuido a Nezahualcóyotl" un fragmento del poema del *Ms. Cantares mexicanos,* f 12 v, que comienza: "Sólo como una flor nos estimas". Esta traducción no se incluye entre los poemas de Nezahualcóyotl porque el poema no puede atribuírsele, ya que es de la región de Huexotzinco, como aparece en Garibay, *Poesía náhuatl,* t. II, pp. 124-5. Por otra parte, este mismo poema, completo, había sido atribuido con fundamento, por el mismo León-Portilla, a Tecayehuatzin, señor de Huexotzinco, en *Los antiguos mexicanos,* pp. 138-9.

3 Chimalpahin, *Relaciones,* p. 195.

4 *Anales de Cuauhtitlán,* 156.

5 Durán, *Historia,* cap. XXXI, 20.

6 Garibay, "Introducción", *Poesía náhuatl,* t. I, pp. vii *ss.*

7 García Icazbalceta, *Nuevos documentos para la historia de México,* t. II, México, 1891.

8 Garibay, *Ibidem.*

9 He aquí dos poemas de Nezahualcóyotl de esta colección de *Romances* que coinciden con otros de los *Cantares:*

F 3 r y v, "He llegado aquí / yo soy Yoyontzin", trad. Garibay, *Poesía náhuatl,* t. I, pp. 5-6, duplicado en *Cantares,* f 18 v - 19 r, igual principio, Garibay, *Poesía náhuatl,* t. II, pp. 13-4.

F 32 v, *Canto de Nezahualcoyotzin, acordándose de Cuacuauhtzin y de Tezozomoctzin:* "Sólo las flores son nuestro atavío", trad. Garibay, *Poesía náhuatl,* t. I, p. 82, duplicado del principio de un poema más extenso en *Cantares,* f 25 r y v, repetido en f 3 v, *Poema de rememoración de héroes:* "Sólo las flores son nuestra mortaja", trad. Garibay, *Poesía náhuatl,* t. II, pp. 51-2

BIBLIOGRAFÍA

Alva Ixtlilxóchitl, Fernando de, *Obras históricas,* t. I, *Relaciones;* t. II, *Historia chichimeca,* Publicadas y anotadas por Alfredo Chavero, México, 1891-92. Reimpresión fotográfica con prólogo de J. Ignacio Dávila Garibi, México, 1965, 2 vols.

Anales de Cuauhtitlan, en *Códice Chimalpopoca,* Reproducción fotográfica del Ms. y traducción directa del náhuatl por Primo Feliciano Velázquez, Imprenta Universitaria, México, 1945.

Anales de Tlatelolco. Unos anales históricos de la nación mexicana y Códice de Tlatelolco, Versión preparada y anotada por Heinrich Berlin con un resumen de los Anales y una interpretación del Códice por Robert H. Barlow, Robredo, México, 1948.

Anales mexicanos. México-Atzcapotzalco (1426-1589), Traducción de Faustino Chimalpopoca Galicia, *Anales del Museo,* 1ª época, México, 1903, vol. VII, pp. 49-74.

Anglería, Pedro Mártir de, *Décadas del Nuevo Mundo,* Introducción de Edmundo O'Gorman, Robredo, México, 1965, 2 vols.

Boturini Benaduci, Lorenzo, *Idea de una nueva historia general de la América Septentrional,* Imprenta de Juan de Zúñiga, Madrid 1746. 2ª ed. Imprenta de I. Escalante, México, 1871.

Campos, Rubén M., *La producción literaria de los aztecas,* Talleres Gráficos del Museo Nacional de Arqueología, Historia y Etnografía, México, 1936.

Cantares en idioma mexicano [*Ms. Cantares Mexicanos*], Ms. de la Biblioteca Nacional de México, Transcripción paleográfica del Dr. Antonio Peñafiel, *Colección de documentos para la historia mexicana,* México, 1899, vol. 2.

—Copia fotográfica, Edición del Dr. Antonio Peñafiel, México, 1904.

—en *Poesía náhuatl,* tomos II y III, Paleografía, versión, introducción y notas explicativas de Ángel Ma. Garibay K., Universidad Nacional Autónoma de México, México, 1965 y 1968.

Caso, Alfonso, *La religión de los aztecas,* Enciclopedia Ilustrada Mexicana, Imprenta Mundial, México, 1936.

Clavijero, Francisco Javier, *Historia antigua de México,* Edición y prólogo del P. Mariano Cuevas, Editorial Porrúa, México, 1950, 4 vols.

Códice Xólotl, Edición de Charles E. Dibble, Instituto de Investigaciones Históricas, Universidad Nacional Autónoma de México, México, 1951.

Cortés, Hernán, *Cartas de relación,* Colección "Sepan cuántos...", Editorial Porrúa, México, 1967.

Chimalpahin Cuauhtlehuanitzin, Don Francisco de San Antón Muñón, *Relaciones originales de Chalco Amaquemecan,* Paleografiadas y traducidas del náhuatl con una introducción por Silvia Rendón, Fondo de Cultura Económica, México, 1965.

Dávila Padilla, Fray Agustín, *Historia de la provincia de Santiago de la Nueva España.* Edición facsimilar, México, 1955.

Díaz del Castillo, Bernal, *Historia verdadera de la conquista de la Nueva España,* Introducción y notas de Joaquín Ramírez Cabañas, 6ª ed., Editorial Porrúa, México, 1968, 2 vols.

Diccionario Porrúa. Historia, biografía y geografía de México, 2ª ed., Editorial Porrúa, México, 1964, 2 vols.

Durán, Fray Diego, *Historia de las Indias de Nueva España e Islas de la tierra firme,* Edición paleográfica del Ms. autógrafo de Madrid con introducción, notas y vocabulario... por Ángel Ma. Garibay K., t. I, I, *Libro de los ritos y ceremonias en las fiestas de los dioses y celebración de ellas,* redactado el año 1570; II, *El calendario antiguo* redactado en 1579; t. II, *Historia de las Indias de Nueva España e islas de la tierra firme,* Editorial Porrúa, México, 1967, 2 vols.

García Icazbalceta, Joaquín, *Apuntes para un catálogo de escritores en lenguas indígenas de América.* México, 1866, 2ª ed., *Obras,* t. VII, Biblioteca de Autores Mexicanos, México, 1898.

—*Don Fray Juan de Zumárraga, primer obispo y arzobispo de México,* Edición de Rafael Aguayo Spencer y Antonio Castro Leal, Editorial Porrúa, México, 1947, 4 vols.

Garibay K., Ángel María, *Poesía indígena de la Altiplanicie,* Selección, versión, introducción y notas de..., Biblioteca del Estudiante Universitario 11, Imprenta Universitaria, México, 1940, 1952, 1961.

—*Historia de la literatura náhuatl,* Editorial Porrúa, México, 1953-54, 2 vols.

—*Veinte himnos sacros de los nahuas.* Los recogió de los nativos Fr. Bernardino de Sahagún, franciscano. Los publica en su texto, con versión, introducción, notas de comentario y apéndices de otras fuentes..., Universidad Nacional Autónoma de México, México, 1958.

—"Relaciones internacionales en los pueblos de Anáhuac", *Estudios de Cultura Náhuatl,* Universidad Nacional Autónoma de México, México, 1962, vol. III.

—*La literatura de los aztecas,* Serie El Legado de la América Indígena, Joaquín Mortiz, México, 1964.

—"Romántico náhuatl", *Estudios de Cultura Náhuatl,* México, 1965, vol. V.

—*Poesía náhuatl,* t. I, *Romances de los señores de la Nueva España,* Manuscrito de Juan Bautista de Pomar, Tezcoco, 1582, Paleografía, versión, introducción, notas y apéndices de..., Universidad Nacional Autónoma de México, Instituto de Historia: Seminario de Cultura Náhuatl, México, 1964.

—*Poesía náhuatl,* t. II, *Cantares mexicanos,* Manuscrito de la Biblioteca Nacional de México, Primera parte [contiene los folios 16-26, 31-36 y 7-15], Paleografía, versión, introducción y notas explicativas de..., Universidad Nacional Autónoma de México, Instituto de Investigaciones Históricas, México, 1965.

—*Poesía náhuatl*, t. III, *Cantares mexicanos*, Manuscrito de la Biblioteca Nacional de México, Segunda parte [contiene los folios 26-31, 36, 55 y 65-79], Paleografía, versión, introducción y notas explicativas de..., Universidad Nacional Autónoma de México, Instituto de Investigaciones Históricas, México, 1968.

Hernández, Francisco, *Antigüedades de la Nueva España*, Traducción del latín y notas por Joaquín García Pimentel, Editorial Pedro Robredo, México, 1945.

Historia de los mexicanos por sus pinturas. Ms. publicado por Joaquín García Icazbalceta, *Nueva colección de documentos para la Historia de México*, México, 1891, t. III.

Historia tolteca-chichimeca. Anales de Cuauhtinchan, Versión preparada y anotada por Heinrich Berlin en colaboración con Silvia Rendón, Prólogo de Paul Kirchhoff, Antigua Librería Robredo, México, 1947.

León-Portilla, Miguel, *La filosofía náhuatl estudiada en sus fuentes*, Universidad Nacional Autónoma de México, Instituto de Investigaciones Históricas, México, 1956, 1959 y 1966. Las citas son de la 2ª ed. de 1959.

—*Los antiguos mexicanos a través de sus crónicas y cantares*, Dibujos de Alberto Beltrán, Fondo de Cultura Económica, México, 1961.

—*Trece poetas del mundo azteca*, Universidad Nacional Autónoma de México, Instituto de Investigaciones Históricas, México, 1967.

Mapa de Tepechpan, Anales del Museo Nacional de Arqueología, Historia y Etnología, México, 1887, 1ª época, tomo III.

Mapa Quinatzin, con comentarios de J. M. A. Aubin, *Anales del Museo Nacional de Arqueología, Historia y Etnología*, México, 1885, 1ª época, t. II.

Méndez Plancarte, Alfonso, *Poetas novohispanos*. Primer siglo (1521-1621), Estudio, selección y notas de..., Biblioteca del Estudiante Universitario 33, Ediciones de la Universidad Nacional Autónoma de México, México, 1942.

Mendieta, Fray Gerónimo de, *Historia eclesiástica indiana*, La publica por primera vez Joaquín García Icazbalceta, Antigua Librería Portal de Agustinos, México, 1870; 2ª ed. facsimilar... Editorial Porrúa, México, 1971.

Molina, Fray Alonso de, *Vocabulario en lengua castellana y mexicana y mexicana y castellana*, Edición facsímile, Estudio preliminar de Miguel León-Portilla, Editorial Porrúa, México, 1970.

Motolinía, Fray Toribio de Benavente o, *Memoriales o Libro de las cosas de la Nueva España y de los naturales de ella*, Nueva transcripción... Edición, notas, estudio analítico de los escritos de Motolinía y apéndices... por Edmundo O'Gorman, Universidad Nacional Autónoma de México, Instituto de Investigaciones Históricas, México, 1971.

—*Historia de los indios de la Nueva España*, en Joaquín García Icazbalceta, *Colección de documentos para la historia de México,* Librería de J. M. Andrade, México, 1858, vol. I; Primera edición facsimilar, Editorial Porrúa, México, 1971, vol. I; Otra edición: Estudio crítico, apéndices, notas e índice de Edmundo O'Gorman, Colección "Sepan cuántos. . .", Editorial Porrúa, México, 1969.

Muñoz Camargo, Diego, *Historia de Tlaxcala,* Publicada y anotada por Alfredo Chavero y José Fernando Ramírez, México, 1892; 2ª ed., Ateneo Nacional de Ciencias y Artes de México, México, 1947.

Orozco y Berra, Manuel, *Historia antigua y de la conquista de México,* Estudio de Ángel Ma. Garibay K., Biografía del autor más tres bibliografías por Miguel León-Portilla, Editorial Porrúa, México, 1960, 4 vols.

Piña Chan, Román, *Una visión del México prehispánico,* Universidad Nacional Autónoma de México, Instituto de Investigaciones Históricas, México, 1967.

Pomar, Juan Bautista, *Relación de Tezcoco,* 1582, en Joaquín García Icazbalceta, *Nueva colección de documentos para la historia de México,* México, 1891; nueva transcripción en: Apéndice I, Ángel María Garibay K., *Poesía náhuatl,* Universidad Nacional Autónoma de México, México, 1964, t. I. Las citas son de esta última edición y las cifras se refieren a la numeración de los párrafos.

Prescott, William H., *Historia de la conquista de México. . .,* Traducida al castellano por don José María González de la Vega, anotada por don Lucas Alamán con notas críticas y esclarecimientos de don José Fernando Ramírez, Prólogo, notas y apéndices por Juan A. Ortega y Medina, Colección "Sepan cuántos. . .", Editorial Porrúa, México, 1970.

Ricard, Robert, *Conquête spirituelle du Mexique,* París, 1933.

Romances de los señores de la Nueva España. Ver Garibay, *Poesía náhuatl,* t. I.

Romero de Terreros, Manuel, *Los acueductos de México,* México, 1949.

Sahagún, Fray Bernardino de, *Historia general de las cosas de la Nueva España,* La dispuso para la prensa en esta nueva edición, con numeración, anotaciones y apéndices Ángel María Garibay K., Editorial Porrúa, México, 1956, 2ª ed., 1969, 4 vols.

Séjourné, Laurette, *Pensamiento y religión en el México antiguo,* Fondo de Cultura Económica, México, 2ª reimp., 1970.

Soustelle, Jacques, *La vida cotidiana de los aztecas en vísperas de la Conquista,* Versión española de Carlos Villegas, Fondo de Cultura Económica, México, 1956.

[*Textos en náhuatl de los indígenas informantes de Sahagún*]. *Códice Matritense del Real Palacio,* Edición facsimilar de Francisco del Paso y Troncoso, Fototipia de Hauser y Menet, Madrid, 1906, vol. VI, 2ª parte, y vol. VII.

—*Códice Matritense de la Real Academia de la Historia*, Edición facsimilar de Francisco del Paso y Troncoso, Fototipia de Hauser y Menet, Madrid, 1907, vol. VIII.

Tezozómoc, Fernando Alvarado, *Crónica mexicana*, Edición de José María Vigil, México, 1878; reimpresión: Editorial Leyenda, México, 1944. Las citas, con la sola indicación "Tezozómoc", se refieren a la ed. Vigil de la *Crónica mexicana*.

—*Crónica mexicáyotl*, Traducción directa del náhuatl por Adrián León, Imprenta Universitaria, México, 1949.

Torquemada, Fray Juan de, *Los 21 libros rituales y Monarquía indiana*, 2ª ed., Madrid, 1723, 3 vols.; Edición facsimile, Introducción de Miguel León-Portilla, Editorial Porrúa, México, 1969, 3 vols.

Urbina, Luis G., *La vida literaria de México*, 1917; Edición y prólogo de Antonio Castro Leal, Colección de Escritores Mexicanos 27, Editorial Porrúa, México, 2ª ed., 1965.

Vetancurt, Fray Agustín de, *Teatro mexicano*. Descripción breve de los sucesos ejemplares, históricos y religiosos del Nuevo Mundo de las Indias. *Chrónica* de la Provincia del Santo Evangelio de México. *Menologio franciscano...*, 1697-1698; 1ª ed., fascimilar, Editorial Porrúa, México, 1971.

Veytia, Mariano Fernández de Echeverría y, *Historia Antigua de México*, México, 1836, 2 vols.

—*Texcoco en los últimos tiempos de sus antiguos reyes* o sea relación tomada de los manuscritos inéditos de Boturini, redactados por... Publicados con notas y adiciones para estudio de la juventud mexicana por Carlos María de Bustamante, México, 1826.

Visión de los vencidos. Relaciones indígenas de la conquista, Introducción, selección y notas: Miguel León-Portilla. Versión de los textos nahuas: Ángel Ma. Garibay K. Ilustraciones: Alberto Beltrán, Biblioteca del Estudiante Universitario 11, Universidad Nacional Autónoma de México, México, 1959, 1961.

Westheim, Paul, *Ideas fundamentales del arte prehispánico en México*, Traducción de Mariana Frenk, Fondo de Cultura Económica, México, 1957.

MONOGRAFÍAS ACERCA DE NEZAHUALCÓYOTL

Dávila Garibi, José Ignacio, *Episodios de la vida de Nezahualcóyotl*, Guadalajara, 1911 y 1913; 3ª ed., Biblioteca Enciclopédica Popular 136, Secretaría de Educación Pública, México, 1947.

Gillmor, Frances, *Flute of the Smoking Mirror. A portrait of Neza-*

hualcóyotl - Poet-King of the aztecs, 1ª ed., 1949, 2ª ed., The University of Arizona Press, Tucson, 1968.

León-Portilla, Miguel, "Nezahualcóyotl de Tezcoco. Poeta, arquitecto y sabio en las cosas divinas", *Trece poetas del mundo azteca.* México, 1967, pp. 40-75. Estudio y traducciones.

Mascaró, Pedro, *Nezahualcóyotl como poeta elegiaco,* Madrid, 1878

Vigil, José María, "Nezahualcóyotl", *Hombres ilustres mexicanos,* Gallo, editor, México, 1874; 2ª ed. con un Apéndice, *Estudios críticos,* México, *c.* 1906 (obra inconclusa); 3ª ed., Ediciones de Andrea, México, 1957; 4ª ed., en *Estudios sobre literatura mexicana,* Ediciones Et Caetera, Guadalajara, Jal., 1972; 5ª ed., Gobierno del Estado de México, 1972.

Índice

APÉNDICES

I. PARÁFRASIS Y VARIACIONES

II. PRIMERAS TRADUCCIONES

NOTAS

Este libro se terminó de imprimir el día 29 de noviembre de 1985 en los talleres de Lito Ediciones Olimpia, S. A. Sevilla 109, y se encuadernó en Encuadernación Progreso, S. A. Municipio Libre 188, México 13, D. F. Se tiraron 5 ,000 ejemplares.